■ 中国莱布尼茨研究丛书 ｜ 刘孝廷 主编

莱布尼茨
自然正义理论研究

■ 李少兵 著

Gottfried Wilhelm Leibniz

Study on
Leibniz' Natural
Justice Theory

中国社会科学出版社

图书在版编目(CIP)数据

莱布尼茨自然正义理论研究 / 李少兵著. —北京：中国社会科学出版社，2020.10

(中国莱布尼茨研究丛书)

ISBN 978-7-5161-5336-9

Ⅰ.①莱… Ⅱ.①李… Ⅲ.①莱布尼茨，G.W.（1646～1716）—正义—理论研究 Ⅳ.①B516.22

中国版本图书馆 CIP 数据核字（2014）第 304043 号

出 版 人	赵剑英
责任编辑	孙 萍
责任校对	季 静
责任印制	张雪娇

出　　版	中国社会科学出版社
社　　址	北京鼓楼西大街甲 158 号
邮　　编	100720
网　　址	http://www.csspw.cn
发 行 部	010－84083685
门 市 部	010－84029450
经　　销	新华书店及其他书店

印　　刷	北京君升印刷有限公司
装　　订	廊坊市广阳区广增装订厂
版　　次	2020 年 10 月第 1 版
印　　次	2020 年 10 月第 1 次印刷

开　　本	710×1000　1/16
印　　张	17.5
插　　页	2
字　　数	285 千字
定　　价	98.00 元

总　序
走向莱布尼茨研究的新时代

　　莱布尼茨是古往今来公认的哲学和科学史上的通才巨擘，可惜关于他的研究却远逊于其实际历史地位。这当然可简单归因于他的文献浩繁而散杂，并长期被封存，其实也还因为莱布尼茨长期在主流的学院之外，作为一位非书斋化学者很少有精力和机会将自己的研究成果系统整理与传播。所幸随着一百多年来基础文献的逐步清理和陆续出版，对莱布尼茨的研究也大为改观，相关的学术机构和期刊等也都日见规模，各国的译介和高水平研究也纷纷跟上，一个莱布尼茨学的新时代渴望会于不久到来。

　　中国人了解莱布尼茨也有百余年历史，而规模化的译介和研究则主要是晚近之事，特别是近40年来出现了一种加速化趋势，译著、专著、学位论文等增长已呈某种放射状，相关的研究机构也多了起来，与国际莱布尼茨学术组织的交流互动则日趋频繁并达到了一定规模和水准。《中国莱布尼茨研究丛书》正是这一背景推动下的成果展现。

　　该丛书依托北京师范大学中德莱布尼茨国际研究中心组织编辑出版，内容也以国家社会科学基金重点项目《莱布尼茨科学与文化著作编译及研究》（项目号14AZD115）及中心成员的研究成果为主，并适当吸收其他学者的高水平论著。北京师范大学自1991年安文铸教授等完成《莱布尼茨和中国》（1993年版）一书至今，已走过30年莱布尼茨研究历程。本世纪以来更是依据对莱布尼茨学术研究发展态势的总体审度，发扬沉潜体悟精神，在基础人才的培养方面下大气力，新兴的一代学者都在德国专业机构受过严格学术训练；特别是2013年在德方有关机构和学者支持下，经学校批准成立了中德莱布尼茨国际研究中心后，这种学术推动工作更进入了建制化的快车道，为未来中国莱布尼茨学的发展奠定了坚实人才基础。或许，以此为基础的莱布尼茨研究才不仅是"中国"的，更是"世界"的。

由于中国译介和研究莱布尼茨的时间还很短，既无力像德法英美意西甚至日本那样对莱布尼茨思想做全面的拉网式研究，也无法象国内已繁盛多年的康德黑格尔研究一样马上步入更为精细化的探求，目前国内莱布尼茨研究的多数工作还都是偏向宏观层面和拓荒式的，意在补足国内莱布尼茨研究的诸多空白，特别是关于莱布尼茨的科学、历史学、政治学、文学和众多书信等很少被及时关注而其中却有大量真知灼见还未被时人所知的领域。这样说并不意味着中国的莱布尼茨研究水平就很低，而恰恰是日后广泛开展莱布尼茨的精细化探求和再接再厉所必有的"原始积累"工作与铺路环节。

莱布尼茨生前对中国充满敬意，还特意编辑出版了《中国近事》一书。为此，丛书希望通过这样一种方式和持续努力，向这位伟大的科学家、哲学家、史学家、政治学家、文学家和百科全书式学者等等集于一身的思想大师遥致敬意，向中国莱布尼茨译介和研究的前辈与开拓者表达敬意和谢忱，也为国内同道提供进一步扩展研究的积极信息与对外交流平台。期望在不久的将来，中国的莱布尼茨学能快速拉近与国际学术研究的距离，配得上莱布尼茨先生的崇高情感及中国学术大国和强国的身份。

《中国莱布尼茨研究丛书》编委会
2019 年 9 月 19 日

Preface
Towards A New Era of Leibniz Studies

Leibniz has been widely recognized throughout the ages as an encyclopedic thinker in the history of philosophy and science. It is a pity, however, that research on him has been far from befitting his historical stature. This can be simply attributed to the vast scope and general disorder of his manuscripts, which had been sealed for ages. There is, in fact, another main reason. Being an unconventional scholar outside the mainstream academies, Leibniz had little energy and few opportunities to systematically organize and disseminate his research results. Fortunately, with the gradual rearranging and publication of his primary texts over the past 100 years or so, research on Leibniz has made impressive progress. Relevant academic institutions and journals have increased and grown, and translations of his writings into other languages and notable research results have continued to emerge in various countries. There is hope that a new era of Leibniz studies will dawn in the near future.

Leibniz has been known to the Chinese for over a century, yet large – scale translation of his works and their studies did not occur until the elapse of a considerable time. The past four decades have in particular witnessed an accelerating, radiating increase of translations, monographs and dissertations on Leibniz in the Chinese academic community. Relevant research institutions have also increased, and their exchanges and interactions with international academic institutes on Leibniz have become more frequent and have now reached a considerable scale and level. This favorable academic context has contributed to the appearance of *China Leibniz Studies Series.*

This series is edited and published under the auspices of the Sino – German Leibniz International Research Center based at Beijing Normal University. Most of the works in the series are the research results of members and associated academics of the center; some excellent monographs by other scholars are also included. Leibniz studies at Beijing Normal University started with the completion in 1991 of *Leibniz and China* (in Chinese, published in 1993) by Professor An Wenzhu and others. Since the beginning of this century, following an overall review of the trends in Leibniz studies which highlights the importance of solid academic foundation, great efforts have been made to facilitate the growth of the next generation of Chinese scholars on Leibniz, all of whom have received rigorous training in German professional institutions. This process has entered the fast lane of institutionalization with the establishment in 2013 of the Sino – German Leibniz International Research Center with the support of relevant German institutions and scholars. As a result, a solid foundation of human resources has been laid for future Leibniz studies in China, a foundation that will, in our humble opinion, make "Chinese" studies of Leibniz truly "international" as well.

Due to the short history of Chinese translation and study of Leibniz, Chinese scholars are not yet able to carry out comprehensive, inclusive studies of Leibniz' s thought, to the extent that is possible in Germany, France, Britain, America, Italy, Spain, and even Japan. Neither can they immediately enter the field of more refined research, as is done in Chinese Kantian and Hegelian studies which enjoy many years of rich research. At present, Chinese research on Leibniz is oriented towards the macro level and pioneering work, intending to fill many of the gaps in current studies, especially with regard to Leibniz' s writings on science, history, political science, literature and his numerous letters. Some of those writings have received little timely attention, but they contain many great insights that remain unknown to contemporary people. This does not mean, however, that Chinese research on Leibniz is at a very low level. What is being done at the present stage is precisely the indispensable work of "primitive accumulation" that paves the way for both extensive and refined research in future.

Leibniz was full of respect for China, and made special efforts to edit and publish a book on China, *Novissima Sinica* (1697) . It is hoped that the publication of this series can be considered as a continued effort in that direction. We regard the series as a tribute to this great thinker, who was at once a scientist, philosopher, historian, political scientist, writer and encyclopedic scholar, as well as a way to express our respect for and gratitude to the predecessors and pioneers in translating and studying Leibniz in China. This series is further expected to serve as a platform for our Chinese colleagues to acquire information for expanding their research and to engage in exchanges with international scholars. We cherish the hope that Chinese studies of Leibniz can catch up with the international research level in the near future, befitting Leibniz's sublime sentiments for China and the status of China as an academic hub.

TheEditorial Board of China Leibniz Studies Series

September 19, 2019

前　言

　　一本研究论著的出现总是有意或无意地和该领域的研究现状及研究背景相关，也就是总有它一定的理论及现实针对性。总体而言，不同时代的国际莱布尼茨哲学研究大概经历了从自然哲学到形而上学，从形而上学到逻辑学，从逻辑学到神学、政治伦理及文化哲学的主题转换。当然，并不是说后一研究主题的出现就意味着前一研究主题的消失。相反，哪怕是现在的莱布尼茨研究界，自然哲学、形而上学和逻辑学研究依然占据着很大的学术空间。之所以出现这种不同时代研究主题"犬牙交错"的局面，主要有三方面原因：研究兴趣变化及莱布尼茨文集出版的限制，关于内容的研究与对内容前提进行追问的范式研究之间的张力关系，莱布尼茨哲学思想自身的复杂与纠结。第一点比较容易理解，不同时代莱布尼茨哲学研究者都有其自身知识结构及研究兴趣的规定性，随着对某一领域进行的相对充分的研究及莱布尼茨文集出版的最新呈现，不同时代的研究主题会自然地发生更迭和变化。关于对莱布尼茨哲学内容的历史性材料学研究与对莱布尼茨哲学得以成立的前提性根基进行追问之间的张力关系问题是由罗素率先发现的。罗素欣喜地宣布他找到了照耀莱布尼茨哲学大厦最精深幽暗处的那道光，从他所认为的莱布尼茨哲学五个前提假设出发，以莱布尼茨的主项蕴含谓项逻辑学来生成和建构他眼中的莱布尼茨哲学大厦。能够最好地符合他这一逻辑学分析进路的莱布尼茨形而上学内容被他宣称为莱布尼茨"好的哲学"，不能很好地通过逻辑学命题加以说明的莱布尼茨神学、伦理学思想被他称为莱布尼茨"坏的哲学"，是从斯宾诺莎那里"借"来，为了不给人留下无神论的恶名，并讨好当时的宫廷权贵而建立起来的无趣哲学。

　　不可否认正是由于罗素从现代数理逻辑出发对莱布尼茨逻辑学及其形

而上学的再发现与再认识，使沉睡 200 年之久的莱布尼茨哲学第一次睁开了苏醒复活的眼睛。罗素对莱布尼茨哲学研究的深刻之处与历史性贡献在于，他认识到仅仅运用历史性材料学考察研究的不足与缺陷，而应从莱布尼茨哲学得以生成的前提和根基出发研究莱布尼茨哲学体系的内在逻辑与生成关系。而且他对莱布尼茨逻辑学的挖掘与研究第一次真正使莱布尼茨哲学研究和当时哲学研究的最新范式和前沿发生了同幅共振。但伊始于罗素、库图拉特的以逻辑学为根基和标准来构建和批判分析整体的莱布尼茨哲学体系也存在着严重的问题和缺陷：其一，试图以数学、逻辑理论理性来评判和裁割伦理、道德实践理性及信仰超越神性时，明显超出了理论理性自身的合法界限。也就是说罗素欲考察莱布尼茨哲学生成前提的出发点是深刻而好的，但把数理逻辑及其变换当成这种出发点和研判莱布尼茨哲学的根据，就犯了康德早已批判过的理论理性僭越之错误。其二，就认识论而言，莱布尼茨哲学本质领域服从的矛盾原则与存在、实践领域所服从的矛盾原则是根本不同的。数学、逻辑的矛盾体现为符号学意义上的非此即彼、两者必居其一的矛盾，实践命题如正义之认识的矛盾体现为哲学理念意义上的亦此亦彼、复杂纠结之悖论。比如，当莱布尼茨说 1 + 1 数学命题时的矛盾，要么是 2 要么是非 2，两者必居其一。当莱布尼茨就正义命题时说，正义的是非正义的，也服从矛盾原则，但正义的是非正义的这种矛盾性就绝不仅仅意味着文字符号意义上的正义与非正义之相互否定。正义的是非正义的这一矛盾体现了哲学理念意义上的悖论，至少有以下含义：第一，与法律相比，正义是绝对意义上的正义，法律可能是非正义的；第二，与人类正义相比，神圣正义、上帝正义即神义是最终的根源和最充足的理由，也就是说正义的人之操作如果离开了神之赋义是永远也无法保证其正义的；第三，对于人而言，正义与非正义总是同时存在、亦此亦彼的，总是复杂粘连、纠结不断的。正义的个体性、单一性要求人在具体的情景中在正义之不可还原与利益交换之计算之间，在正义之未来守望不确定性与正义之现世约定俗成性之间作出决断和翻转。当然关于这一点的正义含义是在与当代解构主义的他者正义之比较阐发中得以呈现的。

　　正是基于以上的认识，本书采用一种新的研究模式来展开对莱布尼茨正义理论的批判性研究。首先，这种新的模式当然是要吸收借鉴以往的关于莱布尼茨正义、伦理及神学研究模式和研究成果，有助于弥合国际莱布尼茨正义研究中本质论、存在论与神义论的分裂与对立。其次，新的模式要有利于阐发莱布尼茨正义理论的独特性在哪里，考察莱布尼茨正义理论的内在结构与思想张力，呈现其正义思想的动态发展与交错复杂性。再次，新的模式要有助于在相对应和相对照的思想脉络中，批判分析莱布尼茨正义理论的优点与不足，并在与其他正义理论思想脉络的相互对照和激发中创造新的理论生成空间。

　　具体而言，这种研究模式就是要在西方正义理论发展的三个渊源传统中进行考量，同时也是从莱布尼茨正义理论所蕴含的本质形而上学、存在形而上学和道德形而上学意蕴出发，形成对莱布尼茨正义理论研究的立体交互式解读。一是与柏拉图的理念知识正义论传统相比，其特殊性体现为，莱布尼茨进一步明确了正义之永恒真理是条件真理，正义所处理的不是存在什么的事实命题，而是假定存在之后而应当遵循什么的价值命题。把柏拉图的正义绝对理念进一步界定为通过定义证明的理念，正义理念的界定得到进一步发展。并且明确了正义理念是上帝赋予我们的心灵思考能力。二是与以霍布斯、洛克为代表的近代契约正义论传统相比，其特殊性体现为莱布尼茨明确指出霍布斯、洛克意义上的人为社会契约论忽视了权利背后的责任、自由背后的理性、天赋平等背后的禀赋差异。人为契约（或法）要以神性的自然正义（或法）为基础和根源，个体正义与社会正义的合法性与充足理由根源在于神性上帝。三是与奥古斯丁为代表的神义正义论传统相比，其特殊性体现为莱布尼茨强调了人类世界与上帝之城遵循同样客观而永恒的正义真理，要打破宗教仪礼形式的纷争，通过对上帝、邻人之普遍而纯粹的爱，唤醒个体内在的灵性记忆实现自我道德人格认同，体验从自然到神恩、从亘古到永远的生命超越之幸福。对莱布尼茨正义理论的批判环节与以上三个线索相对应：第一，从知识与认识线索出发，结合罗尔斯、摩尔与康德的相关论述批判分析莱布尼茨正义理论中如何对待理性认识正义的假设前提、可能性与界限和范围问题。第二，从存在与技术线索出发，对比分析罗尔斯的社会正义之对象、主体与组织原则与莱布尼茨正义之对象、主体与组织原则的不同，探讨社会实践正义的理念制度设计与组织形式问题。第三，从信仰与超越线索出发，结合德里达解构主义他者正义关于正义的个体异质性、幽灵面相和急促而非知识性决定之论述，批判分析莱布尼茨正义理论中蕴含的信仰、意义与动力系统与正义的内在关系问题。

关于本书最初的写作缘起要从我的硕士阶段说起。为此，要特别感谢刘孝廷教授，是他让我第一次接触并意识到有莱布尼茨这样一个集哲学、逻辑、数学、神学、物理、伦理、政治、历史、技术多个知识与实践领域于一身的"大人物"——远在异乡他国却与中国有着特别的缘分和情结，他尘封两百多年之久的手稿文集却依然散发着经久而弥新的时代性洞见和智慧。那是 2005 年的一个暑假，我与刘孝廷教授相遇于北京师范大学哲学院办公室，他热情而如数家珍般地向我介绍了莱布尼茨在多个领域取得的令人惊叹的成就。自此我在莱布尼茨这样一个历史性大人物面前就开始了一个小人物的蜗牛般爬行了。非常感谢我的硕士生导师唐伟教授和博士生导师吴向东教授，在硕士及博士论文写作方面没有他们的肯定、鼓励和指导，这种爬行是不可能继续下去直至今天的。硕士期间，经由刘孝廷教授的引荐我认识了当时在德国柏林理工大学的国际著名莱布尼茨学者李文潮教授。也因此，2008 年 10 月底至 2009 年 10 月底我得以有机会去德国柏林自由大学和柏林—布兰登堡科学院波茨坦莱布尼茨政治文集编辑部，在李文潮教授那里学习一年。难以忘记的是 2009 年 7 月 1 日，那是参加完与李老师和他的其他几位博士及博士后的定期讨论会第二天。当时天气很热，我光着膀子在当时简陋狭长的厨房内来回踱步，思考着当时李老师对我的博士论文提纲所提出的批判性意见。感谢波茨坦莱布尼茨政治文集编辑部前主任 Hartmut Rudolph 博士和时任莱布尼茨档案馆馆长的 Herbert Breger 教授在汉诺威莱布尼茨档案馆对我的热情接待，Rudolph 博士对我所需要的莱布尼茨政治哲学文献给出了很好的建议。感谢国际莱布尼茨研究协会副主席 Hans Poser 教授在柏林及在北京学术会议或座谈会期间就莱布尼茨哲学所进行的深入而愉快的交流。非常感谢美国哈佛大学的 Patrick Riley 教授，在德国期间与他在柏林夏洛蒂宫的一个学术会议上见面，他倾其一生专注于莱布尼茨政治哲学特别是正义理论研究。听说我要将他所编辑的莱布尼茨政治文集英文版翻译成中文出版，他非常热情而爽快地给予翻译授权。非常感谢美国宾夕法尼亚州立大学的 Emily Grosholz 教授对我在莱布尼茨政治哲学研究方面所给予的热情鼓励、帮助和指导。

非常感谢国内莱布尼茨研究的诸位前辈学者。当时开始接触莱布尼茨哲学的时候，我不仅是莱布尼茨哲学而且也是所有哲学研究的门外汉。由于是从本科时的经济学转到硕士时的思想政治教育专业，在这个专业里开始莱布尼茨政治哲学的学习和研究，当时的困难和挑战可以想见。非常感谢莱布尼茨研究的前辈陈修斋先生、段德智先生，在开始学习莱布尼茨的那个阶段，我专门把《人类理智新论》和罗素《对莱布尼茨哲学的批评性解释》后面的翻译术语对照复印下来，每天早晨从掌握莱布尼茨哲学基本范畴的中英文含义开始。感谢江畅教授的专著《自主与和谐》所给予的启发。感谢在不同的时期给予批评指正的张曙光教授、崔伟奇教授、袁吉富教授、桑靖宇教授、崔永杰教授。

最后要深深地感谢爱学学团读书会的诸位成员。尽管由于自己的专业素养、理论水平、外文能力及疏懒怠惰所限，本书在很多方面有着很大的不足和缺憾。但它能够作为一本研究莱布尼茨正义理论的专著而出现，其中必然地蕴含着给予我有声的关心帮助和无声的感动教化的所有人的心血、操劳、温暖和期待。婴孩柔弱的呼吸和笨拙可笑的蹒跚并没有因他的柔弱和笨拙而成为被拒绝的理由。他很庆幸找到了一片真切朴实的天地，在这里有默默地奉献付出，有辛勤的耕耘播种，有无言的细心呵护。这里有爱学学团的带头人刘孝廷教授，有张百春教授、张秀华教授、王天民教授、董春雨教授等，有年轻可爱有时也很懵懂固执的每一位学团成员。

目　录

Content

第一章　莱布尼茨自然正义理论之根基

从传统思想流派角度看，以下四种思想传统是莱布尼茨自然正义思想形成的四条根本线索，即亚里士多德德性论正义，柏拉图自然理念正义，斯多葛主义自然法，基督教上帝公义及爱之戒命。这几种思想源流的综合与融通，在善于吸收传统资源而又独具思想个性的莱布尼茨那里就融合成了他的自然正义理论。

一　"自然"、"正义"的希腊、拉丁词源辨析

"自然"在拉丁语中是"natura"，名词，意指"自然，本性"；动词是"fui"，英语是"be"，意指"存在，有、具有，是，发生、引起，习惯"，汪子嵩主编的《希腊哲学史》第三卷解释为"依靠自己的力量而生长、涌现、出场"。

希腊语中"自然"是"φύσις"，名词，意指"自然、自然物"，从动词词根"φύω"中推导而来，英语是"become"，意指"生长、生成和根源"。亚里士多德在《形而上学》第五卷第四章中从以下三个层次对"自然"的含义进行界定：一，生长的事物的生成；二，生长的事物所从出的内在的东西；三，物体自身所具有的运动根源；四，自然物所由之构成的原初质料。所以在这个意义上人们把自然物的元素称为"自然"，在另外意义上把自然物的本体（或形式）称为"自然"。在本章的末尾，亚里士多德进一步明确说，"自然"原初、固有的含义是自身包含运动根源的事物的形式。之所以在第四种意义上称原初质料或元素为自然，是因为它能接受形式；之所以在第一种意义上说生长事物的生成是自然，是因为

它们是自然形式所产生的运动。①

　　"正义"在希腊语中是"dike"，名词，英语是"justice"，意指"道德秩序，基于古老传统的公平判决"；赫西俄德在《神谱》中记载，狄刻"dike"是宙斯（Zeus）和正义女神忒弥斯（Themis）的女儿。狄刻统治人间正义，而她的妈妈忒弥斯统治神圣正义。②

　　麦金泰尔在《谁之正义？谁之合理性？》中指出，"dike"由动词词根"deiknumi"推导而来，意指"表明、指出"。"Themis"由动词词根"tithemi"推导而来，意指"提出、制定"，"放置于正确位置"。他说，古希腊哲学中，无论是荷马还是他所描述的那些人，对"dike"的使用都预先假设了一个前提，即宇宙有一种单一的基本秩序，这一秩序既使自然有了一定的结构，又使社会有了一定的结构。要成为正义的，就要按照这一秩序要求来规导自己的行为。统辖这一秩序的是宙斯，他是诸多神之父和人类之父，而统治人类共同体的则是国王，他们分配着宙斯所分配给他们的正义。当一位国王的判断符合正义神旨（themistes），也即宙斯所颁布的秩序法则时，他的判断就是正义的。因此，王权、神圣支配和宇宙秩序是不可分离的几个概念。所谓正义，就是了解神意要求你做什么，即了解自己在宇宙秩序中的位置，按照自己应扮演的角色去做自己应该做的事情。

二　苏格拉底、柏拉图理念的正义

　　苏格拉底、柏拉图从理念出发探讨正义，也就是从正义自身、绝对的正义出发对正义的性质和本质进行界定。这涉及三个根本性问题，正义的本质是什么？正义的性质是客观的还是服从主观喜好？对正义的知识是通过回忆而得来的，如果正义的知识是客观而永恒的，那么就需要证明作为知识回忆之来源的灵魂为什么是不死的。柏拉图围绕这三个方面展开的讨论对莱布尼茨从绝对、理念出发探讨正义思想有着直接而根本性的影响。

①　参见汪子嵩《希腊哲学史》第3卷，人民出版社2003年版，第386页。
②　参见维基百科中根据赫西俄德《神谱》对 Themis 的解释，http：//en.wikipedia.org/wiki/Themis。

（一）正义与知识、绝对

正义与知识、绝对的关系问题，体现了苏格拉底、柏拉图处理哲学命题的方法论问题，他们追问一个事物或概念的知识是什么，就是要找出这个事物或概念何以可能的原因和根据在哪里，不是探讨事物或概念的具体类型是什么。这里的"知识"不是后来认识论意义的知识，而是本体论意义上体现为共同性、普遍性和客观性、不变性的关于事物本质的知识。例如对正义、美德等的探讨，是从一般的感官经验出发，从感官经验中确立记忆和意见，从这种记忆和意见中产生知识，还是从概念自身、绝对和理念出发探讨绝对的正义、美德是什么，正义、美德得以成立的原因是什么，然后讨论具体的正义和美德是否因为分有了绝对的、理念的正义才具有正义和美德？从理念、绝对出发探讨事物或概念自身是什么，这种对事物得以成立的具有客观的永恒真理性的前提、原因和根据的追问对莱布尼茨影响巨大。下面以苏格拉底对美德问题的探讨为例，对如何追问体现为理念的美德这一命题进行说明。

西方哲学史上苏格拉底提出"美德即知识"命题，由此引出了穿越时空而绵延至今的道德与知识问题。这一命题通常被理解为知识是使一个人成为有美德之人的充分条件。[①]但苏格拉底自己并没有对这一命题给出明确的论证和定论，他只是通过不断地与人论辩，对当时流行的关于美德的各种观点进行了批判，如美德（《美诺篇》）、灵魂（《斐多篇》）、勇敢（《拉凯斯篇》）、友谊（《吕西斯篇》）、节制（《卡尔弥德篇》）、虔敬（《欧绪弗罗篇》）等，指出人们通常自以为正确的观点其实是歧异丛生而缺乏普遍有效的根基。以《美诺篇》对美德的探讨为例，美诺开始以为自己懂得什么是美德，他把美德分为不同种类，男人、女人、老人和奴隶等都有各自的美德。苏格拉底问美德本质是什么，而美诺却提供了一大堆具体的美德类型，"尽管美德多种多样，但它们至少都具有某种共同的理念而使它们成为美德。任何想要回答什么是美德这个问题的人都必须记住

---

① C.C.W. 泰勒主编，韩东晖等译：《从开端到柏拉图》，中国人民大学出版社2003年版，第九章"苏格拉底与道德哲学的发端"。

这一点"①。接下来美诺试图从普遍性上说明什么是美德，指出美德是正义地获得好事物的能力，苏格拉底指出这仍然是一个从部分性出发而不是从整体性出发进行说明的定义。由此就引出了认识的"两难问题"：一个人不会去寻找他知道的问题，因为没有必要；也不会去寻找他不知道的问题，因为没有可能。知道的没有必要认识，不知道的无法去认识，这种两难问题如何化解呢？

如何解决认识的"两难问题"，或者认识究竟如何可能，苏格拉底通过灵魂不死和灵魂回忆说来解决这一难题。他借祭司之口引出灵魂不死，通过对美诺的一个没有受过教育的奴仆进行逐步提问的方式，展示了他拥有几何学知识。

　　苏格拉底：但是我们几分钟前认为他（美诺的奴隶）并不知道这个答案。

　　美诺：对。

　　苏格拉底：所以一个无知者可以对某个他不具有知识的主题具有正确的意见。

　　美诺：似乎如此。

　　苏格拉底：这些新产生的意见在目前阶段具有梦一般的性质。但若在许多场合以不同的方式向他提出同样的问题，你就能看到最后他会对这个主题拥有和其他任何人一样准确的知识。

　　美诺：很可能。

　　苏格拉底：这种知识不是来自于传授，而是来自于提问。他会为自己恢复这种知识。

　　苏格拉底：……当他还不是人的时候，这种意见就已经在那里存在了，那么我们可以说他的灵魂永远处于有知识的状态，是吗？很清楚，他要么是人，要么不是人。

　　美诺：这一点很清楚。

　　苏格拉底：如果关于实在的真理一直存在于我们的灵魂中，那么灵魂必定是不朽的，所以人们必须勇敢地尝试着去发现他不知道的东

---

①　王晓朝译：《柏拉图全集》第一卷，人民出版社2002年版，《美诺篇》72D第493页。

西，亦即进行回忆，或者更准确地说，把它及时回想起来。①

　　这个例子从知识回忆说的角度证明了灵魂不死，因为我们所回忆的知识，即关于实在的真理一直存在于我们的灵魂中。这种知识不因我们没有意识到它或没有实践它而不存在；它不是分门别类的具体的知识而是作为理念的、绝对的、完美的知识；它认为关于美德、正义的知识如同关于几何学的知识一样客观和有效，它们都是灵魂对所拥有知识的回忆。关于从绝对、理念出发对知识的探讨，对于理解莱布尼茨正义概念具有重要的意义。莱布尼茨多次表达他对道德哲学和形而上学的钦佩和赞美之意，他在给莱蒙德（Remond）的一封信中曾强调自己是柏拉图主义者，"自从我青年时期，我就已经对柏拉图的道德哲学及他的形而上学的某些方面就相当满意了；这两种科学要求彼此相互一致，正如数学和物理学"②。

　　美诺的奴隶没有受过教育而在苏格拉底的引导下掌握几何学知识，苏格拉底以这个例子为证，认为人应努力探索我们尚未知道的东西而不认为这没有必要。尽管探索的过程充满困惑，感觉自己很无知，这总比本来不知道还意识不到自己不知道而且信誓旦旦、自信满满要好。苏格拉底说，当不知道美德是什么的时候，我们可以采取假设的方法进行研究，假设美德是可教的或假设是不可教的。如果美德是知识，美德就是可教的。但他通过考察著名的古希腊智者、政治家、史学家等具有优秀品质和美德的人，他们"都不是美德的教师，我敢肯定其他人也不是；如果连教师都没有，那么也不会有学生。……一个既无教师又无学生的科目不是能教的科目"③。在《美诺篇》的最后，苏格拉底分析了正确的意见与知识都是正确行动的向导，差别在于正确的意见支配具体的行动，而知识是稳定而固定化的正确意见。由于美德不可教，它就不是知识，知识不是公共生活的引导。他的结论是"如果在这场讨论中我们说的和我们提出的问题都是正确的，那么美德既不是天生的又不是靠教育得来的。拥有美德的人通过神

① 王晓朝译：《柏拉图全集》第一卷，人民出版社 2002 年版，《美诺篇》85C、D，86A、B 第 516—517 页。

② Loemker（ed.），*Leibniz Philosophical Papers and Letters*，Chicago：The University of Chicago Press，1976，p. 659.

③ 王晓朝译：《柏拉图全集》第一卷，人民出版社 2002 年版，《美诺篇》96B、C 第 530 页。

的恩赐得到美德而无需思索"①。通过苏格拉底对道德的知识追问，我们就会明白"道德即知识"命题，知识与道德的关系和界限问题远非想象的那样简单。苏格拉底既探讨了知识、智慧对于道德的根本意义，又指出道德本质上并非完全就是知识；道德既受知识引导也受正确意见的引导；就美德是知识而言它是可教的，就美德是公共生活而言它是受培养而来的，就美德是神谕而言它是受神恩赐而激发出来的。

（二）正义与意志

柏拉图在《欧绪弗洛篇》中借苏格拉底之口对正义与喜好、意志之间的关系进行了探讨。苏格拉底在《欧绪弗洛篇》10A 中提出："虔敬事物之虔敬是因为诸神赞许它，还是因为它是虔敬的所以诸神赞许它？"欧绪弗洛在苏格拉底的引导下，有时认为虔敬的原因是事物本身是虔敬的，所以神才赞许它；有时认为虔敬的原因是神喜爱它，所以事物才是虔敬的。这位自诩为最懂虔敬含义的神学家，在苏格拉底的追问下总是陷入逻辑的矛盾和悖论当中。

苏格拉底：那么关于虔敬（公正）我们该怎么说，欧绪弗洛？按照你的论证，虔敬的事物不是受到所有神的喜爱吗？

欧绪弗洛：对。

苏格拉底：他们喜爱虔敬的东西是因为这个事物是虔敬的，还是因为别的什么原因？

欧绪弗洛：就是因为这个原因，没有别的原因了。

苏格拉底：如此说来，由于该事物是虔敬的所以它被神喜爱，而不是因为它被神喜爱所以才是虔敬的。

欧绪弗洛：似乎是这样的。

苏格拉底：另一方面，该事物被爱和被神喜欢正是因为神爱它，对吗？

欧绪弗洛：没错。

---

① 王晓朝译：《柏拉图全集》第一卷，人民出版社 2002 年版，《美诺篇》100A 第 535—536 页。

　　苏格拉底：所以使诸神喜爱的东西不是一回事，欧绪弗洛，按照你的说法，虔敬的东西与诸神喜爱的东西也不一样。它们是两种不同的事物。

　　欧绪弗洛：怎么可能这样呢，苏格拉底？①

　　从以上的对话可以看出，欧绪弗洛并不能说清"什么是虔敬"，他的观点总是摇摆不定、左右漂移。苏格拉底接着指出，他需要知道什么是虔敬的性质和本质，而欧绪弗洛只告诉他虔敬的属性，即它是神所喜爱的。欧绪弗洛抱怨说他和苏格拉底谈话提出的观点总是在不停地转移变换。苏格拉底进一步引导欧绪弗洛探讨公正与虔敬之间的关系，他同意了欧绪弗洛说公正中与神侍奉相关的部分就是虔敬这个观点，但对侍奉一词的理解又陷入了问题重重的争论当中。《欧绪弗洛篇》对虔敬（公正）与神的喜好、意志之间关系的探讨，最终以欧绪弗洛的"来日方长，下次再说"为由推脱掉了。

　　《欧绪弗洛篇》中关于虔敬（公正）与神的喜爱之间关系的探讨，对莱布尼茨思考正义的性质与本质问题具有深刻的影响，正义是因为事物具有正义的根本法则与永恒真理还是因为它为人或神所喜爱才是正义的？他在《对共同正义概念的沉思》这篇最重要而大篇幅讨论正义的文章中开篇就指出："人们认为上帝意愿的任何事都是慈善与正义的。但是仍然存在一个问题，是仅仅由于上帝意愿它，它才是慈善而正义的；还是由于它是慈善与正义的上帝才意愿它：换句话说，正义与慈善是任意而武断的？还是它们服从于关于事物的本性的如数字与比例一样的必然而永恒的规则？"② 从以上柏拉图《欧绪弗洛篇》中关于虔敬的讨论与莱布尼茨关于正义本质的讨论可以看出，无论是就莱布尼茨探讨、提出正义问题的方式，还是就探讨正义本质的具体内容而言，都很明显地体现了莱布尼茨对柏拉图关于虔敬及正义本身与喜好意志相互区别思想的承继与发展。

---

　　①　王晓朝译：《柏拉图全集》第一卷，人民出版社 2002 年版，第 10D—E 页。

　　②　Riley P.，*Leibniz Political Writings*，中国政法大学出版社影印本 2003 年版，第 55 页。（下文引用此书不再标注"影印本"三字）

（三）正义与灵魂不死

苏格拉底、柏拉图对灵魂不死的证明，是莱布尼茨推崇的自然神学和正义得以成立的前提与基础。苏格拉底对灵魂不死的证明主要来自于《斐多篇》，莱布尼茨赞赏柏拉图哲学中灵魂在天生而本质上不死的思想，他认为柏拉图完全是鉴于非物质的灵魂，而不是鉴于"永恒的奇迹"或者纯粹的不朽的"信仰"而得出这一思想。这种建立于"自然神学"基础上而不是建立在奇迹或信仰基础上的，可证明的灵魂不死观念，是莱布尼茨的正义思想的基本前提。为什么说莱布尼茨正义思想要以可证明的灵魂不死为前提呢？之所以强调灵魂不死，这是与主张灵魂死亡、物质实体的经验论哲学相对的。如果灵魂死亡，物质能成为实体，就意味着物质也能够自我驱动、自我记忆、自我认同，能够认识属于精神王国的永恒真理。莱布尼茨认为这是不自然的，他认为物质是被动的，灵魂、精神是主动的、有持久记忆的。物质是能被无限分解的，它是不实在的。如果认为物质是实在的，就会得出，正义在于现世的利益、权力之占有；如果与感官相连的激情、欲望和意志是实在的，就会得出，正义在于人定的法律条文之规定。如果正义是由利益、权力和意志决定，便没有真正的、从自然本性出发的正义。而真正的、从自然本性出发的正义必须承认灵魂之不死，承认精神之永恒；唯有如此，才能摆脱社会现实中强权、物质、利益对于自然正义之污染、之蹂躏、之践踏；唯有如此，才能在来世的神恩王国中，实现对功德之报偿、对罪恶之惩罚；唯有如此，才能拥有基于自我驱动、自我记忆和自我认同的道德品格、精神人格与神圣位格。之所以强调可证明的灵魂不死，这是与启示神学主张完全由信仰而得出灵魂不死相对应的。主张可证明的，就是主张通过哲学的方式，或证明，或说明，或解释，即以一种自然的、不诉诸奇迹的、立足于人自身的方式来言说灵魂不死。这种方式承认了人的自主性前提，强调了人的理性智慧，消除了蒙昧的启示信仰，形成了理性、德性与神性的交融与和解。

《斐多篇》从多个角度对灵魂不死进行证明，从篇章结构上看分为前后两个态度相反的部分。第一部分（59D—84B），从自杀和死亡问题谈起，苏格拉底向他的学生申辩为什么哲学家在临死前内心会感到欢乐和平静。主要有基于灵肉对立的证明，对立面相互转化的证明，及知识回忆说证明。第一种证明认为只有当灵魂摆脱身体及其欲望的控制和干扰，避免一切与身体的接触和联系，灵魂才能进行最好的思考。苏格拉底相信：

> 如果我们要想获得关于某事物的纯粹的知识，我们就必须摆脱肉体，由灵魂自身来对事物本身进行沉思。从这个论证的角度来判断，只有在我们死去以后，而非在今生，我们才能获得我们心中想要得到的智慧。如果有身体相伴就不可能有纯粹的知识，那么获得知识要么是完全不可能的，要么只有在死后才有可能……我们要洗涤我们自己受到的身体的玷污，直至神本身来拯救我们。[①]

而心灵要实现拯救和净化，就是尽可能使灵魂与身体分离。而死亡就是灵魂从身体中摆脱出来，哲学家的事业就是使灵魂从身体中摆脱出来。所以当死亡真正来临时，哲学家不仅不感到悲哀，反而会为自己能获得纯粹的智慧而高兴。

第二种基于对立面相互转化的证明是一种循环轮回的观点。凡有对立面的事物必定从其对立面中产生，如大与小、强与弱、快与慢、冷与热、睡与醒、死与活等。

> 苏格拉底：……活的东西和活人是从死的东西中产生出来的吗？
> 克贝：显然如此。
> 苏格拉底：那么我们的灵魂存在于另一个世界。
> 克贝：似乎如此。
> 苏格拉底：我们刚才讲的两个过程在这个事例中，有一个是非常确定的，我指的是，死相当确定的，是吗？
> 克贝：是的。
> 苏格拉底：我们现在该怎么办？省掉另一个补充性的过程，给这条自然法则留下一个缺陷吗？或者说我们必须提供另一个与死相对应的过程？

① 王晓朝译：《柏拉图全集》第一卷，人民出版社 2002 年版，《斐多篇》66D—E，67。

克贝：我们当然必须提供。

苏格拉底：这个过程是什么呢？

克贝：复活。

苏格拉底：如果有复活这回事，那么它必定是一个从死到生的过程。①

第三种从知识回忆说引出灵魂不死。在苏格拉底与克贝谈论复活的问题时，克贝说起苏格拉底经常给他们讲的一种理论，即所谓的学习只是一种回忆。克贝说，如果这种说法正确，那么现在所回忆的肯定是以前具有的知识，除非能够回忆知识的灵魂在进入人体前在某处存在，否则这是不可能的。旁边的西米亚斯插话说，他还不知道如何证明这一理论。苏格拉底接下来以"相等"为例进行证明。两个具体事物之间的相等，如石头与石头、砖头与砖头之间的相等只是部分的相同，这种部分的相同不同于完全的、绝对的相同。也就是说，相等的事物与绝对相等不是一回事。之所以看到某一物而想起另一物，感觉它们相同或相似，是因为你首先有了绝对相等的知识或观念，绝对相等的知识在具体事物相似与否所产生的感官刺激或联想之前就已经存在了。一切感性物体相等与否，都要以绝对相等作为标准，它们是对绝对相等不完善的模仿。

苏格拉底说：

> 如果我们真的是在出生前就获得了我们的知识，而在出生那一刻遗失了知识，后来通过我们的感官对感性物体的作用又恢复了先前曾经拥有的知识，那么我们假定我们所谓的学习就是恢复我们自己的知识，称之为回忆肯定是正确的……如果所有这些绝对的实体，比如我们老是在谈论的美和善，真的存在，如果被我们重新发现的我们以前的知识是关于它们的，我们把我们身体的所有感觉的对象都当作对它们的范型的摹本，如果这些实体存在，那么由此岂不是可以推论出，我们的灵魂甚至在我们出生之前也必定存在，如果它们不存在，我们的讨论岂不是在浪费时间？这个观点是合理的，说我们的灵魂在我们

---

① 王晓朝译：《柏拉图全集》第一卷，人民出版社 2002 年版，《斐多篇》第 71E 页。

出生前存在就像说这些实体是存在的一样确定，如果一种说法不可能，那么另一种说法也不可能。①

这样，就证明了关于绝对的知识是在出生前就获得的，灵魂在出生前就已经存在。但人死后灵魂是否仍然存在呢？苏格拉底说，把灵魂在出生前就存在这个结论与前面所达成一致意见的论证（即生与死这个对立面相互转化）结合起来，人死后灵魂存在的问题就得到了证明。灵魂出生前就存在，如果它趋向和体现为新生命，它必定是从死的状态中产生出来的。万物都是与它的对立面相结合而产生的，灵魂肯定会再生，这样灵魂死后肯定会存在。

三　亚里士多德德性实践的正义

（一）正义是一种品质

亚里士多德在《尼各马可伦理学》第五卷专门讨论了正义，当然在其他章节也有对正义的相关论述。在这一卷第一章开篇首先讨论正义的性质与范围，即正义是什么？不正义是什么？与苏格拉底、柏拉图从绝对理念出发定义正义不同，亚里士多德从品质出发对正义进行界定。他说："所有的人在说公正（正义）时都是指一种品质，这种品质使一个人倾向于做正确的事情，使他做事公正，并愿意做公正的事。同样，人们在说不公正时也是指一种品质，这种品质使一个人做事不公正，并愿意做不公正的事。我们先把这个意见作为讨论的基础。"② 品质与知识（科学）、能力不同，一种知识或能力可以构成相反的东西，而品质却不能构成相反的东西，它只产生某一种结果。比如，健康只能产生健康的行为和状态，不能产生不健康的行为和状态。也正是在这个意义上，莱布尼茨说："正义的（所允许的）无论如何都不是非正义的。因而正义不仅仅是公平的——当利益攸关时对别人的利益感到高兴——而且不是非正义的——当没有利益

---

① 王晓朝译：《柏拉图全集》第一卷，人民出版社 2002 年版，《斐多篇》75E、76E 第77—79 页。

② 亚里士多德著，廖申白译注：《尼各马可伦理学》，商务印书馆 2003 年版，第 37 页。

攸关时去做你所能做的。权利是做正义之事的权力。"①

　　亚里士多德认为，正义是最高的德性，是一切德性的总括。所以他从"种"和"属差"角度对德性所下的定义可以进一步帮助我们理解正义的性质与范围。首先从"种"进行界定，他说，

　　　　灵魂状态有三种：感情、能力与品质，德性必是其中之一。感情，我指的是欲望、怒气、恐惧、信心、妒忌、愉悦、爱、恨、愿望、嫉妒、怜悯，总之，伴随着快乐与痛苦的那些情感。能力，我指的是使我们能获得这些感情，例如使我们能感受到愤怒、痛苦或怜悯的东西。品质，我指的是我们同这些感情的好的或坏的关系。例如，如果我们的怒气过盛或过弱，我们就处于同怒的感情的坏的关系中；如果怒气适度，我们就处于同这种感情的好的关系中。②

　　可见，德性是一种品质，一种对人与人、人与自我之间感情关系的调节和适度。这种从情感的适度和谐状态出发去理解正义的思路，对莱布尼茨早期的正义思想影响巨大。正义是保持人与人之间情感——爱与恨——适度和谐的美德吗？他说自己孩提时非常热情地支持这一观点，由于当时对逍遥学派（Peripatetics）感到非常新鲜，但当时还不能彻底理解这一事实，即所有控制我们情感的其他美德本身也需要控制。③ 亚里士多德从"属差"给出定义，就是要说明德性是怎么样的品质，即每种德性既要使那个事物的状态好，也要使它的活动完成得好。如何使事物的活动完成得好呢？对于人而言，就是要从实践出发，在知晓事理的基础上，通过意愿选择和现实活动去实现它，并把这种选择和活动作为一种习惯和品质而持之以恒。

---

　　① Loemker (ed.), *Leibniz Philosophical Papers and Letters*, Chicago：The University of Chicago Press, 1956, p. 137.

　　② 亚里士多德著，廖申白译注：《尼各马可伦理学》，商务印书馆2003年版，第43—44页。

　　③ Loemker (ed.), *Leibniz Philosophical Papers and Letters*, Chicago：The University of Chicago Press, 1956, p. 135.

（二）正义与实践

苏格拉底从理论理性出发追问了知识与德性的关系，这一追问过程中他自己也常感到困惑和不解。从他的困惑和不解中就引出了实践理性与道德关系问题。所谓实践理性规定的道德，就是从非知识化的意志出发考察实践与道德的关系，探讨意志自由与行为习惯对道德的作用和意义。苏格拉底与柏拉图的一致之处在于，他们认为无人自愿为恶，只要从普遍有效性的善理念出发，人就不会做恶事。这就排除了人的意志主观为恶的可能性，这也是造成苏格拉底对道德感到困惑的原因所在。作为学生的亚里士多德与他们不同，他从分析灵魂的不同部分出发，认为灵魂中既包括逻各斯的部分，也包括无逻各斯的部分。逻各斯的部分即理论理性，非逻各斯的部分又分为两种：生理营养和欲望。生理营养部分与德性无关，而欲望部分则在某种意义上分有逻各斯，即在听从父亲和朋友的意见和劝告意义上分有逻各斯。与灵魂分为逻各斯部分与无逻各斯部分相应，德性也分为理智德性和道德德性，"理智德性主要通过教导而发生和发展，所以需要经验和时间。道德德性则通过习惯养成"。[1] 因此他对柏拉图的美德即知识观点提出批评，他认为单纯的"把美德当作知识，其实这是不可能的。因为一切知识都涉及理性，而理性只存在于灵魂的认知部分之中"。[2] 对德性的研究不是纯思辨的，而是"有一种实践的目的（因为我们不是为了了解德性，而是为了使自己有德性，否则这种研究就毫无用处），因为……我们是怎样的就取决于我们的实现活动的性质"[3]。亚里士多德这里强调了道德德性需要经由习惯而养成。如果像柏拉图那样单纯把道德当成知识，是不充分的。因为非道德的逻辑知识也是知识，但这种认知理性的知识与道德是有根本差别的。道德德性的显著特点是其实践性，即道德的目的不是理解和获得道德知识，而是要把这种道德知识化作具体的行动。如果德性行不出来，便是无德性。

莱布尼茨在作为实践理性的正义方面与亚里士多德是一致的。莱布尼

---

① 亚里士多德著，廖申白译注：《尼各马可伦理学》，商务印书馆2003年版，第35页。

② 苗力田译：《亚里士多德全集》第八卷，中国人民大学出版社1999年版，第1082a17—19、242页。

③ 亚里士多德著，廖申白译注：《尼各马可伦理学》，商务印书馆2003年版，第37页。

茨认为伦理主体不仅是思想的主体而且是表达和身体行动的主体。艾米丽（Amily）正确地指出，"如果我们就亚里士多德和莱布尼茨而言，道德行动必须被作出来，良好的意图是不充分的。只有当我们能有效地执行我们的意图，并在此时此地在世界上实现它们时，我们才是有德性的"。

（三）自然正义与约定的正义

亚里士多德在讨论城邦正义即政治正义时分析了自然正义与人为约定正义这两种类型。城邦的正义是自足地并且是自由而平等地（算术比例与几何比例的平等）共同生活的人们之间的公正。如果不自足，或在算术比例与几何比例上都不平等的人们之间不存在城邦的正义，这种正义只存在于其相互关系由法律调节的人们之间。所谓算术比例的平等，在亚里士多德那里，指基于自由身份的、民主制的平等；而几何比例的平等，指基于德性或优点的平等，是贵族制和寡头制的平等。① 丈夫与妻子、主人与奴隶、父母与子女之间的关系体现的是家庭的正义，不是政治城邦的正义。城邦的正义不允许由个人来治理，而应由法律来治理。因为，人容易按照其自身利益去治理，最后沦为僭主政治。所以应由法律或逻各斯来治理。

政治正义中有些是出于自然的，有些是人为约定的：

> 自然的公正（自然正义）对任何人都有效力，不论人们承认或不承认。约定的公正最初是这样定还是那样定并不重要，但一旦定下了，例如囚徒的赎金是一个姆那，献祭时要献一只山羊而不是两只绵羊，就变得十分重要了。而且，约定的公正都是为具体的事情，例如布拉西达斯的祭礼以及法令的颁布。有些人认为所有的公正都是约定的，因为凡是自然的都是不可变更的和始终有效的，例如火不论在这里还是在波斯都燃烧，然而人们却看到公正（约定正义）在变化。②

---

① 亚里士多德著，廖申白译注：《尼各马可伦理学》，商务印书馆 2003 年版，第 147—148 页。

② 同上书，第 149 页。

这里所说的"公正在变化"是针对智者学派的观点，他们主张正义都是约定的，而约定的东西都是变动的。亚里士多德看到具体公正的人为约定性与变动性，但他不认为自然正义都是不可变更的，他认为约定正义与自然正义都是可变的。约定正义的变化体现为约定法则和规则的变化，而自然正义的变化体现为倾向力的变化。所以他举例说，一般情况下右手比左手有力，也有人两只手同样有力或左手更有力。这是出于自然的行为，但也体现出禀赋与倾向力的变化。

亚里士多德在《尼各马可伦理学》第 5 卷第 10 章分析了公道（自然正义）与公道的事与公正（约定正义）和公正的事情之间的关系。公道与公正不完全是一回事，又不是根本不同。他说公道与公正之间的关系令人感到惊奇之处在于，两者之间不是一回事，为什么都被我们称赞。如果两者不是一回事，那么其中一个是好的，另一个就是不好的；如果两者都好，它们就是一回事。亚里士多德说，这些考虑某种意义上是有道理的，也是相互矛盾的。"因为一方面，公道优越于一种公正，本身就公正；另一方面，公道又不是与公正根源上不同而比它优越的另一类事物。所以，公正和公道是一回事，两者都是善，公道更好些。困难的根源在于，公道虽然公正，却不属于法律的公正，而是对法律公正的一种纠正。这里的原因在于，法律是一般的陈述，但有些事情不可能只靠一般陈述解决问题。"[1] 法律是对人的行为作出一般性和普遍性规定，它不可能包括行为人所面对的所有情境遭遇，况且人的行为本身就是无法通过精确的法律语言加以规定和说明的。

所以，法律条文一旦制定，就必然有例外情况出现：

> 法律之所以没有对所有的事情都作出规定，就是因为有些事情不可能由法律来规定，还要靠判决来决定。因为，如果要测度的事物是不确定的，测度的尺度也就是不确定的。就像勒斯比亚的建筑师用的铅尺，是要依其形状来测度一块石头一样，一个具体的案例也是要依照具体的情状来判决。这样，我们就说清楚了什么是公道，说明了它

---

[1]　亚里士多德著，廖申白译注：《尼各马可伦理学》，商务印书馆 2003 年版，第 160—161页。

是公正，并且优越于一种公正。从这一点就可以明白什么样的人是公道的人。公道的人是处于选择和品质而做公道的事，虽有法律支持也不会不通情达理地坚持权利，而愿意少取一点的人。这样的一种品质也就是公道。它是一种公正，而不是另一种品质。①

其实，这里对公道和公正的分析从根本上可以理解为自然正义与约定的正义之间的区别。自然正义是出于理性的意愿选择和一贯的品质去做正义之事，它通过开潜人内心的理性法则和天地良心起作用；约定的正义是出于遵守法律规范的品质去做正义之事，它通过服从外在规约的法律条文起作用。莱布尼茨吸收了亚里士多德自然正义思想中源于人本性的客观规定性品质，正如火的燃烧一样，无论何时何地，人意识到与否，火都要燃烧。莱布尼茨也举过类似的例子，正义之人是爱所有人，必然尽力使所有人满意，正如一块石头即使它受到阻碍也要尽力落地。② 不同之处在于，莱布尼茨不像亚里士多德那样强调正义的合法律性与公平性，莱布尼茨认为法律不等于正义，法律本身可能是非正义的，而正义不仅要有保卫和平的严厉法、分配合理的公平法，还要有虔诚生活的神圣法。

四　古希腊罗马自然法与基督教自然法

（一）斯多葛主义自然法

西方哲学史上第一次比较明确而系统地阐述自然法思想的是斯多葛学派。对斯多葛学派代表性人物与起始时间的界定，不同的学者给出不同的答案。宽泛意义上可根据狭义和广义这两种划分方法，狭义而言指希腊化时期（约前300—约前200）的斯多葛学派，广义而言可分为前期、中期和后期斯多葛学派。前期代表人物有芝诺（Zenon Kition，前374—前270），克里西普（Khrusippos，前282—前206）；中期代表人物是帕尼提乌斯（Panaitius，约前180—前110）；晚期代表人物有罗马时期的西塞罗（Cice-

---

① 亚里士多德著，廖申白译注：《尼各马可伦理学》，商务印书馆2003年版，第161页。
② See Loemker（ed.），*Leibniz Philosophical Papers and Letters*，Chicago：The University of Chicago Press，1956，p. 150.

ro，前106—前43），赛涅卡（Seneca，4—65），爱比克泰德（Epictetus，60—117），以及罗马皇帝马尔库斯·奥勒留（Marcus Aurelius，121—180）。由于斯多葛学派的前后时间跨度较长，所以即使是该学派内的这些代表性学者，他们之间对具体问题的哲学观点与分析方法也不尽相同乃至相互对立。由于本书主题所限，笔者只在自然法、自然正义范畴内，从他们对这一问题前后相承与观点相同或相似的根本脉络中展开分析和论述，其中以西塞罗《论神性》《论法律》等著作中的思想观点为主要论证资料。

　　斯多葛学派将自然法或自然理解为弥漫于整个宇宙的支配原则，他们认为世界是一种有序的安排，人和自然按照目的原则而行动，他们在全部自然中看到了理性与法则的作用。斯多葛学派从一种特殊的神的观念出发去解释这种世界观，对于他们而言，神是一种有理性的实体，它不存在于某个地方，而是存在于整个自然万物之中。这种渗透而弥漫性的实体形式的理性神，安排和控制着自然的整体结构，决定了自然万物的起源，他们道德伦理思想的出发点也奠基于此。如何能更详细地描述和理解宇宙万物中所体现的支配性原则即自然法呢？西塞罗在继承以往斯多葛派学者关于法律、自然法思想的基础上，进一步完善和总结了自然法理论。他说，论述法的问题必须从法的本质开始，然后再论述法律本身。西塞罗的基本观点是，法律是自然中固有的最高理性，是自然之力量，允许做应该做之事，禁止做不该做之事。

　　西塞罗在《论法律》中说，法即自然这个问题一定要讨论清楚，因为这关系到巩固国家、稳定城邦、医治所有民族。法即自然，这是探讨法律的基础，基础问题需要加以认真考虑和细致研究，即使不能得到所有人赞同，也应该得到这样一些人的赞同，"这些人认为所有正当和高尚的事物都是由于它们自身的缘故而被渴求，相信没有任何东西将被视为好东西，除非其自身就值得赞美，或至少没有什么东西会被视为好东西，除非其本身就值得赞美，或至少没什么东西会被视为大好的东西，除非它由其自身之故而被正当赞美"①。这段话既强调了探讨"法即自然"这个基础

---

　　①　西塞罗著，王焕生译：《论法律 I·37》，上海人民出版社2006年版，第51页。由于该书中这段译文与拉丁文原意相差较大，文中引用主要是根据列奥·施特劳斯、约瑟夫·克罗波西主编的《政治哲学史》中第183页的文字。

性问题的极端重要性，而且牵涉到如何理解法的正当与正义问题。法律的正义是因为自身之缘由而被人追求，还是如学园派怀疑论者加尼亚德斯和菲洛斯①所主张的那样，正义是约定俗成的而非自然的，正义是愚蠢的。莱利乌斯为"正义是自然的"这个观点进行辩护，他反对正义是人为约定的观点。

> 真正的法是符合自然的正当理性；它是普遍适用、永恒不变的；它以其命令召唤义务，以其禁律制止罪恶。它不把其命令和禁律滥施于好人，即使对坏人也没有影响。要想改变这种法律就是犯罪，试图取消其部分都不允许，完全废除它就更不可能。元老院或人民都不能使我们摆脱它的制约，我们也没有必要到自身以外去寻找它的阐释者。法在罗马和在雅典没有区别，现在和将来也没有不同，一个永恒不变的法在所有的国家和一切时代都将是行之有效的，主人和统治者将只有一个，这便是上帝，因为它是这个法的创造者、颁布者和执行者。②

由此可见对法的自然性的辩护与法的正义性的辩护内在地联系在一起。要说明法来源于"自然"、法即"自然"，同时就说明了法的正义是自然而永恒的还是人为约定这个问题。西塞罗对自然法的论述与他对正义的理解联结在一起，法、正义、理性、逻各斯在他对"自然"理解中实现了通约性统一。他认为应在"自然"中去寻找对法的根源和法的正义性理解，这是他探讨法律问题的前提和基础，弄清了他对"自然"之理解，也就明白了他为什么强调法必须来源于"自然"，法即"自然"的含义。从西塞罗对"自然"含义的分析可以归结为自然的神性、自然的理性、自然的德性和自然的物性这四个方面。

自然的神性指统治整个自然的神的本性。统治整个宇宙和自然的是不朽的神的力量或本性，理性、智慧、权力、意愿皆属于这种本性。神自身

---

① 列奥·施特劳斯：《政治哲学史》第 180 页。
② 西塞罗：《论共和国Ⅲ·24》，转引自列奥·施特劳斯、约瑟夫·克罗波西《政治哲学史》，河北人民出版社 1993 年版，第 185 页。

没有任何烦恼，也不引起他人烦恼。公民们一开始就应树立这样的信念，"即一切事物均由神明们统治和管理，一切发生的事情都是按照神明们的决定和意志而发生，神明非常有恩于人类，他们注视着每个人是怎样的人，在做什么，怎样行为，有什么想法，如何虔诚地侍奉教义，计算着虔诚和不虔诚的人们，心怀上述这些信念的人的心智定然不会与有益而正确的主张相悖"①。所以，法律要求人们圣洁地侍奉神明，保持虔诚而避免奢华，如有违背者将会受到神明的惩罚。这种对神明侍奉和恭敬的思想来源于古希腊神灵观。西塞罗说，希腊人和罗马人先辈们的传统非常好，他们为了加强对神明的信仰，让神明居住在自己所居住的城市里。对神灵的信仰带来有利于国家的宗教观念。正如毕达哥拉斯所说，当我们参加祭神活动时，对神的虔诚和笃信会强烈地掌握我们的心灵；泰勒斯说，人们应该想到，他周围的一切都充满神灵。这样人们就像身处神庙一样，心灵更纯洁、更富有宗教感。信仰能使神的形象不仅在我们的心中而且在我们的眼前得以显现。② 西塞罗对自然神性的分析在莱布尼茨的自然哲学与自然神学中得到很好的承继和发展。所不同的在于莱布尼茨强调的是万物形成之初神的创造性作用，万物只能通过创造而产生、通过毁灭而消亡。所以从严格意义上讲，万物没有出生和死亡。但万物一旦创生，神就只是体现为形式、灵魂和精神自身的参与，而不参与具体的自然运行过程。当然，莱布尼茨的神与西塞罗的神是不一样的，前者是指唯一的人格神——上帝，而后者指宇宙间人的各种护佑神。

自然的理性指由神赐予人类，人与神共同具有的理性。西塞罗认为，人所具有的预见力、感知力、观察力、记忆力、理智力等品质是由至高的神明创造。自然界中种类如此众多的无机物与生物，它们有着各自的天性，但只有人具有理性、能够思维。在天地万物中人所具有的理性比其他特性更具有神圣性，理性发展成熟和完善时便称为智慧。

就这样，没有什么比理性更美好，它既存在于人，也存在于神，因此人和神的第一种共有物便是理性。既然理性存在于人和神中间，

---

① 西塞罗著，王焕生译：《论法律Ⅱ·15，16》，上海人民出版社2006年版，第105页。
② 西塞罗著，王焕生译：《论法律Ⅱ·26》，上海人民出版社2006年版，第119页。

那么在人和神中间存在的应是一种正确的共同理性。因为法律即理性，因此应该认为，我们人在法律方面也与神明共有。还有，凡是具有法律的共同性的人们，他们也自然具有法的共同性；凡是具有法律和法的共同性的人们，他们理应属于同一个社会共同体。如果人们服从于这一上天秩序、神的智慧和这位全能的神；由此，就应该把整个世界视为神明和人类的一个共同的社会。①

　　这里所讨论的是作为人之本性的理性能力。西塞罗还讨论了人被神灵所赋予的礼物——灵魂。与苏格拉底和柏拉图一样，西塞罗认为这种灵魂是不死的、不朽的，而人的其他非灵魂成分如肉体则是短暂而易朽的。可见，理性与灵魂在西塞罗这里没有作出区分，理性与灵魂是人相比于其他生物所独具的能力。他指出，理性或灵魂的回忆和认识能力是神性的体现，当人思考从哪里来、到哪里去，在宇宙中居于什么角色和定位，如何认识和实现天意赋予自己的角色和使命时，他就是在认识神。西塞罗关于人与神共有理性，同属于一个社会共同体的思想，在莱布尼茨那里得到更明确、更集中、更充分的表达和证明。他区分了灵魂和理性，理性和精神是灵魂的高级属人阶段，而灵魂是自然万物所共有的。理性的灵魂遵循更高级的规律，人包括天使，正是凭借理性、精神和永恒真理以某种方式而与上帝交往，成为上帝之城中的一员。人注定要永远地保存在上帝之城中所接受的人格和记忆，因为有了这种记忆和人格才能实现善行必得报偿，恶行必得惩罚。

　　自然的德性指人与神所具有的同一种德性，即达到完善，进入最高境界的自然。西塞罗指出：

　　　　人和神具有同一种德性，任何其他种类的生物都不具有它。这种德性不是什么别的，就是达到完善，进入最高境界的自然，因此人和神具有相似性。……为了人类的福利和需要，自然给予无比丰富的东西，以至于生成的一切似乎是出于精心安排赐给人类的，而非偶然地产生的；而且不仅是那些土地凭借自己的肥沃性以水果和粮食形式生

---

①　西塞罗著，王焕生译：《论法律Ⅱ·23》，上海人民出版社 2006 年版，第 38—39 页。

产的东西，此外还有牲畜，很明显，它们生产出来一部分是为了供人类役使，一部分是为了给人类提供产品，一部分是为了供人类作食物，由于自然的教导，还发明了各种技艺；智慧仿效自然，创造出了生活需要的各种东西。①

在西塞罗那里，自然是有德性的，而德性也是自然的，这种带有西塞罗风格的德性定义观是非常有趣的。植物、动物的德性，例如树木和马的德性，不是基于人的看法，而是基于自然，基于它本身的内在状态。无论是参天大树还是低矮灌木，无论是奔驰的骏马还是犁地的耕牛，只要它们基于自然，实现了自身，它们就是有德性的。对于人而言，当然比植物、动物的德性要复杂一些。人的德性有高尚与卑鄙、美德与恶习、善良与邪恶之分。而德性的尊卑贵贱同样是基于自然，通过自然来判断。善本身不是依赖于人的意见，而是依靠自然而存在。"因为德性是完美发展的理性，它存在于自然之中。由此，各种高尚品质也应该是这样。"② 美德体现为稳定、宁静而神圣的生活方式，恶习则体现为紊乱、滥情和纵欲的生活方式。对于人类而言，美德是第一位的，除了美德之外，一切事物中最伟大的是友谊。毕达哥拉斯说过关于朋友的名言，"朋友之间一切皆共有"。西塞罗很推崇这句话，认为它意味着一个人爱自己一点也不胜过爱其朋友，这样朋友之间便没有了差别。如果有人为自己想得多，友谊就将不复存在。正义自然地要求人与人之间无私的爱和友谊，莱布尼茨吸收了西塞罗关于朋友之间的无私而平等的爱与友谊思想，在这一基础上，又加入了基督教所要求的爱上帝与爱邻人的戒命和美德。

自然的物性指万物不仅享有内在的神性与德性，而且它们还被赋予灵敏的感觉和适宜的形体。自然不仅给予人敏锐的智力；还赐予人灵敏的感觉，由此感知缤纷多样的外在形象；还赋予人类认识和行动的身体基础，即与人的才能完全适合的身体和机能。

不仅如此，当自然让所有其他动物倾向于地面取食时，它只让人

---

① 西塞罗著，王焕生译：《论法律 II·25》，上海人民出版社 2006 年版，第41页。
② 西塞罗著，王焕生译：《论法律 I·45》，上海人民出版社 2006 年版，第61页。

站立，使人仰望天空，如同自己的出生地和昔日的居所。自然还让人
的脸面具有特别的形状，以使面部能够准确地表现内在的习性。我们
的眼睛也非常富有表现力，能清楚地表现我们内心的活动。那种被称
作表情的东西，除了人以外，其他任何生物都不具有，它能表明习
性；希腊人知道它的作用，但未能找出恰当的词语进行表示。……关
于掌握声音的能力，关于主要作为人类社会中介者的语言的力量。①

　　这里对人之表情的分析现在看来也许有些武断，动物世界也有自己的
表情来表达它们的习性，只是有些表情不能被人察觉罢了。这里对人之形
体、感觉和认识的分析，以人能直立行走和拥有语言为关键。人不再四肢
着地，匍匐于地面，而是坚定地站立在大地上，头部能仰望上天和星空。
就形体本身而言，这就体现了人的独特地位和尊严，双脚立地意味着人离
不开坚实的大地，仰望天穹意味着人有着形而上的追求和梦想。人掌握了
语言，以语言为中介，使交流得以扩展，分析得以缜密，论证得以清晰，
文明得以传承，精神得以开潜。莱布尼茨同样强调人形体的精妙神奇，主
张人的经验感官是灵魂和精神的助缘和赋形。他对语言的重视体现在创立
普遍文字、注重语词分析、创立主谓项逻辑学、发明微积分及其符号、创
立二进制等独具创造性的思想和发明中。

（二）古罗马法自然权利三原则

　　莱布尼茨非常重视古罗马自然权利的三个原则：严厉原则、公平原则
和忠诚原则。他在罗马法自然权利三个原则的基础上，进行了进一步的阐
发和释义。这三个原则分别对应于交换性正义、分配性正义与普遍性正
义。交换性正义是最低层次的正义，它所遵循的原则就是互不伤害。交换
性正义对于每个人而言都是平等的，它强调每个人在生命、利益、财产、
行为等方面都不能受到其他人的伤害。交换性正义之所以是最低层次的正
义，是因为它是人类生存和发展的基本前提和底限的伦理准则。主张交换
性正义的人认为以下情况对于正义而言就是充分的："没有人伤害自己，
没有人剥夺自己所占有的任何财产，即使不花费自己的任何费用、不会对

---

　　①　西塞罗著，王焕生译：《论法律Ⅰ·26，27》，上海人民出版社2006年版，第61页。

自己造成任何伤害，自己根本没有义务去获取另外一个人的利益，或者去阻止罪恶的发生。"①

由此我们可以看出，交换性正义相应的优缺点所在。它的优点就是它对于每个人都是平等而无差别的，任何人都不能伤害别人的生存权、健康权和财产权，这是人类生存和发展最基本的规范和要求所在，否则人类社会就会处于霍布斯所描写的人类社会达成契约前的自然社会状态：所有人反对所有人的战争，因而人类就经常处于相互伤害中，每个人从自我出发通过非正义的手段攫取别人的财产，每个人都有权抢夺别人的东西，这样每个人都有可能被抢，每个人都会感到很害怕。而交换性正义的缺点和不足在于它把正义和人们的仁慈、仁爱、向善意志与行善行为相互区别开来，认为一个缺乏仁爱之心与仁爱之行为的人同样可以是正义的。这样一来，就仅仅把正义局限于最低层次的互不伤害原则，把最低层次的正义原则当成了正义本身，把人类底限的伦理要求当成了普遍而根本的伦理要求。这不仅在理论上造成对西方基督教传统中对人的自由选择的向善意志与行善行为的思想资源的忽略，而且在现实中造成对社会成员尤其是担任社会公职人员的义务、责任、使命、道德等方面的疏忽和麻痹。如果人人都按照最低的正义与道德标准去行事，那么就不可能有人类精神道德世界的提升，不可能有对于社会底层穷苦人民悲惨生活状况的关心，不可能有良好的社会风气与昂扬的浩然正气。莱布尼茨特别指出那些担负着激浊扬清、匡正去邪、惩恶扬善重任的大法官，以及那些对别人的行为负有责任的大学导师、社会管理者和行政官员，他们不能使自己仅仅局限于不伤害他人的最低要求之中，更要去关心提升人们的生存境况，要有责任去制止罪恶的发生并促进善德的实现。

分配性正义是建立在交换性正义基础上的更高一级的正义原则，分配性正义也可以称为"公平原则"或"仁爱原则"，因为它不仅要求交换性正义的互不伤害这一基本的理性原则，而且要求根据一个人的不同表现而给予他不同的结果，要求一个人要制止罪恶的发生，同时也要求一个人要主动地做善事。与交换性正义相比，分配性正义要求的是一种差别对待的公平，即给予每个人他所应该得到的，而且它要求一个人不仅要有基本的

---

① Riley P., *Leibniz Political Writings*，中国政法大学出版社 2003 年版，第 54 页。

理性约束——互不伤害，而且要具有向善意志，去制止罪恶的发生，并主动去做善事。这样，分配性正义既强调了理性主义的一面，又强调了基督教仁爱思想的一面，实现了智慧与仁爱的相互协调与统一。

首先，分配性正义要求给予每个人他所应得到的。交换性正义所要求的是一种绝对的平等，即人与人之间互不伤害原则对于每一个人而言都是一样的，即不可能是对一部分人的互不伤害建立在对另一部分人伤害的基础上。而分配性正义就与之不同，它要求实现一种有差别的公平，就是要根据每一个人在现世生活中的表现而给予他们所应当的报偿或惩罚。莱布尼茨关于正义的一段论述很好地体现了这一思想：

> 相应的法律规则就体现为要求我们给予每个人他所应得到的。国家的政治法律也属于此类正义，它确保国民的幸福，仅仅使那些有道德要求的人能够实现自己的法律要求；也即是，它们能够命令其他人在公平意义上所应该完成的任务。在权利的最低等级阶段，除了那些特殊情况所造成的差异外，我们不会考虑人与人之间的差别，所有人都被看作是平等而无差别的；但是，现在到了更高的阶段，每个人的功过是非都要经过权衡，因而特权、奖赏与惩罚各司其职。①

其次，分配性正义要求一个人要主动阻止罪恶的发生。单纯的交换性正义只是提倡互不伤害，而不管别人的境况如何，也不管能否或如何改善别人的悲惨境况。持有这种观点的人总是很满意于别人不伤害自己，认为自己一点也不需要别人的帮助和仁慈，因此自己也不想做更多的事或要求得到更多的事。针对这种观点，在《对共同正义概念之沉思》一文中莱布尼茨深刻地指出："但是一个人能够真正对这种说法坚持到底吗？让他扪心自问一下，如果他发现自己实际上已经落入灾难的边缘，而另一个人能够通过施以援手而使他避免灾难，他将会说什么？将会希望什么？如果在这种情形下那个人不想救我们，我们不应该把他判断为坏人甚至是敌人吗？"② 为什么我们不能完全想当然地"事不关己而高高挂起"呢？莱布

---

① Riley P., *Leibniz Political Writings*，中国政法大学出版社 2003 年版，第 172 页。
② 同上书，第 54 页。

尼茨分析到，可以为此找出很多个理由而最真切的理由便是担心别人将要以其人之道还治其人之身。如果一个人拒绝了自己的举手之劳就能给别人提供的救助，或者一个人没有成功地抵制将要给别人造成灭顶之灾的罪恶，那么这个人怎么会没有理由担心，别人不会憎恨自己呢？这里莱布尼茨所指出的害怕别人"以其人之道还治其人之身"的观点，其实也就是进行一种"换位思考"，要一个人站在别人的位置上，推己及人，设身处地地为别人想一想，这样就会在判断正义与否的看法上得到正确的立场。

再次，分配性正义要求一个人要为别人做善事。通过以上的分析，我们会同意这样的观点：不但要避免做坏事，而且自己应当制止罪恶的发生，即使罪恶已经发生时也要减轻这种罪恶；至少在自己不很麻烦的情况下要竭尽所能地阻止罪恶的发生。但也许仍然有一个疑问，即使一个人是同意阻止罪恶的难道就意味着他有责任去促成实现另一个人的善吗？很多人认为自己没有义务首先帮助别人，人人为己，而上帝才为人人。关于这一点，莱布尼茨举了一个人与人之间互相联系的例子来加以说明：

　　　　一笔巨大的利益正向你走来，但一个障碍出现了；我可以毫无痛苦地移开那个障碍，你不认为你有权利向我要求这一点吗？并且你会提醒我，当我遇到类似情形时，也会求助于他。如果你能同意这种观点，当你没有理由不帮忙的时候，你怎么会拒绝这样一个最基本的请求？也就是说，当你以任何方式能够毫不费劲地做到时，自己也得到很大的利益。而自己又找不出任何不做的理由，除了最简单的"我不想做"这个理由。你做了，会使我高兴；不做会使我产生怨恨；当你在同样的情形下，你也会产生怨恨的；这样我就会抱怨正义（之不公）。[①]

由这种逐步的证明，莱布尼茨得出结论说，不管一个人做恶事，或者是他拒绝做善事，只是一个程度上的差别，而不能改变事物本身的性质。一个人可以说善的缺乏是恶，也可以说恶的缺乏是普遍的善。也就是说，当一个人站在别人的位置上进行换位思考时，用举手之劳来实现别人的正

---

① Riley P., *Leibniz Political Writings*，中国政法大学出版社 2003 年版，第 55 页。

当利益，就是做善事；反之，若他没有伸出援手，就是做恶事。某种程度上讲一个人不做恶事就是做善事，而不做善事就是做恶事。善、恶并不是性质根本不同的两种状态，而是两种程度有所区别的状态。当一个人同意不去做恶事时，同时就意味着他应该为别人做好事，去帮助实现别人的正当利益与善德圆满。这就是公平原则或者是平等原则、理性统一性原则[de la méme raison]，这些原则认为一个人应该答应在自己所遇到的相似的境况中的那个人提出的要求，而不能要求拥有与理性相反的特权，也不能要求把个人的意志当作理性法则。

总之，分配性正义超越了那种最低层次意义上的互不伤害原则，把这种基本的权利扩展为包括责任在内的权利。责任就是很能打动人心但又没有法律要求我们去做而良心又迫使我们去做的意识，例如感激，施以援手等。也就是说生活于社会中的每一个人不仅需要最基本的互不伤害的安全保障，而且需要有能够确保每个人正当利益和幸福生活的政治法律，需要每个人都能够推己及人、为仁由己，从而实现对于他人、社会的责任意识与道德自觉。

全体性正义也即理想之正义，它与交换性正义和分配性正义相对，主张人们要虔诚、正直地生活。交换性正义与分配性正义主要对应于人类的世俗生活，而这两个层次的正义所追求的目标在世俗生活自身中就有可能达到。而全体性正义则对应于超越世俗生活的"上帝之城"的生活，具有终极关怀的形而上学性质。交换性正义与分配性正义主要是一种基础性的、世俗的、理性的、有限的、当下的、现实的追求，而全体性正义则主要是一种超越性的、神圣的、仁爱的、无限的、永恒的、理想的追求。对全体性正义的追求主要是指在上帝这个全知、全善、全能的本体论承诺的前提下，通过个人自觉、自由的理性活动、虔诚信仰（爱上帝），过一种虔诚而正直的生活，从而使尊严、荣耀和美德滋养于心灵，从而使内心达于永恒的神圣和致远的宁静。

无限完美的"上帝之城"是惩恶扬善、实现人类最高幸福的本体论承诺。莱布尼茨所设想的"上帝之城"是一个具有无限的智慧、美德、正义、伟大、神圣、美好和幸福的政府。在这个政府里，必须假设其成员的灵魂不死，假设上帝作为宇宙的统治者。最高统治者既不会在智慧上受到蒙骗，也不会在权力中逃避畏缩；而且他非常地受人爱戴，以至于接受他作为统治者本身就是幸福的所在。因而，"任何为基督耶稣失丧生命的将要得着生命"①，任何荣耀的事情都要受到助佑，任何卑鄙的事情都要受到惩罚。通过这种方式，我们可以想象所有的人都将生活在最完美的政府中。在这个政府里，能够确保没有人会受到伤害，能够确保所有的仁慈行为都会得到报偿，而所有的罪恶都会受到惩罚。在上帝那里智慧、美德、正义、伟大与至高无上的统治相映生辉。因而，如果"一个人不能领悟上帝便无法去爱万物之灵的上帝，一个人不能爱上帝因而就无法意会上帝所想的一切。上帝的完美是无限而无界的，这就是存在于上帝完美感情之中的快乐是存在的所有快乐中最伟大、最持久的快乐的原因所在。也就是说，最高的幸福是人们爱上帝的原因，而同时爱上帝使一个人幸福而有美德"②。

个人通过爱上帝而达至内心精神的平静和所有美德的实现。既然无限完美的"上帝之城"是惩恶扬善、实现人类最高幸福的本体论承诺，那么作为上帝子民的人类就要通过运用上帝赋予我们的理性之光而领悟上帝，通过领悟上帝无限明智的智慧、无限仁慈的美德而爱戴上帝，使尊严、荣耀和美德滋养于心灵，从而使内心达于永恒的神圣和致远的宁静。由于在"上帝之城"里，什么都不会受到忽视，所以才被称为全体性正义，而这种正义包含了所有其他的美德——不仅是关于人类世俗世界的法律所要求于我们的，而且是关于神圣、永恒的法律所要求于我们的——我们的行为不仅要于他人、政府、社会有利，而且要善待自己的身体、生命和拥有的财产，要尊贵而虔诚地生活于世间。莱布尼茨认为：

> 由于责任似乎不关心其他的方面——例如——不要滥用自己的身体或自己的财产，尽管这些不端行为超出了人类法律的有效范围，但它们仍旧被自然法即神圣君主政体的永恒法律所禁止，因为我们把自己和自己的所有都归功于上帝。现在，如果我们的行为对国家而言是有益的，那么这种行为在多大程度上对于全体世界是更有益的呢？而在全体世界中没有人会不恰当地对待自己所拥有的（一切）。从这一

---

① 马太福音 10.39. 转载于 Riley P., *Leibniz Political Writings*，中国政法大学出版社 2003 年版，第 58 页。

② Riley P., *Leibniz Political Writings*，中国政法大学出版社 2003 年版，第 59 页。

层次上看，最高的法律准则便拥有了它的效力，她命令我们要尊贵地（即是，虔诚地）生活。①

尊贵而虔诚地生活，其目的就是要实现精神的平静，实现道德意识的自觉，在美德中发现其中的快乐，在恶习中发现其中的罪恶。尽管达到这种纯洁而伟大思想之人是很有限的，但它仍是少数人追求的目标。因为在这种思想中人总是自己的主人，他们能在精神的平静中体会上帝的完美是无限而无界的，并从中体验最伟大而持久的快乐、幸福和美德。

（三）奥古斯丁与阿奎那自然法

从哲学理性出发的古希腊—罗马自然法理论随着罗马帝国的式微遭遇了从天启神性出发的早期基督教哲学，这样古希腊—罗马自然法思想便在新的时代形势下，适应宗教信仰的新要求，在早期教父哲学、中世纪经院哲学中得以延续和重生。这一时期对公民社会正义问题进行思考的新特点是，试图融合或调整彼此相互独立的、从两个源泉出发的思想诸要素，这两个源泉便是基督教《圣经》和古希腊哲学。这一过程中诞生了两位伟大而标志性的宗教哲学家，他们是柏拉图主义的拉丁教父奥古斯丁与中世纪亚里士多德主义的神学大全托马斯·阿奎那。

奥古斯丁在继承柏拉图从理念出发的自然正义和斯多葛主义特别是西塞罗从法来源于自然的基础上，进一步突出了自然法的神学转向，其显著特征是他所说的神是基督教的人格神，不再是希腊时期的宇宙神灵。在奥古斯丁那里，自然法体现为永恒法，他区分了永恒法与世俗法或人类法。他反对古典政治哲学从哲学理性出发的正义理论，认为这种正义只是口头的、观念中的理想模式，因为大多数人明显而又不可避免的人性弱点使得这一理想无法在现实的政治共同体中实现。因此，他认为，对人类丑陋状况改善的根本方法在人类本性中找不到，人的得救与解放不是来自哲学，而是来自神学、来自上帝。

奥古斯丁通过区分永恒法与世俗法，来辨明对于公民社会而言，什么才是真正的、自然的正义。永恒法是一切事物处于完美秩序的法律，对于

---

① Riley P. , *Leibniz Political Writings*，中国政法大学出版社 2003 年版，第 174 页。

人而言就是，如果心灵或精神统辖着构成一个人的其他东西，

> 那这个人就是全然有序的。……当灵魂的这些冲动由理性掌管，一个人可以说是有序的。因为好的东西屈从于坏的，我们就不会把它叫做正当秩序，甚至根本不会叫做秩序了……因此，当理性、心灵，或精神控制着灵魂非理性的冲动，人就正是由那应该掌管的东西，即由我们已发现为永恒的法律的东西掌管着。①

这样的法律就是最高理性的法律，服从于上帝智慧、意志和权力的法律，正是上帝的智慧、意志和权力引导宇宙万物达致完美的秩序。永恒法印刻于我们的心灵中，它使罪恶遭受惩罚，良善得到报偿，使世风正直、秩序井然。世俗法除非是从永恒法中引申和流溢出来，否则它就是非公正、非正义的。永恒法不会以任何方式而改变，任何的暴力、偶然和灾祸都不能改变万物本然的完美秩序，它普遍同一、永远同一，而没有例外。

世俗法是一个国家明文颁布的法律，它随时间、地点和条件的变化而变化。世俗法是为调整和平衡公众利益而颁布的法律，当然有其正义性。但世俗法之间可能会差别很大，甚至会完全相反。民主政体的法律不同于专制政体的法律，但两者的正义性都来自于永恒法。不同的民族和城邦就是在不同的世俗法律统治下结合而成的人类共同体。世俗法就是要求人们在保持和平、维护稳定、合理节度的前提与原则下，满足自己的贪念执着于那暂时被称为"我们的"东西。奥古斯丁将这些东西归为以下几类：第一，是这种善，即肉体，以及所有与肉体相关的叫作善的东西，诸如健康、灵敏的器官、力量、美丽等。第二，是自由，这种自由不是忠诚于永恒法的服从上帝戒命的自由，而是心中所愿想的、摆脱主人控制时自己的选择性自由。第三，是父母、兄弟姐妹、配偶子女、邻居、亲友等与我们有必要关系的人。第四，是国家本身，与荣誉、颂扬、名声联系在一起。第五，是财产，包括法律允许我们控制，我们有权售买或丢弃的任何东西。②

---

① 奥古斯丁著，成官泯译：《论自由意志 I 8，18》，上海人民出版社 2010 年版，第 84 页。

② 奥古斯丁著，成官泯译：《论自由意志 I 15，32》，上海人民出版社 2010 年版，第 95—96 页。

美国政治哲学与神学教授恩斯特·L. 福廷（Ernst Fortin）在列奥·斯特劳斯主编的《政治哲学史》中，对奥古斯丁论述世俗法之局限的内容进行了以下总结。首先，世俗法是不完善的法律，它针对人类的暂时性、一己性的外在利益而立法。真正的智慧而幸福者爱永恒事物而遵循永恒法，而愚拙者爱短暂性的世俗事物而服从世俗法。即世俗法的目的不是为了善者，它是为了不完善者，不完善者贪图暂时利益，只有在世俗法的强制下才会作出正义的行为。世俗法充当了完善的永恒法与不完善的现实个人意愿和利益之间的调节者，它允许小恶的存在只是为了防止更大恶的发生。其次，世俗法虽有严格而细致的立法，但往往不能实现它的原初目的。假如人们做了许多不正义的事情，只要不被发现，他就不会受到惩罚。再次，有时即使知道所犯罪行，但也很难辨别罪犯。法官不可能完全明了所判决之人的内心。所以他们不得不用折磨无辜者的方式去寻找真相，这样无辜者往往因受酷刑而死或被屈打成招。最后且最重要的一点是，"世俗法仅仅规定和禁止外在的行为。它不涉及这些行为背后的动机，甚至很少关心纯粹的内心活动，如谋杀和通奸的欲望"。①

奥古斯丁在继承前人自然法的基础上，进一步突出了自然法的神性与永恒向度，认为正义与公民社会要求的不一致性，正义只能在上帝之城中实现。与奥古斯丁不同，托马斯·阿奎那在继承古典自然法理论与早期基督教自然法特别是奥古斯丁自然法的基础上，在基督教世界中恢复了哲学的地位，他既强调自然法的神性维度，也强调自然法的理性与社会性维度，使自然法的神圣维度、理性维度与社会性维度在新的时代背景和条件下实现了前所未有的融通与圆合，创造性地完成了自然法理论的体系化与完备化。阿奎那对自然法的理解集中表达为确定而必然倾向的内在原则。他对自然法的神性、理性与人性三重维度进行的融通而创造性理解，决定了他对正义与公民社会之间关系的立场是，按照自然法的要求，两者之间能够实现一致。

阿奎那对自然法的讨论是从他尝试解决亚里士多德的实践真理难题引

---

① 列奥·斯特劳斯主编，李天然等译：《政治哲学史》，河北人民出版社 1998 年版，第 199 页。

出的。亚里士多德认为，实践真理的判断尺度是精神与经过矫正的欲望相一致，这与理论真理或思辨真理的判断尺度不同，理论真理的判断尺度是精神与其对象相一致。但阿奎那指出，整个论证会再次表现为循环论证，"实践问题中的真理或正确理性取决于某一特殊行为同经过矫正的欲望的一致性，而经过矫正的欲望本身又取决于它与正确理性的一致性"①。阿奎那对这一问题的独创性贡献体现于，他基于西塞罗和奥古斯丁的自然法理论对亚里士多德所没有解决的这一难题进行解答。阿奎那的尝试在于证明，"虽然选择达于目的的手段确是理性的任务，但人作为道德存在物而追求的目的已经由自然所规定，并预先包含在对那一目的的内在愿望中。自然应理解为一种确定的和必然的倾向的内在原则，或像奥古斯丁为其所下的定义那样，自然是分享神的智慧，这一智慧甚至使非理性存在物都能按照与理性的相一致的方式而活动"②。人与其他自然物一样，都是一种自然存在物，人的存在服从倾向的必然性，就是趋向于他注定要一贯服从的目的。阿奎那将人的自然倾向分为三种：

> 第一，人类保全其生存及健康的倾向。人与一切受造物都有自保的欲望。第二，与异性交合及养育子女的倾向。自然所教给一切动物的事情，如两性关系、养育后代都从属于"自然法"；此外，人借助理性趋向于普遍之善，诸如重视他人权益，以及认识真理、善度美满生活、避免愚蠢无知等都属于"自然法"。第三，对于人类来说，还有一种要去认知有关上帝的真理以及要去生活在社会中的自然倾向，于是，一切与这种倾向有关系的行动都属于自然法。③

由阿奎那对自然倾向的分析中明显可以看出，他所谓自然法的几重维度：作为一般实体的自保性，作为理性实体的理性与德性，作为社会生活中一员的社会性，作为能认识、祷告和效法神圣实体的神性。他在《神学大全》中也分析了人所存在的三重秩序。一种是与理性法则相

---

① 列奥·斯特劳斯主编，李天然等译：《政治哲学史》，河北人民出版社1998年版，第289页。

② 同上书，第285页。

③ 刘素民：《托马斯·阿奎那自然法思想研究》，人民出版社2007年版，第105页。

连，我们所有的活动和激情都应与理性法则相匹配；另一种是与神圣法之法则相连，在神圣法层面，人应在一切事物中受它指导。如果人生来是离群索居的动物，这两重秩序已经足够了。但既然人类自然地是市民和社会动物，因而第三重秩序就是必然的，在社会中，人应接受和他居住在一起的其他人的指导。① 简而言之，这三重秩序就是，人要服从理性要求，以理性控制激情与活动；人要服从神性戒命，以神性信仰超越当下、达于永恒；人要服从社会性合作，以社会性生活彼此关爱、相携与共。

阿奎那认为自然法提供的是最一般的行为准则，或道德命令之形而上学基础。这些原则往往由于过于宽泛而无法指导具体的人类行为。因此，有必要制定人类法，它来源于自然法，它是一般准则的特殊规定或不可证明原则的具体结论。既然是特殊规定与具体结论，所以人类法是可变而不确定的。有没有在任何条件下都不能违背的道德原则？阿奎那区分了自然法共同的第一位戒律与具体的第二位戒律。前者在任何情况下都必须遵守，后者则视情况而变化。第一位的戒律之所以不能违背，因为它接近于人的自然目的，如禁止谋杀、通奸、盗窃等，这体现了自然法的创立者——上帝的意图，也是人类社会公共利益的要求。所以，在这个意义上，阿奎那说"在正义和公民社会的要求之间存在着根本的和必然的和谐一致。完善的社会秩序存在或能够存在于行为中，而不仅仅停留在口头上"。他提出的正义与公民社会和谐一致的解决办法，消除了古希腊神高尚的谎言的需要，代之以真正的神，即上帝，因为这是自然法的应有之意和必然要求。这样，阿奎那政治哲学中的正义、自然法思想就矫正了奥古斯丁只强调上帝之城永恒法和启示法公义性的思想，他在强调自然法永恒神性的同时消除了启示神秘的蒙昧和狂信，在指出公民社会中能够实现正义的同时自然地引出了上帝神圣超越维度的不可缺失性。他在基督教世界中恢复了哲学的理性，在哲学理性中自然地引出了上帝的神性，由此而体现了他对古代自然法、早期教父自然法思想的融合性与超越性和立足于新的时代条件而具有的创造性与卓越性。

---

① See St. Thomas, *Summa Theologica*, I—II, p. 72, 4. 转引自刘素民《托马斯·阿奎那自然法思想研究》，人民出版社 2007 年版，第 104 页。

五　基督上帝之光、之爱、之义

基督上帝对于莱布尼茨自然正义理论具有异乎寻常的重要意义，因为上帝是最高实体，最大、最完美的单子，对于一般生物而言的无理性实体与对于人而言的理性实体都根源于、创生于、维系于和恩宠于最高实体即上帝。对于莱布尼茨而言，正义的前提和基础是灵魂不死，而灵魂、隐德莱希、欲望和力是实体之形式，所以正义本质之分析、正义行动之实现都必须分析实体的本性与交通，而欲分析实体的本性与交通就必须从最高实体即上帝出发。莱布尼茨非常重视并吸收了基督教传统如《圣经》、教父神学家们关于上帝本性的各种思想与界说，上帝之光给人以启示、超越与生命；上帝之爱给人以善良、无私与一体；上帝之义给人以希望、虔诚与永恒。

（一）上帝启示之光

在《圣经》中有多处对光的言说，这就需要梳理一下光在《圣经》中的含义。拉丁教父奥古斯丁对光进行了深刻阐发，光意味着忏悔、启示与超越。莱布尼茨在《论神学真正的神秘》中分析了上帝内在之光与知识的关系，指出内在之光的作用与意义。

> 创世纪1：1—5（简化和合本）中神的创造第一天，"起初，神创造天地。地是空虚混沌，渊面黑暗；神的灵运行在水面上。神说：'要有光'，就有了光。"
> 创世纪1：14—19 神说："天上要有光体，可以分昼夜，做记号，定节令、日子、年岁，并要发光在天空，普照在地上。"
> 约翰福音1：7—9 这人（约翰）来，为要作见证，就是为光作见证。那光是真光，照亮一切生在世上的人。
> 约翰福音8：12 耶稣又对众人说："我是世界的光。跟从我的，就不在黑暗里走，必要得着生命的光。"

以上经文对光的记载可归为以下几层：一是自然之亮光，创世纪第四天所造的天体之光属于此类。二是上帝之真光，上帝就是太初之道，是真光，上帝照亮一切生在世上的人。三是生命之灵光，不仅是人的肉体生命而且是人的灵魂生命，生命在人之内，就是灵魂之光对人的普照，肉体也受光普照，但肉体是黑暗，它不接受光。奥古斯丁在《忏悔录》中指出上帝的永定之光就是真理和永恒，人要追求和拥有真正的幸福就必须在自己的记忆和知识中同时拥有超越记忆和知识的力量，在上帝启示之光的指引下，认识和生活于真理之中。"我（耶稣）就是道路、真理、生命"①，"上主是我的光明，是我生命的保障"②。在阅读了柏拉图学派的一些著作后，奥古斯丁走上了一条新路：反求诸己、进入自己的灵魂：

　　我用我灵魂的眼睛——虽则还是很模糊的——瞻望着在我灵魂的眼睛之上的、在我思想之上的永定之光。这光，不是肉眼可见的、普通的光，也不是同一类型而比较强烈的、发射更清晰的光芒普照四方的光。不，这光并不是如此的，完全是另一种光明。这光在我思想之上，也不似油浮于水，天复于地；这光在我之上，因为它创造了我，我在其下，因为我是它创造的。谁认识真理，即认识这光；谁认识这光，也就认识永恒。惟有爱能认识它。③

　　奥古斯丁说，记忆与认识的力量伟大而深邃，千变万化而令人生畏。记忆的园地里充塞着各种各样的事物，对物质的记忆属于影像，对文学艺术的记忆属于真实自身，对情感的记忆无法磨灭。他指出，记忆力虽然伟大，但为了体悟上帝的存在，必须超越记忆前进，在记忆里找不到上帝。他向上帝呼求，"我该做什么？我将超越我本身名为记忆的这股力量，我将超越它而飞向你、温柔的光明。……达到使我不同于走兽，使我比飞禽更聪明的天父那里"④。

　　莱布尼茨在《论神学真正的神秘》中对上帝的内在之光、知识与信仰之间关系进行了精彩的分析。他说，每一种完美直接流自于上帝，本

----

① 圣经（新标点和合本），2000. 约翰福音，14：6。
② 诗篇27：1。
③ 奥古斯丁著，周士良译：《上帝之城》，商务印书馆1963年版，第126页。
④ 同上书，第201页。

质、权力、存在、精神、知识和意志皆如此。只有上帝自己在我们心中所照亮的内在之光有权力给予我们正确的上帝知识。神圣之完美隐迹于所有事物中，但少有人知道如何在事物中去发现它们。因此，有很多人没有被光启明而饱学知识，因为他们不相信上帝或光，只相信他们早期的老师或他们外在的感官，所以他们所拥有的是不完美的沉思。这种光不是来自于外部，尽管外在的教导有可能，有时也必定会给予我们瞥见它的机会。

莱布尼茨说，在这些外在的老师当中，有两位最能唤醒内在之光：圣经和自然的体验。但如果内在之光不对它们产生作用的话，这两者也无益于我们。对上帝的知识是智慧的开始，神圣属性是知识之正确秩序的首要真理。本质之光是上帝永恒之道（Word，有人译为"言说"），全部智慧、全部光，实际上全部的存有（beings）、全部真理的根源都在永恒之道中。若不受这种光的辐射，没有人能拥有真正的信仰，若无真正的信仰，没有人能获得真福（blessedness）。

上帝是最易也最难领悟的存有（being），上帝以光的方式而行时，他是最初、最简易的存有；上帝以阴影的方式而行时，他是最繁难而最后的存有。大部分的知识和发明属于以阴影的方式（而行），例如历史、语言，人及其本性的习俗。在这些以阴影方式中也有某种光，但少有人能够将光从阴影中区分出来。这种光以清晰和确定而不是以想象和徒劳的运动充盈于心灵。有一些人在他们的头脑中想象一个光的世界，认为那些光明亮而光彩，被成千上万的弱光包围。莱布尼茨认为，这不是真正的光，只是他们的心血来潮罢了。

当一个人看到真正的光时，他会深信那就是上帝之光，不是肉体或罪恶之光。正如太阳以自身而见证一样，这种光也以自身而见证。

任何人只要他理解了内在之光如何先于其影像，或自我存有（或实体）如何先于非存有（或物质），他就会爱上帝甚于万物。只是惧怕上帝的人爱他自身和非存有（或物质）甚于上帝。没有知识的信仰不是来自于上帝之精神，而是来自于僵死的外表（letter）或空洞的效仿。没有光启的信仰唤醒的不是爱，只是恐惧或企望，它没有生命。只凭信仰而缺乏行动的人没有信仰，哪怕他沾沾自夸。如此少的人知道什么是光启和信仰，什么是爱和生命，什么是基督耶稣和真福，这何其可悲。大部分人没有热忱。他们从来没有感受真理，陷于不可理解的无信仰泥沼中而不能自拔。让每一个人进行自我审查，看自己是否有信仰和生命。如果他发现有其他的喜悦和快乐比在上帝之爱和上帝意愿的荣耀中更快乐，那他完全没有认识耶稣，还没有体验到圣灵的提升。圣经给我们绝好的测试以决定一个人是否爱上帝，即看他是否爱他的兄弟，尽其所能为他人服务。任何不这样做的人，就是在虚伪地夸耀耶稣、圣灵和自己的高明。①

对于莱布尼茨而言，上帝之光是上帝自身照亮人心的内在启发，它是原初创生之道、灵魂生命之源、真切信仰之爱。上帝之光体现的是宇宙秩序俭而啬的精神法则，知识体现的是宇宙生成繁而杂的影像轨迹。光启使知识洞明而灵动，知识使光启具体而丰富。这个意义上讲，光启可比作老子讲的"为道日损，损之又损以至于无，无为而无不为"；知识可比作老子讲的"为学日益"，宇宙生成、万物推演之学日以益多。信仰是信其义、爱其心、动其行。莱布尼茨认为，信仰若无知识之理解，便是人云亦云之虚表；信仰若光启之灵动，便是僵硬呆板之死寂；信仰若无行动之实践，便是自我吹嘘之卖弄。

（二）上帝普遍之爱

与《旧约圣经》中强调对神的敬畏不同，《新约圣经》或福音法中非常强调爱的戒命，《旧约》中耶和华的形象是严厉的统治者，而《新约》中耶稣的形象是慈祥的父。在《马太福音》《马可福音》《路加福音》《保罗福音》等中，从多个角度、多种层次强调了上帝与爱、人与爱的关系和意义。从《圣经》出发的基督教爱的传统是领悟和信仰上帝之神圣而正义的本有之义，也是莱布尼茨自然正义思想得以形成的重要渊源。

马太福音 22：37—39（马可福音 12：30—31）最大的戒命：

---

① Loemker（ed.），*Leibniz Philosophical Papers and Letters*，Chicago：The University of Chicago Press，1976，pp. 368 – 369.

"你要尽心、尽性、尽意，爱主你的神。这是戒命中的第一，且是最大的。其次也相仿，就是要爱人如己。这两条戒命是律法和先知一切道理的总纲。"

马太福音 6：43 论爱仇敌："只是我告诉你们：要爱你们的仇敌，为那逼迫你们的祷告。这样，就可以作你们天父的儿子。因为他叫日头照好人，也照歹人；降雨给义人，也给不义的人。"

哥林多前书 13：4—8 爱的颂歌："爱是恒久忍耐，又有恩慈；爱是不嫉妒，爱是不自夸，不张狂，不作害羞的事，不求自己的益处，不轻易发怒，不计算人的恶，不喜欢不义，只喜欢真理；凡事包容，凡事相信，凡事盼望，凡事忍耐；爱是永不止息。"

约翰一书 4：7—21 神就是爱："我们应当彼此相爱，因为爱是从神来的。凡有爱心的，都是由神而生，并且认识神。没有爱心的就不认识神，因为神就是爱。"

以上是福音书中关于爱的重要文本内容，对以上种种关于爱的言说进行梳理和归类，就能更清晰地看出基督教中爱的传统与莱布尼茨正义思想形成的内在关系。

首先，神就是爱，上帝就是爱。这是最高意义的爱之界定，这是人、信徒之爱的前提和基础。人没有见过上帝，但上帝把唯一的儿子耶稣为人类作了挽回祭，这就是上帝之爱。其次，就对象而言，上帝爱义人也爱不义的人，爱所有的人和物。"他叫日头照好人，也照歹人；降雨给义人，也给不义的人。"上帝之爱是超脱一己、一物之私利的爱，是爱所有、爱全体之大爱。如果意会到上帝普遍之爱，人就不会想着上帝只降福和救赎自己，宇宙全体都是上帝之爱的对象。再次，就人而言，就是要守最大的戒命，爱上帝、爱人如己。最后，检验是否爱上帝的一个显著标准就是，是否爱邻人、爱弟兄，是否落实在行动和诚实上。如果一个人口口声声说爱上帝，而不爱邻人、不爱弟兄、不爱他人，不把对上帝的爱付诸行动，那他就不是爱上帝，而是爱自己。

莱布尼茨从青年到晚年都极为强调爱对于宗教、对于道德教化之重要意义，并且把基督教的爱作为他思考和界定正义的"启明灯"和"试金石"。1678 年莱布尼茨所写的《关于宗教的两个对话》，被视为莱布尼茨本人与当时的罗马教会副主教斯泰诺（Nicolas Steno）之间对话的书面解释。这两篇对话主要探讨了两个问题，遵守教会仪礼形式与爱上帝对于救赎的意义和在尘世生活的人们应该如何生活才能更好地爱上帝。

关于第一个问题，莱布尼茨感到奇怪的是，人们总是激烈地卷入宗教教义、教规之间的争论，而不是投身于虔诚的实践，既然爱上帝高于一切事物这是救赎的状态，为什么必然要将自己纠缠于如此多的棘手争论问题中呢？代表教皇传教士发言的波理阿德（Poliander）认为，异教哲学家也能爱上帝高于一切事物，由于他的理性告诉他上帝是无限完美的、最崇高之爱的存有。但这不能使他成为一个基督徒，由于他没有听说过耶稣基督的事情，没有耶稣基督就没有救赎，只有对上帝之爱是不充分的。他认为当时真正的改革者是那些引进祈祷和荣耀上帝的某种形式或模式，例如玫瑰经、念珠、肩衣及上千种其他神圣发明，由于它们教给人们要与模式一致，这些模式盛行于教会，它们是上帝意志的解释者。莱布尼茨认为这样的改革忽略了对于基督教而言最重要的爱、仁慈和正义，因为它们不属于任何的模式，所以根本重要的东西在改革中反而不受重视、遭人丢弃。

> 理性和圣经都告诉我们，我们必须爱上帝高于其他一切事物，爱邻居如同爱自己。甚至似乎这种爱对于救赎是充分的，其他一切（礼拜）都只是结果……天主教学说与那些来自传统的学说其正确性是一样的。他们赋予教会的权力是见证而不是统治。……让我们回到更确定的问题上去，这就是我们必须爱上帝高于其他一切事物。法律由此而得以形成，真正能动的信仰也在于此，这与耶稣的教导相一致。由于他教给我们这个伟大的秘密；他不仅是人类的训导者也是人类的救世主。居栖于人类天性中的耶稣基督之神圣性已经在上帝与人类之间建立了连接。除非在耶稣基督中否则根本就没有救赎……你称自己为使徒传教士，我们称自己为福音派。福音传教士和使徒圣·保罗就宣称只有仁爱充满信仰，这种神圣的爱通过善行而照耀，我们应当有充分的爱以解救自己、赢得灵魂。①

---

① Loemker（ed.），*Leibniz Philosophical Papers and Letters*，Chicago：The University of Chicago Press，1976，pp. 214—216.

（三）上帝永恒之义

圣经中对上帝公义①（正义）的记载，可以分为三类：体现严厉性的报复公义；体现慈善性的普爱公义；体现永恒性的神圣公义。

关于严厉性的报复正义，在《旧约》中有非常多的体现。耶和华身上体现的公义是一种绝对唯一、必须服从的公义，否则就要招受报复，或被治死或被残疾。

> 以赛亚书45：21—24 耶和华宣布，"我是公义的神，又是救主，除了我以外，再没有别神。地极的人都当仰望我，就必得救"。
> 利未记24：14—20 耶和华对摩西说，"凡诅咒圣名的人要被人用石头打死，以伤还伤，以眼还眼，以牙还牙"。

旧约中的耶和华公义的严厉性也体现在，严苛惩治恶人，为穷人伸张正义方面：

> 诗篇11：5—7 耶和华试验义人，惟有恶人和喜爱强暴的人，他心里恨恶。他要向恶人密布网罗，有烈火、硫磺、热风作他们杯中的分。因为耶和华是公义的，他喜爱公义，正直人必得见他的面。
> 诗篇68：5 神在他的圣所作孤儿的父，作寡妇的伸冤者。神叫孤独的有家，使被囚的出来享福。

关于慈善性的普爱公义，在《旧约》中比较少见，《新约》的显著特点就是耶稣以慈父的形象示人。上一节所分析的上帝普遍之爱便是耶稣慈爱、宽容、饶恕形象的绝好证明，他爱邻人、爱兄弟、爱仇人、爱所有人。旧约《弥迦书》6：8 中强调怜悯的这段话弥足珍贵。耶和华要求于世人的，"只要你行公义，好怜悯，存谦卑的心与你的神同行"。

关于永恒性的神圣公义，就是今生的是非对错、善恶功过要在来世中

---

①　这里所说的上帝"公义"就是上帝的"正义"，因为考虑到圣经的翻译都是如此，就没有再作改动。

接受上帝最公平的审判，德行得到报偿，恶行受到惩罚。关于审判在《旧约》与《新约》中都有强调，新约更为明显。

诗篇 9：7—9 惟耶和华坐着为王，直到永远。他已经为审判设摆他的宝座。他要按公义审判世界，按正直判断万民。耶和华又要给受欺压的人作高台，在患难的时候作高台。

罗马书 2：1—16 讲了神的公义审判，个人不可对别人进行论断，否则就要受到神的审判。对别人进行论断的人"神必照真理审判他"。

莱布尼茨在《神义论》中，借助对动物之奖惩，引出了作为正义实现手段之需要的奖惩性正义和适度的报复性正义。四种奖惩性正义是：第一，如果没有其他方式自卫，可以用杀死对方来实现自卫。第二，如果惩罚能使对象变好，就需要惩罚他。第三，甚至用死亡的方式以儆效尤，恐吓行恶者。第四，对惩罚的畏惧、对奖赏的希望使人避恶向善，所以人有理由和权力去使用这一手段。

而适度性的正义，原本是为报复性的正义，其目的已经不再是奖善惩罚、以儆效尤，而是以理性、适度性为准绳的永罚或永福。这种正义多数为上帝所专用，他也会赋予一些有权统治他人的人去实现这种正义。这种基于适度性的惩罚不仅使受辱者而且使认识这种正义的有识之士感到满意。"人们甚至可以说，这是一种使精神不受伤害之举，因为假如惩罚无助于重建秩序，无序便会伤害精神。"① 这样对受永罚者的惩罚便继续下去，对得永福者的奖励也继续下去。受永罚与得永福的基础都是适度性原则（principe de la convenance），根据这个原则，事物的安排总是使恶行受罚。

按照终极目的与动力因这两领域之间一致的原则，人们有理由认为，上帝在宇宙中建立了惩罚或者奖励与恶行或者善举之间的一种真正联系，所以，前者总是为后者所造成的，美德和罪恶根据事物的自

---

① 莱布尼茨著，朱雁冰译：《神义论》，生活·读书·新知三联书店 2007 年版，第 152 页。

然顺序为自己带来奖赏或者惩罚，这种事物顺序除了表现在灵魂与躯体的交通中的前定和谐之外，还包含着另一种前定和谐。最终，上帝所做的一切都是完美和谐的，对此我已经说过。①

这里提到的另一种前定和谐就是指，自然世界与神恩世界之间的前定和谐，即作为世界机器建筑师的上帝与精神世界之君主的上帝之间的和谐一致。这种前定和谐的基本观点就是，自然世界的存在是为了神恩世界，这种和谐使事物通过自然的途径达至神恩。神恩世界的秩序也体现于自然世界中，善良行为凭借其机械途径而得报偿，罪恶行为凭借自然的途径而带来惩罚。这里的神恩世界与圣经里耶稣在来世的公义审判和奥古斯丁的上帝之城思想是一脉相承的。

---

① 莱布尼茨著，朱雁冰译：《神义论》，生活·读书·新知三联书店 2007 年版，第 153 页。

第二章　莱布尼茨自然正义理论的
形成背景及其地位

本章包括两节，第一节对莱布尼茨自然正义理论的形成背景加以分析，第二节分析莱布尼茨自然正义理论在其思想体系中的地位。

一　莱布尼茨自然正义理论形成的时代背景

考察与分析莱布尼茨正义理论的形成过程、内容结构与思想特征不得不从他所处的时代背景入手，也就是要从分析当时的时代状况、社会历史条件与思想文化氛围入手。莱布尼茨正义理论的总体特征是哲学理性与宗教信仰的融合与统一，就其正义理论的具体特征而言：在论证方法上他诉诸哲学理性证明的方式；在政治制度方面，他冷淡于当时流行的社会契约论与民主分权论，追求柏拉图理想国意义上的哲学王统治；在财产经济方面，他并不认为私有财产是人的自然权利，而主张私有制是退而求其次的社会稳定方法；在社会治理方面，热衷于强调社会公共福利、教育科学文化事业，较少谈起约定性的市民法；在精神文化方面，强调高远的境界追求与仁爱的德性伦理；在宗教事务方面，主张基督教界大联合，强调宗教上帝对人内心的净化与提升作用，反对拘泥于教条、教规争辩的宗派分裂；国际关系方面，主张尊重文化差异的民族平等交流，强调普遍主义的天下精神与人类文明的共同进步。为什么莱布尼茨正义理论呈现出上述如此种种与当时主流正义思想不一样的风格特征呢？这不得不从当时德意志民族和莱布尼茨所处的时代特征、社会历史状况与思想文化氛围谈起。

莱布尼茨所生活的时代状况，正是欧洲从"古典时期"转向启蒙时期的关键时刻。德国哲学史专家高宣扬指出，所谓欧洲"古典时期"，以格劳秀斯 1625 年发表的《关于战争与和平的法规》的开启为标志，因为它意味着西方思想界立足新的时代条件，通过创立既与古代自然法思想有渊源又与之不同的新的自然法理论，在社会现实层面寻求建立以理性为基础的法制社会。高宣扬认为西方的启蒙时代指 1685—1785 年的整整一个世纪。而莱布尼茨（1646—1716）前 40 年在古典时期，后 30 年在启蒙时期。他指出"莱布尼茨由此可以说真正地成为了德国哲学史上有资格被称为启蒙思想家的第一位德国哲学家……他作为德国哲学的开创者，正好同康德（1724—1804）作为德国启蒙哲学的最后完成者，是遥遥相对和前后呼应的。"[1] 总体而言，启蒙时代基本精神是：第一，理性主义和经验主义，以笛卡儿为代表的理性主义与霍布斯、洛克为代表的经验主义是整个启蒙时代的两杆大旗。一切诉诸理性，接受理性的审判和考验，通过考察经验和理性而考察自然、人与社会。第二，唯物主义思想，当时表现为机械唯物主义的特征。第三，哲学与宗教呈现交错复杂的关系，从传统的启示宗教、制度化宗教向自然宗教、理性宗教转化。第四，政治上提倡法制，创立各种自然法学说，政治思想趋向于民主化、自由化与契约化。第五，对自然科学产生强烈的兴趣，由此而发展出一种乐观主义的进步史观。第六，觉醒的知识分子，往往以理性为旗帜，反对蒙昧主义、教条主义和宗教狂热。第七，近代政党雏形开始形成。第八，出版和推广科学与理性思想的出版物和媒体开始出现和发展。第九，人文主义思想普遍传播和发展。而德国启蒙时代总体而言要比英国和法国晚很多，就其内容和性质而言，德国启蒙思想不同于欧洲其他国家的地方在于以下方面：第一，德国启蒙主要是在哲学家与思想家的头脑中观念地完成，这与英国主要表现为工业革命，法国主要表现为政治革命有显著的不同。第二，德国启蒙思想比欧洲其他国家更明显地与基督宗教联系在一起，试图调和宗教与哲学、信仰与理性，不主张宗教与哲学相互对立，于是他们就在"基督教的哲学"与"哲学的基督教"之间游弋与穿梭。因此，德国的世俗化进程也缓慢得多，甚至哲学的更新还要依赖基督教思想的革新。第三，德国启蒙思想主要地探讨知识、人文主义和爱国主义，忽略了启蒙的思想、社会革命等广泛意义。第四，除数学以外，德国的科学技术发展较晚，因此

---

[1] 高宣扬：《德国哲学通史》，同济大学出版社 2007 年版，第 78 页。

德国哲学受自然科学的影响也较少。第五，德国启蒙哲学采取了思辨的形式，更多探讨的是英法哲学界批判而逐渐加以放弃的形而上学与神秘理性等内容。第六，正是由于神秘主义思潮的影响，德国的浪漫主义也获得独特的历史价值。第七，德国启蒙思想主要由大学里的教授、教会的教士和有文化修养的官员来表达，这与英法不同。①

　　就社会历史状况而言，莱布尼茨出生的 1646 年，正是代表天主教的神圣罗马帝国与新教同盟国家之间爆发的"三十年战争"结束的前两年。战争主要爆发地在德国，持续 30 年之久的战争将战前一度比较发达的德国经济推到崩溃的边缘。"三十年战争"结束后所缔结的"威斯特伐里亚条约"，也事实上只是使各地方的公侯成了完全独立的势力，确定了德国境内分崩离析的局面。两大教派势不两立，封建割据加剧，诸侯林立。当时德国有大大小小 360 多个封建邦国，北部有较为强大的信仰新教的国家普鲁士，南部有蓄意称霸欧洲的天主教国家奥地利，中间散布着莱布尼茨出生所在地萨克森公国这样的许多小诸侯国。正如恩格斯指出的那样，在"三十年战争"的"整整一代的时间里，德意志到处都遭到了历史上最没有纪律的暴兵的蹂躏。……当和平到来的时候，德意志已经无望地倒在地下，被踩得稀烂，撕成了碎片，流着鲜血"②。德意志被撕成了 300 多个独立的邦国，1000 多个骑士领地。每一个邦都拥有内政和外交上的全部主权。各级封建主在自己的领地内都实行各自为政的专制统治，帝国皇帝虽然存在却徒有虚名，没有任何实际的权力，德意志成了欧洲大陆封建割据的典型。战争不仅阻碍了统一的德意志民族国家的产生，也使德意志的社会生产力遭受了极大的破坏。政治上的割据、经济上的落后、宗教的分裂，成了"三十年战争"后德意志社会历史状况的突出特征。这样便产生了两个迫切而重要的问题，即基督教界的再统一问题与德国各个诸侯国之间的统一问题。因此莱布尼茨认为要尽力推进伟大的基督教界再统一工作，以消除宗教分裂所造成的重大罪恶，希望天主教与新教的根本教义能得到一致理解，而双方不赞同的所有宗教弊端都得到纠正。对于当时德国的历史现状及其迫切要求，莱布尼茨曾指出："当时德国最权威的政治分

---

① 高宣扬：《德国哲学通史》，同济大学出版社 2007 年版，第 81—82 页。
② 《马克思恩格斯全集》第 19 卷，人民出版社 1963 年版，第 366 页。

析家［politiques］一致认为，整体的德国是如此的畸形与腐败，以至于需要一位绝对权力的君主在那里去重建一个好的政府。"①

　　莱布尼茨从小所浸润的传统思想资源与他在成长过程中所接触和交往的思想文化界的著名人物，组成了一幅庞大、多元而亮彩的关系网络图景，从构成这幅图景的诸多色彩与要素中，我们可以对莱布尼茨及其正义理论的特色与个性进行辨别和定位。1652 年莱布尼茨 4 岁时，作为来比锡大学道德哲学教授的父亲去世，给他留下丰富的藏书，成为他自学成才的有利条件。8 岁粗通拉丁文，12 岁开始学习希腊语，从此开始读西塞罗（前 106—前 43），塞涅卡（前 4—65），普林尼（23—79），希罗多德（约前 484—前 430 或前 420），色诺芬（前 431—约前 350），柏拉图（前427—前 373）。13 或 14 岁后钻研逻辑学，对亚里士多德范畴概念感兴趣，发现了人类思想符号系统观念。15 岁进入来比锡大学学习哲学，后选修法学。跟随他的老师托马修斯（Jacob Thomasius）学习修辞学、历史学，同时学习了中世纪形式哲学。1663 年完成了毕业论文《论个体原则的形而上学争论》，阐述经院哲学的唯名论。同年夏天，受到数学家、法学家魏格尔的指导，这时他开始接触近代哲学，开始了解近代哲学家、自然科学家的著作，如培根、康帕内拉、开普勒、伽利略、笛卡儿等人的著作。他被机械地解释自然的美妙方式深深吸引，使他逐渐跳出了经院哲学的圈子。为了经验地解释自然，他对机械原则作了深入研究，但发现仅考虑具有广延的量是不够的，这样他在积极的意义上又恢复了经院哲学的形式概念。

　　1666 年 20 岁时，在纽伦堡的阿尔特多夫大学取得法学博士学位，毕业论文题目是《论法律中的一些棘手案例》。1667 年他在"玫瑰十字"炼金术团体中结识了博因堡男爵，通过他的介绍，莱布尼茨进入了美因茨大主教、选帝侯让·菲利普那里，开始了他的政治外交生涯。一开始就负责主持法律修订和为天主教与新教的融合而努力。这期间，法律方面写了《学习和教授法学的新方法》，宗教方面写了《论化体说》等为基督教教界联合进行辩护。1671 年为伦敦皇家科学院和巴黎科学院分别写了两篇

---

　　①　Riley P.（ed.），*Leibniz Political Writings*，中国政法大学出版社 2003 年版，第 194页。

物理学论文，即《物理学新假说：具体运动原理》和《抽象运动原理》。
1672 年被让·菲利普派往法国游说法王路易·十四不入侵荷兰，而攻打
埃及。他一直在巴黎居住到 1676 年，这段时间莱布尼茨在数学领域取得
突破性成就，在科学、哲学、宗教等领域与当时欧洲的顶级科学家、哲学
家、神学家进行深入而广泛的交流。1673 年 1—3 月，莱布尼茨到英国伦
敦，会见了科学家奥尔登堡、波义耳，法国史学家、评论家培尔，英国数
学家佩尔，牛顿的朋友柯林斯。这期间，多次与数学家、哲学家帕斯卡，
哲学家马勒伯朗士，斯宾诺莎的朋友齐伦毫斯等人交往。与著名数学家、
物理学家惠更斯成为好朋友。1676 年回汗诺威的途中在海牙会见了斯宾
诺莎。

　　莱布尼茨的一个显著特点就是尽力地调和明显冲突的思想，他总能抽
出每一种思想学说的积极合理成分，基于他个人的卓越才华和深刻洞见对
它们进行深层而有生命力的融合。莱布尼茨 1698 年致巴纳日的信中写道：

　　　　当我们深入地来考察事物时，在大部分学派中都看到有比人们认
　　为更多的道理。如怀疑论派所说的在感性事物中缺乏实体的实在性；
　　毕达哥拉斯派和柏拉图派把一切还原为和谐或数、理念和知觉；巴门
　　尼德和普罗提诺所讲的没有任何斯宾诺莎主义的——甚至唯一的大
　　全；斯多葛派那种和别人所讲的自发性可以兼容的联系；犹太和埃及
　　的神秘主义者所讲的认为一切都有感觉的生命哲学；亚里士多德和经
　　院哲学家们所讲的形式和隐得来希；以及另一方面德谟克利特和近代
　　人那种对一切特殊现象的机械论的解释等等；所以这一切都被结合在
　　一起，就像结合在一幅图景的一个中心一样，从这个观点看去，整个
　　对象（从别的一切观点去看都被搅混乱了的）就显出它的井井有条
　　和各部分的和谐一致。①

　　与莱布尼茨同时代的一流的唯理论哲学家、唯物论哲学家、宗教神学
家、自然科学家都在他的关注视野和思考范围内。知道了莱布尼茨自身所
浸润的思想文化传统，知道了他与同时代欧洲顶级知识阶层之间广博而深

---

① 　陈修斋、段德智：《莱布尼茨》，台湾，东大图书公司 1994 年版，第 28 页。

入的接触和交流，我们就不会惊讶，他为什么既强调哲学的严格证明又强调宗教的信仰感情，既强调认识的自然之光又强调认识的启示之光，既强调正义的理性秩序又强调正义的仁爱意志，既强调法律的自然本性又强调法律的人为修订，既强调实体的自我运动又强调实体的上帝依赖，既强调清晰的理性证明又强调莫测的神秘隐性，既强调德性的先验法则又强调德性的习惯养成，既强调科学的经世济用又强调科学的有限本性，既自豪欧洲的理性思辨又深爱中国的伦理教化。

二　莱布尼茨自然正义理论
在其思想体系中的地位

　　莱布尼茨自然正义理论在他整个思想体系中具有非同一般的重要意义，自然正义思想、自然正义理论是他整个思想体系的"发源地"、"纹理石"和"启明星"。莱布尼茨的自然正义理论，超越、统摄和融合了狭义的、分门别类的伦理学、政治哲学、宗教神学意义上的德性正义、制度正义、分配正义和上帝神圣正义。莱布尼茨自然正义理论，展现了宇宙万物生生不息的生命律动，折射出宇宙万物色彩缤纷的多样和谐，流溢出宇宙万物圣洁尊严的神性光辉。莱布尼茨自然正义理论体现了他反复强调的最高的伦理学与形而上学的统一、理性与信仰的统一、科学与宗教的统一。

　　自然正义理论是他思想体系的"发源地"，是就自然正义理论与其形而上学思想紧密结合在一起而言的，具体而言就是莱布尼茨不是从外在的现象出发，不是从人为的约定出发，不是从对权力和利益的服从出发研究正义，而是从包括人和神在内的宇宙万物的内在本性、内在活力、内在推动和内在根源出发去研究正义。在莱布尼茨那里，自然正义的根本含义可以归结为从自身、本性出发的法则、秩序与和谐，这种法则、秩序与和谐在自然界中就体现为自然物的有机和谐，自然有机和谐得以成立的基础与核心是力，它表现为运动的倾向力；这种法则、秩序与和谐在人及社会共同体中就体现为人类社会的仁爱和谐，仁爱和谐得以成立的基础与核心是理念与爱，它表现为以智慧而仁爱的倾向力和意向力；这种法则、秩序与和谐在神义界就体现为宇宙万物的普遍和谐，普遍和谐得以成立的基础与核心是神，它表现为全知、全善的全能。对莱布尼茨自然正义思想作出这样的简要分析之后，就会发现他的自然正义思想、正义理论与他整个思想体系及其组成部分的联系是如此紧密、如此内在、如此关键！他的正义思想绝不是我们现在通常所认为的，正义总是指人及其社会的正义，或在宗教学意义上指上帝及其诸神的正义。莱布尼茨的正义思想不仅仅指人及社会的正义，不仅仅指上帝及诸神的正义，还包括宇宙天地中自然万物的正义。这样对自然正义的研究对象便囊括了宇宙万物，对自然正义的研究追问便揭示了宇宙万物的生发根源，对自然正义的研究内容便展现了宇宙万物生生不息的生命律动。

自然正义理论是他思想体系的"纹理石"，是就自然正义理论与其自然哲学、伦理学紧密结合在一起而言的。具体而言就是莱布尼茨不是从经院哲学，不是从"偶因论"体系，不是从启示神学出发，去研究蕴涵于宇宙万物自身的法则、秩序与和谐，而是从宇宙万物创生之初的本性出发，去研究这种本性如何实现它们在时间与空间中的彼此交往与沟通协调。莱布尼茨整个的思想体系及其组成部分都是为了发现自然界、人类社会与神义界中本然的法则、秩序与和谐。与经院哲学诉诸理性无法解释的某种功能、形式、机能和意象转移不同，与偶因论体系总是借助于急救神即上帝来说明和干预事物的自然进程与自然秩序不同，与传统启示神学纯粹借助于全能的上帝来说明自然万物和人类社会的秩序不同，莱布尼茨借助于前定和谐体系来解释宇宙万物本然的秩序与规则。莱布尼茨在《新系统及其说明》中说："正如在物质中有自然法则一样，在灵魂或形式之中也有自然法则，而这些自然法则就是我所提出的。"① 在物质中的自然法则体现为物体运动的机械法则，在灵魂或形式中的自然法则体现为灵魂意动的正义法则。莱布尼茨相信上帝乃是受一定的秩序和良善的理由所引导，以颁布自然万物所遵循的法则。从最高实体即上帝出发来推演其思想体系，在这个意义上他与斯宾诺莎是一致的，但斯宾诺莎意义的上帝是服从绝对的几何必然性法则，而莱布尼茨坚决反对这一思想。他认为上帝创造万物所选择的法则秩序服从的不是绝对的必然性法则，而是道德必然性法则，绝对必然性法则位于上帝的理解力中，组成上帝观念中的可能世

---

① 莱布尼茨著，陈修斋译：《新系统及其说明》，商务印书馆 2005 年版，第 44 页。

界。并不是所有的可能世界都能付诸存在，因为现存世界是上帝善意志选择之后，按照最大共存可能性原则而决定哪些事物存在、哪些事物不存在的。

自然正义理论是他思想体系的"启明星"，是就自然正义理论与其宗教神学、自然神学紧密结合在一起而言的。具体而言就是，莱布尼茨整个的思想体系及其组成部分都离不开以形式因、目的因为引导的伦理、道德思想，自然世界的存在是以神恩世界的存在为目的。莱布尼茨在《学习和教授法学的新方法》中明确指出，他分析了心灵所感知的两种性质即知觉力（perceptivity）与活动力，这对于心灵之宁静与永恒生活中的信仰的重要性要远远超出他所发现的圆的积分法的意义。[1] 在《人类理智新论》中，莱布尼茨指出，道德科学和算术几何科学一样，是天赋于人心的，因为两者同样依赖于内在之光所提供的证明。而这些证明并不是一下子显现于眼前，所以人们也不是旋即而一劳永逸地就能察觉到自己心中所具有的东西，"不是很快地就能读出照圣保罗所说上帝刻在人们心里的那些自然法的字迹，这并没有什么好大惊小怪的。可是因为道德比算术更重要，所以上帝给了人那些本能，使人得以立即并且不必经过推理就能处理理性所要求的某些事"[2]。在《自然法的要素》中莱布尼茨忧心忡忡地指出：

> 既然我们已成为世界的征服者，那么在我们自身中定有一种敌人；人类清楚了一切事物，惟独不清楚人本身，即身体之于心灵及心灵之于心灵自身。舍弃这种让人揪心的方式而更自然地表达的话，就是我们忽视了身体与心灵的理疗。我们把身体看作出于占有缘故而去行动的代言，把心灵作为小孩子做功课——什么都不是，因为他怀着忘记的愿望去学习它。因而，毫不惊讶，直到现在我们没有建立起关于快乐、实效和正义的科学。[3]

---

[1] Loemker (ed.), *Leibniz Philosophical Papers and Letters*, Chicago: The University of Chicago Press, 1976, p. 89.

[2] 莱布尼茨著，陈修斋译：《人类理智新论》，商务印书馆1996年版，第59页。

[3] Loemker (ed.), *Leibniz Philosophical Papers and Letters*, Chicago: The University of Chicago Press, 1976, p. 132.

　　在《论哲学和神学中的正确方法》中，莱布尼茨同样强调了这种思想，他说自己是为革新的使命所激励，要在神学中扮演数学家的角色，从前提性定义中推出神学的原理，这些神学原理在明晰性上一点都不比欧几里德的原理弱，而在重要性上要远远超过欧几里德几何。因为，几何学处理的是关于形状和运动的规则，这些规则运用于现实，对于人们改进测量，利用机器减轻劳动负担都有很大的帮助。但神学和伦理学是关于心灵奥秘的规则，它辨别人类行为正直与否，只有通过这种学问，揭示人类心灵的奥秘，才能通达人类的幸福大道。他说，我们有很多关于圆的证明，而对心灵却只是猜想，运动的规律是通过数学加以严格证明，而心灵的规律和奥秘却没有人孜孜以求地加以证明。"人类不幸的根源在于以下事实，即人们对于一切事物付出足够的关心，但对生命中的至善却不是如此。"① 其他文本中类似的思想也非常多，作为微积分独立创始人之一的莱布尼茨，他有足够的理由和资格对数学及自然科学的作用和意义大加赞赏，从而更凸显他作为创始人的伟大和功绩。但他没有这样，在 1684 年《教师学报》（Acta erudito—rum）上发表的论文题目是"一种求极大值与极小值和求切线的新方法，它也适用于无理量，以及这种新方法的奇妙类型的计算"，在数学史上被公认为是最早发表的微积分文献。非常有意思的是在他创立微积分的关键时期（1673—1676），他一直在讨论宗教、神学和哲学问题。他对发明微积分的新方法所提及的次数并不多，他倒是经常提起作为他神学、伦理道德之基础的前定和谐新系统。由此可见，对心灵法则即自然正义的发现，在他心中占据着至高无上的地位。而且，他对自然科学及社会科学的探讨都离不开他的自然神学与形而上学伦理学。他对物理运动法则的证明，对心灵正义法则的证明，体现了他所说的形而上学与物理学、形而上学与伦理学之统一。

---

　　① 莱布尼茨著，陈乐民选编：《莱布尼茨读本》，江苏教育出版社 2006 年版，第 96 页。

第三章　莱布尼茨自然正义的内涵、脉络及研究模式梳理

体现精英主义苛求卓越的古希腊哲学，以严格而彻底的批判、反思精神追寻正义自身何以可能的理想境界；体现普通市民尘世生活的罗马法原则，以自然而连续的方式展现现实生活中正义实践的层级递进；体现至高至善至美的基督教超越性的神爱，以永恒而无限的方式启示至善正义的神圣境界。这些思想源流的交汇碰撞，在善于吸收传统资源而又独具思想个性的莱布尼茨那里就融合成了他的自然正义理论。本章分析探讨莱布尼茨自然正义之内涵。首先分析自然观念的含义：现象领域指服从数学原则和机械法则，本体领域指体现为力、欲、形式的实体本原，神学领域指不诉诸奇迹的理性解释。然后分析正义观念的含义：莱布尼茨正义理论形成的时代背景是当时欧洲正处于从"古典时期"向"启蒙时期"的转型期。莱布尼茨正义理论的发展脉络体现为，早期（1666年之前）体现了显著的亚里士多德德性论色彩，中期（1663—1702）体现了显著的柏拉图理念观念与基督教爱的传统，晚期（1702—1716）体现了亚里士多德德性论、柏拉图理念说、斯多葛主义自然法、基督教上帝观、爱之戒命这几种特征的综合与融通。指出莱布尼茨自然正义理论在其整个思想体系的地位，以及其内在结构的三对矛盾线索——理性之维与感性之维，理性之维与德性之维，理性与神性之维。最后分析了莱布尼茨自然正义理论的形而上学架构。

一　莱布尼茨自然概念的含义

首先需要加以说明的是，这里的"自然观念"不是指狭义的探讨数

学、物理之形而上学基础的"自然哲学"、"自然观",而是指对于莱布尼茨哲学整体而言的一种解释模式、一种审视角度、一种分析路径。"自然"、"自然的",英语是 nature，natural，德语是 natuerlich，拉丁语是 natura，基本含义是自然、本性，天生、天然。对于本书所谈论的正义理论而言，"自然"、"自然的"是分析和解读莱布尼茨正义理论的一种解释模式、一种观照视角和一种分析路径。之所以要选取这种"自然的"解释模式、观照视角和分析路径，是因为笔者基于对莱布尼茨自然解释模式与莱布尼茨正义理论的双向与双重分析，认为两者之间存在着彼此概念相异而又意义互通的内在关联。从"自然"、"自然的"这个分析路径入手，即从自然之内在独立性，自然之外在关联性，自然之至上神圣性，从"自然的"这三重维度入手，就能够从本质形而上学、存在形而上学与道德形而上学这三重视角实现对莱布尼茨正义理论的立体化解读。而分析莱布尼茨基于自然物、人和神之正义，又会从自然之有机和谐、人与社会之仁爱和谐、神义之普遍和谐，这三个不同的对象和领域来深化和明晰基于本性和天性的"自然"与"自然的"具体含义。所以，"自然"、"自然的"这种分析路径与莱布尼茨正义理论解读之间是双向互动、双重释义的过程。

本书的标题"自然正义"是一个复合概念，其基本含义是由"自然的"和"正义"两个基本的语言要素组成。所以本章要分析"自然正义"概念的含义，就必须首先分析，"自然"、"自然的"的含义是什么，然后分析"正义"的含义是什么，最后分析"自然正义"的含义是什么。

莱布尼茨的自然概念在不同的语境下呈现出不同的含义，有的语境下他对"自然"、"自然的"作出清晰的界定，有的语境下他直接使用这一名词，而不加具体的说明。这就需要根据他的自然概念所在的不同文本和每一文本中的具体所指，弄清他针对什么问题，在什么语境下使用自然，进而对"自然"、"自然的"进行概括、总结，给出具体的界定和说明。根据这一原则，这里针对不同的对象和领域，对莱布尼茨自然概念进行以下归类总结：现象领域指服从数学原则和机械法则；本体领域指体现为力、欲、形式的实体本原；神学领域指不诉诸奇迹的理性解释。

（一）现象领域指服从数学原则和机械法则之存在

对自然界、人及社会共同体的一切现象领域进行数学、机械学的考察，不只是莱布尼茨个人观察和分析诸现象所采取的方法、手段与风格、特点，它打上了那个时代的烙印，体现的是时代的呼声、时代的风格、时代的特点。具体而言，就是当时的知识分子不再满足于中世纪哲学通过赋予物质某种机能、功能、官能、属性和形式而解释自然及科学现象，不再满足于传统的启示神学把自然万物及其运行法则都归诸全能的上帝。对莱布尼茨而言，除了不满足于以上所说的一般原则，他对自然本性的理解还具有个人的独特风格与独特追求。莱布尼茨赞成对形体进行机械法则的考察，同时把这种机械法则与机械法则的来源区别开来；他主张自然机器像一台服从机械法则的自动机，同时坚持自然机器与人工机器之间存在根本差别；他赞成从物质原则出发对形体的运动和静止进行考察，同时认为单纯物质原则还必须与理性原则相结合，走形式哲学与物质哲学的中间道路，把理性与物质相结合，既用肉体的眼睛也用灵魂的眼睛去观察宇宙万物之性质特点与生成变化。

《在论自然本性》一文中，莱布尼茨首先分析了自然不是什么，然后分析了自然是什么。他认为，自然不是世界灵魂，不是上帝创造的智慧的自然本性产生和统治形体的机械过程，即理性不能产生和统治形体的机械运动。也就是说，形体意义的自然与人类的理智是同等存在的，它们不是相互产生的关系，而是共同产生于最高实体即上帝。他在《新系统及其说明》中运用自动机比喻来说明人的形体与动物的形体之间的区别与联系。他通过对比唯物主义的德谟克利特派、唯心主义的柏拉图派与笛卡儿派之间的观点来说明机械运动与灵魂运动之间的关系。莱布尼茨认为，人的形体与动物的形体都是自动机，不仅人有生命，动物也有生命。这样就可以看出柏拉图形式论者与德谟克利特唯物论者各自的片面之处。

德谟克利特的信徒认为人的形体和禽兽的形体都是自动机，都机械地行动，这是很有根据的；但他们又认为这些机器并不伴随着一种非物质的实体或形式，而且认为物质能知觉，这则是错误的。柏拉图派及逍遥派认为禽兽与人都有生命的形体，而他们的错误则在于认为灵魂改变了形体运动的法则；这样他们就否定了禽兽和人的形体是自动机。笛卡儿派否认这种灵魂对形体的影响倒是很对，可是他们又犯了不承认人是自动机及禽兽有感觉的错误。我认为，我们应该让人和禽兽两者各有这两个方面，我们应该像德谟克利特那样使一切形体的行动都是机械的而且独立于灵魂，我们也应该比柏拉图派更进一步认为一切灵魂都是非物质的而且独立于机器。①

由此可见，莱布尼茨意义的机械论不仅指一般物体、动物的形体，也指人的形体；两者的相同点是都有生命，差别点是人的生命是有理性灵魂的生命，而动物的只具有感觉性生命，缺乏基于精神出发的能动性。

在论述自然是什么的问题时，莱布尼茨指出英国著名物理学家和化学家波义尔（Robert Boyle，1626—1691）的观点，自然的本性是形体的机械过程。莱布尼茨在宽泛的意义上赞同这种观点，但更进一步看，

必须区分机械运动法则与这种法则的来源。我已经多次表达过这种观点，我认为重要的是要防止对有形物的机械解释走得太远，以致伤害了神圣虔诚——好象物质能够通过自身而存在，机械活动不需要理智或精神实体。机械活动本身有它的根源，不只是来源于物质原则或数学理性，而是来源于更高的、可谓是形而上学的根源。②

莱布尼茨赞同用机械法则的解释，但认为这还不充分，首先是机械法则需要进一步细化为具体的手段和工具，其次机械法则自身不是来自物质原则或数学理性，它来源于更高一级的原则即形而上学。

莱布尼茨对自然机器与人工机器进行了区分，认为每一个自然机器都是由无限其他有机组织构成，因而其创造者和统治者需要有无限的智慧和权力。自然机器是通过它们自己的运行而得以建成，特别是有机存有根据某种前定的计划而自我展现。莱布尼茨认为与他同时代的哲学家过分强调

---

① 莱布尼茨著，陈修斋译：《新系统及其说明》，商务印书馆 2005 年版，第 89 页。

② Woolhouse R. S., Francks, R.（ed.），*Philosophical Texts*，New York：Oxford University Press，1998，p. 211.

了自然的人工属性，对自然的尊严缺乏足够的崇高观念。自然机器与人工机器之间不是程度的差别，而是根本性质的种类的差别。他认为自己关于实体的本性及其交通的新系统学说能够使人最后认清：

> 在神圣智慧的最微末的机械产品与一个有限心灵的最大艺术杰作之间究竟有多大的距离；这种区别不仅是程度上的区别，甚至是种类上的区别。因此，必须认清自然的机器确实有无数器官，而且已装置得十分精良，可经受一切意外，以致不可能把这些器官破坏。一个自然的机器，它最小的部分也还是一机器，而且它曾经是什么机器就永远是那样的机器，只是由于受不同的折叠，而改变形式，时而展开，时而收敛。当我们认为它消失了的时候，它是收缩集中到了一点。①

自然的机器有无限数量的有机物；通过创造它们，上帝可以无限地重复它们所属的机械过程。但人类只能自然地作用于已有的既定物质，人类制造的机械装置只能在它的使用寿命内外在地服从人的指挥和控制，使用寿命结束后就成了废品和垃圾。在那个人类科学启蒙精神迅猛高涨的时代，莱布尼茨能认识到自然机器与人工机器之间的根本差别，提出对自然要公平对待，深情而不无担忧地礼赞自然的精妙与尊严，这是多么的难能可贵。如果要凭借自己的思想、科技创造取得的巨大成就而感到陶醉和满足的话，他应该是那个时代最有资格和理由自我陶醉的人之一。

（二）本体领域指体现为力、欲、形式的实体本原

从以上对现象领域机械法则的分析，就会发现莱布尼茨意义的机械法则与同时代哲学家，如笛卡儿、斯宾诺莎、霍布斯、牛顿等的机械论显然不同。总体而言，这些哲学家的机械论要么诉诸物理学位置移动要么诉诸几何数学的广延分析，他们认为运动、广延自身是实在的。莱布尼茨只在物质现象层面上赞同机械论，但机械论原则自身还不充分，还必须寻找机械论的来源，找到物体的真正实在单元，这样才能发现物体的真正的自然法则、自然本性。当然在这个意义上理解的自然，显然不是我们日常生活

---

① 莱布尼茨著，陈修斋译：《新系统及其说明》，商务印书馆 2005 年版，第 7 页。

中所说的自然，不是经验层面的自然。因为当一个人很自然地做某事时，或说某事情很自然时，这种自然有可能是已经违背了本体、本性的变态而扭曲的自然。当一个人在这种变态而扭曲的自然环境里活出所谓的自然之道时，他自己以为自己所做的、所说的是自然的，但这种自然已经和发自本性的自然迥然不同了。莱布尼茨已经认识到这个问题，并且给出了很能体现莱布尼茨特色的，本体意义上的自然含义。他说，

> 一个语词常识意义上所谓的自然一定不要与更为形而上学意义上的自然相混淆。例如，就语词的常识意义而言，我们死是很自然的，但我们死于火枪射击就不是自然的；这称为意外的或暴卒的，这样说也很有道理；我也丝毫不想来改变语言。因此，当我说实体所发生的一切，在某种意义上，都可以被认为是自然的或个体自然的结果，我理解彻底的自然包含着属于此个体的一切的那种完全本性。因此我是在某种先验意义上去考虑。从这种意义上说，每个个体彻底的自然性蕴含着它所发生的一切和所有其他个体，诚然这种"蕴涵"是合乎形而上学严格说法的。①

广延不是物体的本性，物体的自然本性应从广延的主体来理解。莱布尼茨时代，笛卡儿派、斯宾诺莎都认为广延构成有形实体的共同本性。他们从几何、数学原则出发来证明物体的本质。在莱布尼茨看来，虽然这一观点为许多人所宣称，但没有人对这一观点给以可信的证明。他认为，运动或活动、阻抗或欲望都不能由广延得出，

> 物体运动和冲撞过程中所遵循的自然法也不能单纯由广延概念得出……的确，广延概念不是一个初始概念而是可分解的概念。由于一个广延存有意味着在连续整体中同时存在着复多的事物。说得更详细点，广延概念是相对的，在广延中所需要的是能延展的或连续的某种

---

① 莱布尼茨著，陈修斋译：《新系统及其说明》，商务印书馆 2005 年版，第 141—142 页。引用文本做了一些修改，参考了 Marcelo Dascal, *Leibniz：What Kind of Rationalist*? Springer，2009，p. 184。

状态，如白色之于牛奶，而物体的独一无二性在于它的本质；而对本质的重复，不管它成为什么，就是广延。①

　　莱布尼茨说，他完全同意惠更斯（Huygens）在自然与数学问题中的观点，即虚空的空间和广延的概念是一样的。机动（bobility）或原型（antitypy）本身不能单纯由广延而理解，而应从广延的主体来理解，这样空间就不只是构成的而是充盈的。物体的大小、形状和运动概念不是我们设想的那样清晰，它们包含某种想象（imaginary）和与感知相关的东西，正如颜色、热和其他类似性质，我们可以怀疑在外在事物的本质中真正存在这些性质。这就是为什么这种性质从来不能组成一个实体的原因。在这些性质中，物体找不到同一性原则，它们不是使一个物体维持下去的自然本性。

　　物体的本质也不在于运动，而在于促成运动的力、欲和隐泰来希。莱布尼茨说，不必调查物体流动性的原因，因为物质本身是流动的，除非在它里面存在的运动受到某一部分之区分的干扰。于是对于液体不必受各种微粒运动的搅动。但由于根据一般的自然法则，它建立在其他的基础上，所有的物体都被内在运动搅动，结论就是就这些运动是共同的而言，物体是坚固的，就运动受到侵扰，没有与任何系统相连而言，而流动性得以保持。结论就是每一个物体包含着某种程度的流动性和某种相似的坚固性，没有物体是如此坚硬以至于没有弹性和相反的性质。而且，这种内在运动是不可感知的，彼此连续承接的部分不为感官所识别，因为它们的微小与相似性。（对笛卡儿原则批判思考）如果运动只是联系的改变或即时的接近，可以得出我们绝不能定义运动的事物。

　　由于正如天文学中同一种现象可以被不同的假设解释，这样通常可能的是，把真正的运动归于两个物体的一个或改变它们的相互接近或位置的另外一个。因而，既然它们之一是主观选择为静止或以既定速度在既定线路上运动，我们可以几何学地定义什么样的运动或静止

---

　　①　Loemker（ed.），*Leibniz Philosophical Papers and Letters*，Chicago：The University of Chicago Press，1976，p. 390.

会归因于其他，以至于产生既定的现象。因而，如果在运动中完全是这种相互的改变，可得出在自然中没有理由把运动归因于一事物而不是另一事物。这样的结果就是没有真正的运动。①

因而，为了说明某物是运动的，我们不仅需要一物根据其他事物而改变位置，还需要它本身之中存在变化的原因，一种力、一个活动。

（三）神学领域指不诉诸奇迹的理性解释

前面从哲学现象域与本体域分析了莱布尼茨自然观念的含义，下面从神学视域分析自然观念的含义。自然观念在莱布尼茨宗教神学中具有特殊的极其重要的含义与意韵，莱布尼茨神学是与传统天启神学相对的自然神学。他承继了早期教父哲学和中世纪哲学，特别是托马斯·阿奎那使哲学与宗教相融合的理性神学传统，认为哲学与宗教、理性与信仰不是相互对立而是相互统一的。哲学的理性证明使对上帝的信仰更加纯真而可靠，对上帝的信仰是启发哲学智慧的内在之光。信仰若无知识之理解，便是人云亦云之虚表；知识若无信仰之启示，便是有头无脑之木偶。莱布尼茨自然神学的特点和内容可以概括为：在理性与信仰相统一的前提下，崇爱全知全善全能之上帝，善待身边所能帮助之路人；摒弃外在宗教仪礼之烦琐，开启内在圣灵德性之仁爱；运用严密可靠理性之哲学，证明与生俱来灵魂之不朽；反对宗派教义教规之分裂，实现天主基督新教之联合。

要辨明莱布尼茨自然神学中自然观念之含义，需要区分和理解以下几对范畴之含义：自然、超自然与奇迹，一般法则与次级法则，一般意志与特殊意志，超越理性与违背理性，可证明与可解释。这里自然与理性表达的基本是一个意思，所谓"自然"、"自然的"是指能用理性证明的或能解释和说明的。"奇迹"不是指通俗意义上罕见而稀奇的事情，而是指哲学意义上，超出被创造物力量与理性的东西。② 一般法则是就上帝对宇宙的全体而言的秩序，次级法则是针对有限物，是有限物应该遵守的法则。

---

① Loemker（ed.），*Leibniz Philosophical Papers and Letters*，Chicago：The University of Chicago Press，1976，p. 393.

② 莱布尼茨著，陈修斋译：《新系统及其说明》，商务印书馆 2005 年版，第 64 页。

类似地，一般意志是上帝考虑全体最大善之意志，特殊意志是上帝考虑每个所有物之意志。上帝做任何事不可能没有秩序，甚至不可能设想不规则的事物。上帝的愿望和行动通常分为一般的和超常的。所谓的超常只是对于在受造物中建立起来的某些特定秩序而言。而对于普遍秩序而言，一切事物都与它相适应。不仅这个世界上没有任何事物的发生是绝对无规则的，而且甚至我们不能设想那样的事物。尽管奇迹与次级法则相悖，它们与一般法则相一致。既然没有任何事物是无规则而发生的，可以说奇迹如自然操作一样有秩序。自然操作是与我们称之为自然事物的确定的次级法则相一致。

由于我们可以说自然只是上帝的一种习惯，他可以有一个驱使他利用这些自然规则的更有力的理由。至于一般或特殊的意愿，取决于我们如何看待它，我们可以说上帝做一切事情根据他最一般的意志，这与他所选择的最完美的秩序相一致；或我们也可以说他有特殊的意志，这是已经提到的那些次级准则之例外。因为上帝最一般的法则调节宇宙的整体秩序，这没有例外。我们也可以说上帝愿望一切事物这是他特殊意志的目标；但至于他的一般意志的目标，上帝根据一般意志选择了彼此协同一致。①

上帝的超常参与包含于我们的本质所表达的内容，因为这种表达延伸至所有事物，一中蕴涵着无限。在这个意义上没有任何行为是超自然的，

既然每一个人、每一个实体像一个表达大世界的小世界，我们也可以说上帝对实体的那种超常行为从来没有例外的奇迹，既然就奇迹被那个实体的本质或个体概念所表达而言，它包含于宇宙的一般秩序之中。这就是为什么如果我们在我们的本性中包含它要表达的一切事物，那么没有任何事物对它而言是超自然的，因为它延伸至一切事

---

① Loemker（ed.），*Leibniz Philosophical Papers and Letters*，Chicago：The University of Chicago Press，1976，pp. 58—59.

物；一个结果总是表达它的原因，上帝是实体的真正原因。①

但具体而言，现实中的人及一切实体毕竟是有限物，它的智慧、权力和意志是受限制的，来源于上帝之中，所以我们只能清晰地表达从我们的视角和立场出发的世界图景，因而有许多事物超出我们自然本性的权力，甚至所有受限制本性的权力。因此，更清楚的表达是：

> 上帝的奇迹和超常参与有其独特性，即它们不能被任何受造灵的理性推理所预见，因为对一般或全体秩序的清晰理解在所有受造灵的能力范围之外。相比之下，被称为自然的任何事物依赖于受造物所能理解的较少一般性的规则。包含我们所要表达的所有事物者称之为我们的本质，就它表达我们与上帝自身的一致性而言，我们的本质没有限制，任何事物都不会超越于它。但我们之内的受限制性能被称为我们的自然本性或我们的力量，就此而言，超越于任何受造实体的事物就是超自然的。②

宗教神学中还存在超越理性与违背理性之分，超越理性是超出人的理性所理解的范围，违背理性是违背确定而必然的理性法则。按照莱布尼茨的理性定义，理性是诸真理之联结，这样凡是违背理性者也就违背必然性真理，而超越理性者却只是与人们习惯于按照经验进行认识和理解的东西产生矛盾。如果人类的精神以及任何一个受造的精神都不能理解一个真理，那么这个真理便是超越理性的。莱布尼茨认为，属于这类真理者是神圣的三位一体说。这类真理是只有上帝才有能力完成的奇迹如创世，是从整体最大善之选择而决定的世界秩序，这种世界秩序奠基于普遍和谐之上，只有上帝才能从全体一下子把握无限数量事物之确定性的认识。当然这里存在着一种危险，即违背理性的、谬误的宗教信条有可能被人说成是超越理性的，堂而皇之地在信仰的旗号下违背理性。对此情况，莱布尼茨

---

① Loemker (ed.), *Leibniz Philosophical Papers and Letters*, Chicago: The University of Chicago Press, 1976, p. 68.

② Ibid., pp. 68—69.

说这里的理性不是人们的意见和议论，而是诸真理之牢固的联结。所以，并不能因为荒谬的宗教信条自我标榜如何它就能摆脱理性的必然法则。神学家一般将超越理性者与背逆理性者之间区分开来，"凡是人们不可理解和无法说出其理由的东西便是超越理性者。而任何一种观点，只要它为不可辩驳的理由所否定或者其反面可以通过精确和可信的方式得到证明，便是背逆理性的。因此，他们承认奥秘是超越理性的，但却不认为它是背逆理性的"①。莱布尼茨指出，我们的奥秘符合存在于上帝理智中之包罗万有的和至高的理性，或者甚至符合一般理性。与法国怀疑主义哲学家培尔不同，培尔认为这种一般理性与人的理性不相一致。在莱布尼茨那里，这两者是一致的，

> 既然我们所拥有的部分理性是上帝的恩赐，既然它存在于始终留在我们身处堕落中的我们的身上的自然之光之中，这一部分便与整体是一致的，它区别于上帝身上的那部分理性，只是这区别犹如一滴水之于大洋或者有限者之与无限者。因此，奥秘超过理性的这一部分，但绝不可能与它矛盾。……在我们身上与奥秘相矛盾的东西并非理性，并非自然之光，并非真理的联结，而是堕落、谬误或者偏见、阴暗面。②

二　莱布尼茨正义概念的发展脉络

莱布尼茨正义概念形成过程中呈现的阶段性特征可以概括如下，早期（1666 年之前）从实践科学角度对正义进行界定，体现了显著的亚里士多德德性论色彩，主要文本依据是 1666 年发表的《论组合术》。中期（1666—1692）注重从对法律的探讨中界定正义，体现了显著的柏拉图理念观念与基督教爱的传统，主要文本依据是 1667 年《学习和教授法学的新方法》，1670—1671 年《自然法的要素》。晚期（1693—1716）注重从正义本身探讨正义，尤其是集中探讨了正义概念的根据、

---

① 莱布尼茨著，朱雁冰译：《神义论》，生活·读书·新知三联书店 2007 年版，第 80 页。
② 同上书，第 81 页。

原则及对上帝正义的辩护。体现了亚里士多德德性论，柏拉图理念说，斯多葛主义自然法，基督教爱之戒命这几种传统的综合与融通，主要文本依据是 1693 年《国际关系法典》序言，1703—1703 年《对共同正义概念的沉思》，1706 年《对普芬道夫原则的评价》和 1710 年《神义论》。

（一）早期从实践德性出发界定正义

莱布尼茨早期（1666 年之前）对正义的界定主要受到亚里士多德德性论的影响，认为作为美德之首的正义在于中道。亚里士多德强调的是，关于德性所涉及事物之间的中道，而莱布尼茨在吸收格劳秀斯对亚里士多德批评的基础上，认为德性、正义是关于心灵习惯的中道。由于 1663 年之后，莱布尼茨开始接受近代哲学家，如霍布斯、洛克等借助于数学、物理学来解释自然与社会的研究方法，所以这一时期，他对正义的界定也受到同时代政治哲学家之正义思想的影响，认为有益于最有权力者即是正义，当然他所谓的最有权力者只是上帝，他认为绝对意义上人与人之间没有谁更有权力，因为弱小的人也能杀死最强壮的人。当然正义在于权力之满足的观点在他后来的正义思想中便被抛弃了，而且对这一观点进行了猛烈的批判。

莱布尼茨在他 20 岁即 1666 年发表的《论组合术》中，把正义放在实践科学名目下，他谈到正义是一种美德，在于一个人对于他人情感的中庸状态，体现为愉悦之情与伤害之情、良善意志与憎恶意志之间的中庸。而保持这种中庸状态的法则就是在不伤害第三者（或其他人）的情况下帮助他人（或自己）。他提到了格劳秀斯在《战争与和平法》序言中对亚里士多德德性中道论的批评，提出要在面对这一批评的基础上对亚里士多德德性中道论进行辩护。格劳秀斯的批评如下：

> 这一原则（美德在于中道）不能正确地被认为是普遍有效的，对于正义而言尤其明显。由于，既然他（亚里士多德）无法找出在情感和活动中所引发的过量和欠缺之所在，他便在正义所涉及的事物自身中去寻找过量和缺陷之所在。但这显然是从事物之此一种类跳跃

到另一种类，他在其他地方正确地批评了这种错误。①

　　莱布尼茨认为格劳秀斯对亚里士多德的批评是有道理的，但他认为不应该抛弃德性中道的观点。他赞同格劳秀斯说，从彼一种分类原则中导出此一种分类原则的事物，这是不相一致的，这不是哲学的处理方式。很显然，情感之中道是一回事，事物之中道是另一回事，美德不是事物之习惯而是心灵之习惯。

　　莱布尼茨早期也认为正义是服从最有权力者的观点。他非常赞同，柏拉图《理想国》中色拉叙马霍斯（Thrasymachus）认为正义是对强者有利的观点：

> 　　由于，在恰当而单纯的意义上，上帝比其他人更有权力（power-ful）。在绝对的意义上，由于一个强壮的人可能会被一个弱小的人杀死，那么一个人不会比其他人更有权力。而且，上帝之荣耀（glory）显然是所有法律的尺度。任何咨询过神学家、道德家和谈论良心的作家都会发现，他们中大部分是把论证建立于这个基础之上。这个原则一旦被肯定地确立起来，正义学说就能被科学地得以解决。但直到现在这还没有得到解决。②

　　一直到1670年他给霍布斯的一封信中，他依然赞同正义在于对强权的服从的观点。不过在这封信中，莱布尼茨已经区分了作为一般的、抽象的正义观念与现实的、具体的正义观念之区别。他以抽象的一般运动原理与现实的具体运动原理之区分作为例证，对于抽象运动原理而言，一个静止的物体如果不受到其他物体的撞击它就会一直静止，静止的物体不管它有多大，哪怕受到很微小物体的撞击，它也会跟着运动。但若将这个抽象运动原理运用到现实有形物体中，就会被人嘲笑。同样，正义在于服从最有权力者，如果把这一原则运用到现实中的每一个自称最高权力的国王、

---

① Loemker（ed.），*Leibniz Philosophical Papers and Letters*. Chicago：The University of Chicago Press，1976，p. 75.

② Ibid.，p. 76.

王子、君主或皇帝中，或把自然状态中的绝对自由运用到现实中的每一个人身上，这就会造成很多弊端，同样会被人嘲笑。① 可见，这时莱布尼茨依然认同正义是强权的观点，只是区分了理想的、一般的正义观念与现实的、具体正义观念。但这种强权即正义的思想在他中、后期的思想中，就成了色拉叙马霍斯、霍布斯、笛卡儿等的标签，莱布尼茨对这种主张正义在于权力和意志的观点予以了彻底的批判。

（二）中期从法律证明出发界定正义

中期他从探讨法律问题入手寻求对正义的理解。1667 年在《学习和教授法学的新方法》中的第二部分着重于法律及其哲学基础的分析，教授法律的纲程，在对罗马法自然权利三个原则进行阐发的基础上引出了判断正义与否的标准，即交换性正义的严厉原则，分配性正义的公平原则和普遍性正义的虔诚原则。1670—1671（？）年《自然法的要素》中指出，"正义学说属于奠基于定义而不是奠基于经验的科学，奠基于理性证明而不是感官的科学。它们可以说是法律问题，不是事实问题"②。这里莱布尼茨明确指出，正义科学可以说是法律问题而不是经验事实问题，进而这种法律科学奠基于理性证明，而非来源于经验。这说明了莱布尼茨把对正义问题的探讨转化为对法律问题的探讨，进而规定法律科学来源于理性证明而非经验事实。也就是说这个时期，莱布尼茨是把正义问题和法律问题做基本等同的处理，这与后期明确把法律和正义区分开来的做法不相一致。莱布尼茨认为法律科学来源于理性证明，这说明了柏拉图的理念说对莱布尼茨定义正义的巨大影响。同时莱布尼茨表示，他不再像以前那样信奉正义是人与人之间情感的中庸状态，他对以情感美德来界定正义感到失望，因为调节人与人之间感情的美德自身也需要被调节。这样他就转换了早期根据美德来界定正义的思路。

正义是保持人与人之间情感——爱与恨——中庸和谐的美德吗？

---

① Loemker（ed.），*Leibniz Philosophical Papers and Letters*，Chicago：The University of Chicago Press，1976，pp. 105—106.

② Ibid.，p. 133.

孩提时我非常热情地支持这一观点，由于对逍遥学派（即亚里士多德）感到非常新鲜，我完全没有理解这一事实，所有控制我们情感的其他美德本身也需要控制——事物的正义。但我毫无困难地把这个使人信服但不充分的观点放在一边……极度过分或非理性的坚持不应当被归因于情感的断裂，由于人们错误地认为他们的尊严来自于奢侈或浪费，来自于超于个人能力的许诺或焦躁不安的财产证明，或者另一方面，来自于对个人能力和财富非理性的自卑。因而，我可能是非正义的，不是因为我所伤害之人的恨，而是因为我对我自己或第三方的爱超过了我对你的爱。但爱自己、爱你或者爱你、爱第三方并非是相互对立的情感，尽管他们偶尔会冲突，由于这两者能够最大限度的共存。然而，尽管我们可以把爱恨自由归于正义，但爱他人更多而不顾及对自己的伤害，这也是非正义的。但与其说是非正义不如说是无能的，因为当一个人这样做时他会伤害谁呢？但严格而言，伤害自我并不是不正义。①

在《为一部新的法典寻求基本原则的几个尝试》中（*Tentamina quaedam ad novem codicem legum condendum*）② 非常典型地体现了对法律基本原则的探讨与对正义的界定联系在一起，见下表。

Nr der Variante 异文编码	Text der Variante 异文
1.1.1	Jus in quo versamur… 法律是可以测量的……
1.1.2	Jurisprudentia, sive jus in quo versamur est scientia viri bono 法律科学，即可以测量的法律是人类善之科学
2.1.1	Jus in quo versamur… 法律是可以测量的……
2.1.2	Jurisprudentia… 法律科学……

① Loemker（ed.），*Leibniz Philosophical Papers and Letters*，Chicago：The University of Chicago Press，1976，p. 135.

② Rudolph，H.，*Die Phänomenologie der Leibniz—Handschriften und Folgerungen für das Verständnis des Philosophen.* Ⅷ Internationaler Leibniz—Kongress，2006，Vorträge 2. Teil. S. 882.

Nr der Variante 异文编码	Text der Variante 异文
2.1.3	Jus in quo versamur est ars aequi et boni 可以测量的法律，是判断善与公平之技术
3.1.1	Jus in quo versamur est ars aequi et boni 可以测量的法律，是判断善与公平之技术
3.1.2	Jus in quo versamur est scientia ejus quod justum est 可以测量的法律，是非正义与正义科学
3.1.3	[Als Überschrift] De justitia et jure [danach als Textanfang：Justitia est caritas sapientis [es folgen 5 weitere Ansätze] [一个标题]：正义是法律 [文本的开头] 正义是智慧之仁爱 [接着是 5 种其他方法]
3.1.4	Omnis de jure tractatio versatur circa bona et mala 私法是处理善与恶之调节
4.1.1	Jus in quo versamur est Scientia aequi 法律是讨论公正的科学
4.1.2	Jus in quo versamur est Scientia boni et aequi 法律是讨论善与公正的科学
4.1.3	Jus in quo versamur est Scientia viri boni. Vir bonus est qui amat omnes 法律是讨论人之善的科学，人之善是普遍的爱
4.1.4	Jus in quo versamur est scientia boni et aequi. Nam vir bonus est qui amat omnes 法律是讨论善与公正的科学，人之善是普遍的爱
5.1.1	Jus in quo versamur est scientia caritatis et justitia caritas sapientis. Est enim caritas habitus amandi omnes, et qui ita affectus est vir bonus vocatur 法律是讨论仁爱的科学，正义是智慧之仁爱。仁爱是爱所有人的习惯。这样也就成为所说的好人
6.1.1	Jus in quo versamur est scientia caritatis et justitia caritas sapientis. Est enim Caritas, habitus amandi omnes, et qui ita affectus est vir bonus vocatur. 法律是讨论仁爱的科学，正义是智慧之仁爱。仁爱是爱所有人的习惯。这样也就成为所说的好人

（三）晚期从正义本身出发界定正义

后期莱布尼茨将正义的德性传统、理性传统、自然法传统和基督教上帝与爱传统综合融通在一起，从正义自身出发探讨正义的含义，并进一步回答了为什么上帝是正义的根源和保证，为什么上帝不是恶的来源。在其成熟时期的正义定义中，莱布尼茨阐述了正义原则必须如数学、逻辑性质的"永恒真理"一样，在抑制罪恶与做善事之间是连续的，神圣正义与人类正义是同类的，区别仅在于完美程度方面。而且莱布尼茨也指出了法律与正义的差别，他认为法律是可能不正义的，但正义不可能是不正义的。这里正义不是非正义，不是一种简单的逻辑符号意义上的否定之否定的自我重复。而是说，从范围上讲正义超于法律，前者包括人类社会之内的宇宙万物和上帝之城；从层次而言正义高于法律，前者是一种类似后来康德所谓的人之为人的绝对命令，而后者只是一种从属于约定、权威、利益诉求的服从底线伦理的强制性遵守。

> 正义就是与智慧和善德（goodness）的结合：善德的目标是最伟大的善，但要想真正认识到它智慧就是必需的，智慧就是关于善的知识。善德只是每个人对所有人行善或阻止邪恶的一种倾向，至少而言善德不是必然地导向更大的善或阻止更大的邪恶。智慧存在于理解中，善德存在于意志中。因而正义是二者相结合的产物。权力是另外一回事，但是运用权力可以使正当的变为现实，在事物的本性所许可的范围内，使应当存在的变为实际上真正存在的。而这就是上帝在这个世界上所要做的事情。①

《对普芬道夫原则的评价》中莱布尼茨论述了自然法的目的、对象和原因，自然法的目的是为了实现遵守自然法之人的善；对象是所有关涉他人同时又在自己权力范围内的事情；自然法的根源就在于经由神性而在我们的思想中点燃的永恒理性之光芒。

---

① Riley P., *Leibniz Political Writings*，中国政法大学出版社 2003 年版，第 50 页。

　　我们不仅要把美德看作是个人所应有，而且也是社会所应有，首要的是在于通过显示于我们心中的自然法我们发现自己与上帝在一起这种状态，我们有浸透着自由思想的灵魂和坚定地通向正义的意志。①

　　上帝受到颁扬是因为他是正义的。然而，必定有一个确定的正义……人类行为的标准不依赖于上帝的自由意志之决定，正义的本质也不依赖于上帝自由意志之决定，而依赖于永恒真理。正义遵循一定的平等与均衡规则；在永恒的事物天性与神圣思想中所发现的平等与均衡规则，一点也不比在算术和几何中发现的平等与均衡规则少。②

　　《神义论》核心是对上帝正义的辩护，它所要处理的问题可以归结为两个主体与两个问题，两个问题在两个主体中如何展现，又如何得到解决。两个主体是上帝和人，两个问题是必然与自由关系，恶的起源问题。对于上帝而言，就是要处理上帝在预知一切的同时，如何体现他的自由意志？恶起源上帝的创造吗？如果不是起源于上帝，恶起源于哪里？上帝参与了人的罪恶行为吗？对于人而言，就是要处理如果人是由上帝命定，人的自由何以体现？如果人先天具有形而上学残缺性，人需要对所做恶事负责吗？人的罪恶是如何造成的？这种恶的内容是什么？莱布尼茨立足于他的单子论体系也即前定和谐体系对上帝正义、人如何实现正义进行了哲学理性主义的辩白和阐发。名义上他是为上帝辩护，但他的辩护工具是哲学理性、人类的理性，所以这种辩护造成的实际效果是，上帝的正义越是圆满而充分，人的理性也就越彰显而卓越。当然在莱布尼茨这里，理性与神性、哲学与宗教、人类与上帝本来就是内在统一的。他反对外在于人的上帝，指出在我们自身之中去发现上帝之完美；他反对烦琐而形式化的宗教，指出真正的虔诚是爱上帝、爱邻人；他反对唯意志论的正义，指出人与上帝遵循同样客观而永恒的正义真理。在《神正论序言》中莱布尼茨指出：

---

① Riley P. , *Leibniz Political Writings*，中国政法大学出版社2003年版，第69页。

② 同上书，第71页。

爱是一种使我们从所爱对象的完美中产生快乐的精神状态，没有什么比上帝更充实而完美，也没有什么能比沐浴在上帝中更令人愉悦。爱上帝只需沉思他的完美，这的确也很容易，因为我们是在我们自身中发现完美观念的。上帝的完美就是我们灵魂的完美，但上帝不受限制地拥有这种完美；上帝是大海，而我们只是他所恩准的滴水；我们有某些力量、某些知识、某些善，但上帝却是力量、知识与善的全部。秩序、比例与和谐使我们愉悦，正如绘画与音乐：上帝是全部的秩序；他总是葆有比例的真理，形成宇宙的和谐；所有的美都是上帝之光的流溢。于是很显然真正的虔诚继而真正的幸福在于对上帝的爱，这种爱如此深启人心，为心灵洞察力所觉。这种爱在散发美德的善行中产生快乐，她连接所有于上帝的周围，她使人性转化为神性。①

关于正义与法律的区别，莱布尼茨在 1693 年《国际关系法典》序言中指出，尽管很多杰出之士都探讨过法律和正义概念，但它们之间的区别和差异依然模糊。莱布尼茨认为从范围上而言，虽然法律来自于自然的严格性限定，但其处理的对象和领域主要是人类社会事务。从道德上讲，法律服从的是一种道德可能性，而正义体现为义务或责任，是一种道德必然性。再次，正义是一种爱的习惯，而法律则与伦理、道德之爱相互区分。莱布尼茨说，

> 法（right）是一种道德可能性，义务是一种道德必然性。就道德来说，我想说的是对于一个善人（good）而言，它可谓是"自然的"……正义是作为智慧人物之仁爱，即仁爱应当遵循智能的命令。……仁爱是一种普遍的善，善是爱（loving）的习惯或意愿善（good）的习惯。于是，爱就表明了对其他人的幸福感到高兴，或者，同样的意思就是，把别人的幸福转变为自己的幸福。②

---

① Leibniz, "Preface to Theodicee", cit. Leibniz Review, 2004, Vol. 14, p. 81.

② Riley P., *Leibniz Political Writings*, 中国政法大学出版社 2003 年版，第 170—171 页。

三　国内外莱布尼茨正义理论研究模式梳理

到目前为止国内还没有集中而单独研究莱布尼茨正义理论的理论专著，叶秀山、王树人总主编的《西方哲学史》第四卷中提到过莱布尼茨经由罗马法而论述自然权利的三个原则（交换性正义的严厉原则，分配性正义的公平原则，全体性正义的虔诚原则）。祖庆年翻译、编辑的《自然哲学著作选》中也谈到了自然权利或自然法的三个原则。段德智在其新近出版的《莱布尼茨哲学研究》中主要从社会正义、法律正义和智慧之爱正义三个方面对莱布尼茨正义理论进行了阐发性说明。他指出，莱布尼茨所要建构的是普遍正义的世界或社会。如何实现这种普遍的正义呢？莱布尼茨在社会政治领域强调的是公共善的提升，在法律领域莱布尼茨在借鉴罗马法的基础上提出了自然法或自然正义的三个原则：不伤害、公平和虔诚。最后，"为要实现社会正义和法律正义，我们还必须切实落实作为智慧之爱的正义"[①]。

要深入研究莱布尼茨政治哲学及其正义理论还需要把目光投向世界，投向国际莱布尼茨研究学术大舞台——既要查找国内所空缺的书刊、资料，又要及时地翻译、消化与吸收；既要弄清莱布尼茨关于正义理论的原著、信件与手稿资料，又要跟踪研究莱布尼茨正义理论的专著、文章与评论；既要集中研究莱布尼茨正义理论与正义思想，又要从其哲学体系与思想观念的整体视角出发进行研究，这就不能不结合他的自然哲学、自然神学、法学、伦理学、逻辑学等进行综合研究。下面从莱布尼茨正义理论的研究兴起、研究方法及其理论资源、主要研究论题以及文本基本内容四方面进行简要的文献梳理与总体介绍。

受制于莱布尼茨原始文献资料的收集整理状况，哲学研究的时代课题与研究范式转换，以及研究者个人的学术背景与理论偏好等多种原因，直到20世纪中期莱布尼茨正义理论继而政治、伦理、法哲学研究才开始真正兴起。20世纪初，以罗素（B. Russell）、库图拉特（L. Couturat）为代表，发现并强调了莱布尼茨哲学的主谓项逻辑学，以逻辑学"概念包含"

---

① 段德智：《莱布尼茨哲学研究》，人民出版社2011年版，第401页。

（notion inclusion）理论为解释模式，把莱布尼茨哲学体系还原为逻辑命题，由此形成了以逻辑学研究为主导模式的新路径。这种模式的优点与深刻之处在于，它不再就某些具体意见来审视莱布尼茨，而是去追究这些具体意见的"终极根据"从而寻求莱布尼茨哲学根本性的理论基础。① 但其缺点也很明显，把莱布尼茨哲学中的所有命题都纳入逻辑学框架中，把这种单线条的解释模式推向极端，就导致了莱布尼茨哲学的内部分裂与思想冲突。正是在对逻辑学解释模式的质疑和批判过程中，加上 20 世纪中叶国际学术界对社会正义、宗教伦理与自我认同等问题的研究热潮，莱布尼茨正义、伦理与法哲学思想也受到越来越多的关注与重视。

　　法国学者格鲁阿（Grua）在 1956 年出版了两卷关于莱布尼茨正义理论的著作《莱布尼茨论人类正义》（*La justice humaine selon Leibniz*）。同年，美国学者略姆克（Loemker）翻译选编了《莱布尼茨哲学论文与书信集》，在前言中他专门分析了莱布尼茨的伦理与社会思想，认为作为人类情感动机的爱有三个维度——自我之爱、对他人之爱与对上帝和完满之爱。正义法三种层次的原则是严格、平等与虔诚。他认为莱布尼茨哲学并非完全意义上的柏拉图主义，莱布尼茨为个体生成、价值形态与社会形式提供了多样性的选择空间。略姆克还在这本书的正文部分集中选编了莱布尼茨 1693—1700 年间论述政治、伦理与法哲学的文章与信件。② 德国学者施耐德（Hans—Peter Schneider）1967 年出版专著《普遍的正义——从原始资料探讨莱布尼茨"基督教自然法"思想的形成》，他证明了莱布尼茨正义观念是受宗教改革以来根据爱定义正义传统的深刻影响。③ 美国学者姆尔瓦内（Robert J. Mulvaney）1968 年在《观念史》期刊上发表《莱布尼茨正义概念的早期发展》，随后在 1972 年的第二届国际莱布尼茨大会上提交论文《莱布尼茨"形而上学谈话录"中的神圣正义观》，他继续分

---

　　① 参见罗素《对莱布尼茨哲学的批评性解释》（中译本译者序言），段德智等译，商务印书馆 2000 年版。

　　② See Loemker（ed.），*Leibniz Philosophical Papers and Letters*，Chicago：The University of Chicago Press，1956，pp. 79 – 85.

　　③ See Hans—Peter Schneider，*Justitia Universalis = Quellenstudien zur Geschichte des "Chritlichen Naturrechts" bei Gottfried Wilhelm Leibniz*，Frankfurt a／M，1967.

析了莱布尼茨正义观是在融合权力、理性和爱三种理论资源基础上而形成的。① 1972 年美国学者瑞利（Patrick Riley）出版了《莱布尼茨政治著作选》，这本书的影印本已经由中国政法大学出版社于 2003 年在国内出版发行。这个版本包括了当时新发现的三篇作品，还节选了一些政治信件、评论笔记和论战性的专题文章。在本书详尽而思路清晰的导言中，瑞利教授概要论述了莱布尼茨政治哲学思想的基本主题，特别是正义和社会责任概念，并且评价了莱布尼茨和他同时代的英国哲学家洛克与霍布斯之间的重要差别。瑞利指出莱布尼茨政治著作，本质上体现着晚期中世纪哲学的倾向，根据理性神学的大全系统试图包罗一切学科——政治、法律、宗教、文化、科学。莱布尼茨意欲建立的正义体系，是为了解释人类与上帝应遵循怎样共同的正义准则才能施行正义的行为，所不同的在于对人类而言是应当如何正义，而上帝在自身中自然地体现着正义。② 1996 年瑞利出版了第二部个人专著《莱布尼茨的普遍法学》，详细论述了莱布尼茨正义论的理论基础，单子论与正义，作为普遍正义的神正论，体现爱与仁慈的正义，人类法中的实践正义及基督教界共和国。③ 此外，库克（Daniel J. Cook）、葛里阿德（Jérémie Griard）、塞德勒（Michael Seidler）、捷赛夫（Douglas M. Jesseph）、布朗克（Andreas Blank）等学者也从不同的研究角度与理论背景对莱布尼茨正义概念进行了探讨。

（一）研究方法及其理论资源

1. 基于宗教神学的正义研究

基于宗教神学的正义研究就是以宗教神学为理论背景与理论资源，对莱布尼茨关于正义概念的不同著作与文章进行解析，分析正义的构成要素及其内在含义。采用此研究方法的代表性学者是姆尔瓦内（Mulvaney）。与罗素认为《形而上学论》是一束照进莱布尼茨哲学大厦最幽深处的逻辑之光不同，他认为应从神学之光去理解《形而上学论》。他认为这部著

---

① See Robert J. Mulvaney, *Divine Justice in Leibniz's "discourse on Metaphysics"*, Ⅱ Leibniz Congress, Band Ⅲ, 1972, pp. 61 – 83.

② See Patrick Riley, *Leibniz Political Writings*, 中国政法大学出版社（影印本）2003 年版。

③ See Patrick Riley, *Leibniz's Universal Jurisprudence*, Cambridge：Harvard University Press, 1996.

作是《神正论》的序言，包含了很多关于上帝正义的论题。它从作为创造性实体根源的上帝概念出发，继而讨论了实体特别是人的概念，最后以道德宗教陈述结束。姆尔瓦内认为这明显是奥古斯丁修改普罗提诺灵魂"溢出与轮回"理论的再现，正像中世纪（如托马斯·阿奎那）宗教经典所体现的那样。他认为莱布尼茨对正义本质的定义同样体现在《形而上学论》中，与三位一体的上帝相应，正义的核心要素是智慧、仁爱与权力，正义的标准就是罗马法所规定的关于法的正义性的三个准则。他从神正论与单子论著作中指出权力与存在（being）相应，理智与真理相应，意志与善相应。进而分析了莱布尼茨的智慧概念与爱的概念，智慧是关于幸福、善的科学，而善、爱与美德是一种按照某种方式行为的自然倾向力。①

2. 基于亚里士多德美德和谐的正义研究

基于亚里士多德美德和谐的正义研究就是以亚里士多德关于美德即事物和谐的定义为理论背景，思考莱布尼茨正义概念与亚里士多德美德概念的渊源与差别，作为正义的永恒真理是客体抽象后的完满理念还是制约显在的潜在前提？是事物之间的比例和谐还是人与人之间的情感和谐？采用此方法的代表性学者是布朗克（Blank）。他认为作为永恒真理的正义与其说体现了严格意义上的柏拉图正义元素，不如说更多地体现了亚里士多德美德和谐论的理论传统；正义不是抽象掉具体表象后的概念客体，而是理性思想由潜在到显在的自我转化。他认为莱布尼茨的一般正义概念是对特殊正义概念进行比较论证、灵魂思考与堆集证明（Sorites Arguments）而得来的。莱布尼茨在1672年关于灵魂实体的证明中分析了堆集证明的方法，他指出这种堆集证明存在着斯多葛主义悖论，需要满足两个条件才有效：转换关系描述的清晰性与连续性。②

3. 基于柏拉图理性主义的正义研究

基于柏拉图理性主义的正义研究就是以柏拉图形式理性思想为理论背景，结合莱布尼茨对普遍正义概念所进行的形式理性思考，分析莱布尼茨

---

① See Robert J. Mulvaney, *Divine Justice in Leibniz's "discourse on Metaphysics"*, II International Leibniz—Congress, Band III, 1972, pp. 61—83.

② See Andeas Blank, "Definitions, Sorites Arguments", and Justice, The *Leibniz Review*, Vol. 14, 2004, pp. 153 – 166.

意图根据形式理性对正义进行界定的原因、目的及正义的形式理性内容。学者约翰斯（Christopher Johns）采用此方法对莱布尼茨正义理论进行了探讨。他认为两个普遍承认的前提是，莱布尼茨对正义概念的最终定义——智慧之仁爱（caritas sapientis）与他对定义的实在论（柏拉图主义）理解。在这两个前提下他认为莱布尼茨对正义进行形式理性理解的原因与目的很清楚，但他却没有指出这种形式理性意义上的正义内容到底是什么。他认为莱布尼茨对正义进行形式理性思考的原因是反对当时理论界盛行的唯意志论根据，唯意志论的正义观就是以个人意愿、权力大小和人为法为根据判断正义与否，以霍布斯、普芬道夫和柏拉图作品中的斯拉西马库斯为代表。莱布尼茨认为如果从唯意志论出发判定正义与否，就会造成当权者为所欲为与暴君有理的局面，这显然是不正义的。莱布尼茨的目的就是要分析正义概念的确切内涵，找出作为正义根据的形式理性，这种形式理性的正义一定是上帝与人类所共同遵守的，即类似于数学、逻辑学、形而上学一样的永恒真理。约翰斯认为莱布尼茨所多次提到的"黄金法则"（己所不欲勿施于人，站在他人的立场上看问题）中隐含着正义的形式理性，即一视同仁的、互惠的理性，就是认可别人以同样的理性去行动。①

4. 基于理性神学的正义研究

基于理性神学的正义研究就是以柏拉图理性传统中的永恒真理思想与基督教自由意志传统中的仁爱思想为两条根本线索，分析莱布尼茨正义概念的内涵本质、形成过程、内在张力与理论基础。采取此方法研究莱布尼茨正义概念的代表性学者是哈佛大学教授瑞利（Riley）。他深入考察了莱布尼茨著作中先后对正义概念进行界定的相关文本思想，认为莱布尼茨正义概念的形成是在参考亚里士多德中庸美德思想、罗马法自然权利思想、西塞罗自然仁爱思想、格劳秀斯的自然法思想、斯多葛心灵宁静思想基础上，在批判极端加尔文主义（对真正神学是一种危险）、极端笛卡儿主义（对真正哲学是一种危险）与极端霍布斯主义（对真正正义思想是一种危

---

① See Christopher Johns, *The Rule of Reason: The Gold Rule and the Definition of Justice in Leibniz's Meditation on the Common Concept of Justice*, Ⅷ International Leibniz—Congress, 2006, pp. 346 – 353.

险）的过程中，确定了正义概念的最终定义"智慧之仁爱"。他认为这个
定义是对柏拉图永恒真理与基督教仁爱思想的完美结合，在吸收柏拉图理
性思想与基督教仁爱思想的基础上又超越了纯粹的柏拉图理性思想与纯粹
的基督教仁爱自由思想，形成了基于完美主义的理性与仁爱相统一的新思
想模式。通过认识宇宙的和谐与完美而颂扬上帝，通过爱他人与上帝而达
致情感的完美。柏拉图强调理性时不掺杂人的意志情感，强调狂迷的幻想
与激情时又剥离了理性的作用；而奥古斯丁强调要反省与保存纯粹的迷狂
般的信仰，却不诉诸人的理性能力。[①]

5. 基于伦理学的正义研究

基于伦理学的正义研究就是以伦理学自我主义与利他主义关系命题为
核心问题，在伦理学的意义与框架内探讨莱布尼茨正义理论。学者阿莱恩
（Diogenes Allen）采用此方法探讨了莱布尼茨道德哲学意义下的正义问
题。他认为对于莱布尼茨来说要解决自我与利他的难题就需要对正义作出
定义，实现追求自我利益与他人利益的融合。莱布尼茨早期认为正义的本
质在于爱，爱别人的习惯。正义的行为要求实现自我利益的同时也追求实
现他人的利益，但这种实现他人的利益不是作为斤斤计较的算计手段，而
是把别人当作目的。因为我们在实现别人利益时会使自己更完美、更快
乐。因此追求自我利益与正义并不矛盾。快乐是一种完美的感觉，痛苦
是一种不完美的感觉。而我们只有在爱他人、爱上帝的过程中才能体会
和实现更高程度的完美。最完美的感觉即最快乐的状态在于爱上帝。因
为当我们沉思最完美的事物时所体验的快乐是其他任何快乐都比不上
的。莱布尼茨这里把其他人作为目的与康德的人是目的观点的不同之处
在于，莱布尼茨意义上的人是一个丰富而差异的个体，不排斥个人的自
我利益，每个个体按照自己的德行与对共同幸福善良意愿的程度，共享
宇宙的完美与自己的幸福；而康德意义的人则是一种纯粹的无差异的理
性命令。[②]

---

① See Patrick Riley, "Definitions, Leibniz's Meditation on the Common Concept of Justice: A Reply to Andreas Blank", The *Leibniz Review*, Vol. 15, 2005, pp. 185—216.

② See Diogenes Allen, *The Present Day of Leibniz's Moral Philosophy*, IV International Leibniz—Congress, 1983, pp. 1—8.

(二) 主要研究论题

1. 正义定义及其组成要素

研究正义理论当然首先要研究正义定义,但不是静态而直接地找出莱布尼茨的正义定义是什么,而是要动态考察他的正义概念如何一步步演化,吸收了哪些思想与理论资源,其构成要素是什么。布朗克认为应从描述性形而上学的定义模式出发理解莱布尼茨正义定义,即定义要表达被表述对象的本质,要从自然的、日常理解出发分析正义定义。由此莱布尼茨正义定义表达了心灵的本质,一种基于美德的自爱与爱人的合比例关系。[①] 姆尔瓦内认为应从神学正义三位一体模式出发理解正义定义,即对应于上帝三位一体位格从权力、智慧与仁爱三种要素来理解正义。要注意到莱布尼茨经常用"原初力"(conatus)、"倾向力"(dispotition)、"意愿力"(willing)来描述美德概念。由此可见"力"的概念应用于伦理学的诸多方面。[②] 瑞利(Riley)认为应从理性神学永恒真理模式出发理解正义定义,特别是联系柏拉图的《欧绪普罗篇》《美诺篇》与《斐多篇》,指出正义、美德是与算术、几何真理一样是我们天生赋予的自然、永恒、普遍而不变的真理。[③]

2. 正义的形成基础与根据

正义从何而来?为什么要追求正义?即正义的衡量根据是什么?瑞利(Riley)认为正义根本上是基于上帝完美的必然存在以及人们在爱上帝行为中体现的情感完美。柏拉图意义的永恒真理在上帝的理解力中,它需要以上帝的完美作为根基,而完美也是爱他人的根基,爱就是在所爱对象的完美中体现的快乐,对他人的情感完美构成了作为智慧之仁爱的正义。[④] 塞德勒(Michael Seidler)认为正义也有来源于人的本能与自然情感的一

---

① See Andeas Blank, "Definitions, Sorites Arguments, and Justice", *The* Leibniz Review, Vol. 14, 2004, p. 156.

② See Robert J. Mulvaney, *Divine Justice in Leibniz's "discourse on Metaphysics"*, Ⅱ International Leibniz—Congress, Band Ⅲ, 1972, pp. 65—66.

③ See Patrick Riley, "Definitions, Leibniz's Meditation on the Common Concept of Justice: A Reply to Andreas Blank", *The Leibniz Review*, Vol. 15, 2005, pp. 208 – 209.

④ Ibid., p. 195.

面。莱布尼茨预见了卢梭的自然情感论，哀叹古希腊、罗马社会对公共善与国家的热爱情感遭到越来越多的破坏，这种精神的平庸化趋向不仅使人屈从于骄奢的激情，而且使人滥用与歪曲了本应作为潜能共同体行为的情感与社会资源，即正义需要精神的高贵传统。[①] 对于正义的标准，瑞利认为不是意志、权力而是类似于数学、逻辑一样的永恒真理。姆尔瓦内认为至少可以归结为罗马法的三个原则：忠诚生活、给予每个人所应得的及互不伤害。约翰斯认为是"己所不欲，勿施于人"的"黄金法则"所体现的互惠与换位思考原则。

3. 神圣正义

莱布尼茨对正义问题的讨论是以上帝完美必然存在为理论根基的。捷赛夫（Douglas M. Jesseph）论述了霍布斯、布拉姆哈尔（Bramhall）与莱布尼茨对神圣正义的不同理解。霍布斯与布拉姆哈尔就自由与必然问题进行了辩论，莱布尼茨在《神正论》中对他们的思想进行了评论。莱布尼茨认为布拉姆哈尔坚持善与恶、正义与非正义有着人神同一的绝对标准是正确的，但认为神圣善、正义与决定论不相一致是错误的。相反，莱布尼茨认为霍布斯主张上帝正义在于意志以及彻底唯物主义的观点是错误的，而同意其关于意志自由也受普遍的理性决定论制约的观点。捷赛夫认为虽然莱布尼茨调和了正义与决定论的观点，但其允许罪恶而产生最大善的观点是很可笑的。[②] 瑞利认为对于莱布尼茨而言，上帝作为最高而智慧的灵魂（其意志与权力受知识与仁爱控制）对从本质到存在的赋形进行选择，预先调节所有的实体及其关系（前定和谐）以保证全体最大善。因此必须对形而上学缺乏，道德恶及物理疼痛进行说明以实现上帝正义。继而要对形而上学恶与道德恶进行区分，因为形而上学恶不是上帝的主动选择。瑞利指出，但问题在于如果人生来注定有着形而上学恶，那么道德恶就是必然的，人为什么还要对自己的行为负责呢？存在形而上学恶的人（如

---

① See Michael Seidler, "Freedom and Moral Therapy in Leibniz", *Studia Leibnitiana*, BandX Ⅶ/1, 1985, pp. 34 - 35.

② See Douglas M. Jesseph, "Leibniz, Hobbes, and Bramhall on Free Will and Divine Justice", Ⅶ *International Leibniz—Congress*, 2001, pp. 568 - 570.

彼拉多）是否可能又如何作出善行呢？①

　　4. 人类责任与正义

　　莱布尼茨认为，从神的正义到人类正义只是存在程度的差别，神与人遵循同样的正义法则。当然对于人类正义的论述也有别于神圣正义的论述，主要是人类正义论述需要结合个人、环境、社会制度、政体等方面来进行论证。塞德勒从道德心理治疗角度对如何获得幸福与美德进行了有趣的分析。他认为莱布尼茨在《对具有卓越意向的启蒙人物之回忆》（*Memoir for Enlightened Persons of Good Intention*）中从三个相互联系的方面对如何获得幸福进行了论证：一是理解力的启蒙，二是意志力的提高，三是外在社会障碍的消除。理解力的启蒙主要是克服"盲目思想"（blind thoughts）与"天马行空思想"（flying flights）。不仅要获得总体原则与法则，而且要获得能够在人与人行为中运用这些原则的丰富经验。意志力的提高首先是通过伟大模范人物不断提醒自己，使自己的道德力保持连续，其次要养成合适的技能、方法与良好的习惯。外在社会障碍的消除主要指通过鼓励科学研究、技术发明、农业生产、普及教育等，致力于克服公共的贫穷、不幸与悲惨局面。②瑞利在自己的专著《莱布尼茨的普遍法学——作为智慧之仁爱的正义》第五章中对人类视域的正义问题进行了集中探讨。分别从莱布尼茨关于私有财产、政府定位、统治者的品性、教育与政治、国家主权与基督仁爱各个方面，论证了在人类社会中如何从经济分配制度、政治权力运行、政治理念与价值追求等不同社会领域追求和实现正义。对于莱布尼茨而言，致力于公共善、发现宇宙完美与葆有上帝荣耀是一致的，这就是绝对而普遍的正义，是人类美德的责任所在。③

　　综上所述，国际莱布尼茨学界关于莱布尼茨正义理论研究的模式可以概括为以下五个方面：一是姆尔瓦内基于宗教神学的正义研究，以基督教神学思想为理论资源背景，探索《形而上学论》中蕴含的上帝正义思想。

---

①　See Patrick Riley, *Leibniz' Universal Jurisprudence*, Cambridge：Harvard University Press, 1996, pp. 38 – 41.

②　See Michael Seidler, "Freedom and Moral Therapy in Leibniz", *Studia Leibnitiana*, BandX Ⅶ/1, 1985, pp. 24 – 33.

③　See Patrick Riley, *Leibniz' Universal Jurisprudence*, Cambridge：Harvard University Press, 1996, pp. 199 – 235.

二是布朗克基于亚里士多德美德和谐的正义研究，以亚里士多德美德之情感中庸和谐论为理论背景，思考莱布尼茨正义思想与亚里士多德德性论的渊源关系。三是约翰斯基于柏拉图理性主义的正义研究，以柏拉图形式理性思想为理论背景，分析莱布尼茨根据形式理性对正义进行界定的原因、目的及内容。四是瑞利基于理性神学的正义研究，以柏拉图理性传统永恒真理思想与基督教传统仁爱思想为根本线索，分析莱布尼茨正义概念的内涵本质与理论基础。五是阿莱恩基于伦理学的正义研究，以伦理学自我主义与利他主义关系命题为核心问题，在伦理学框架内探讨莱布尼茨正义论。以上研究模式从不同的视角对莱布尼茨政治哲学及其正义理论进行了深入的研究，使我们进一步地认识了莱布尼茨正义理论的多重面相与思想丰富性。但现有的这些研究模式也存在突出的问题，就是某一种研究模式总是突出和拔高莱布尼茨某个单一的文本依据，以机械时间划分（青年、中年和老年莱布尼茨）相区隔，根本上导致了莱布尼茨正义理论研究之理性维度、德性维度和神义维度的分裂和对立。为了克服国际莱布尼茨正义研究中柏拉图理性模式、亚里士多德德性模式和基督教神性模式的分裂与对立，这里笔者采取一种新的研究模式展开对莱布尼茨正义理论的批判性研究。即从莱布尼茨正义理论所蕴含的本质形而上学、存在形而上学和道德形而上学意蕴出发，同时在西方正义理论发展的三个渊源传统（柏拉图理念知识正义、近代契约正义及基督教神学正义）中进行考量，形成对其正义理论研究的立体交互式解读。这一新的模式也有利于从不同层面阐发莱布尼茨正义理论的独特性内涵，考察莱布尼茨正义理论的内在结构与思想张力，呈现其正义思想的动态发展与交错复杂性。最后，这种新的模式也有助于在莱布尼茨与他同时代甚至现当代正义理论的相互对应和相互对照的思想脉络中，批判分析莱布尼茨正义理论的优点与不足，并在与其他正义理论思想脉络的相互对照和激发中创造新的理论生成空间。

四　莱布尼茨自然正义的形而上学内涵

在吸收了以往哲学家、哲学流派和宗教神学关于正义的思想观点和理论论证后，莱布尼茨是如何在继承的前提下进行创造，在融通的基础上实现超越呢？从对莱布尼茨自然正义理论的形而上学架构中，我们就会明晰他的综合融通性与超越创造性分别体现在哪里。关于莱布尼茨正义理论的独特性，这里在西方正义理论发展的三个渊源传统中进行考量，同时也是从莱布尼茨正义理论所蕴含的本质形而上学、存在形而上学和道德形而上学意蕴出发，形成对莱布尼茨正义理论研究的立体交互式解读。一是与柏拉图的理念知识正义论传统相比，其特殊性体现为莱布尼茨进一步明确了正义之永恒真理是条件真理，正义所处理的不是存在什么的事实命题，而是假定存在之后而应当遵循什么的价值命题。把柏拉图的正义绝对理念进一步界定为通过定义证明的理念，正义理念的界定得到进一步发展。并且明确了正义理念是上帝赋予我们的心灵思考能力。二是与以霍布斯、洛克为代表的近代契约正义论传统相比，其特殊性体现为莱布尼茨明确指出霍布斯、洛克意义上的人为社会契约论忽视了权利背后的责任、自由背后的理性、天赋平等背后的禀赋差异。人为契约（或法）要以神性的自然正义（或法）为基础和根源，个体正义与社会正义的合法性与充足理由根源在于神性上帝。三是与以奥古斯丁为代表的神义正义论传统相比，其特殊性体现为莱布尼茨强调了人类世界与上帝之城遵循同样客观而永恒的正义真理，要打破宗教仪礼形式的纷争，通过对上帝、邻人之普遍而纯粹的爱，唤醒个体内在的灵性记忆实现自我道德人格认同，体验从自然到神恩、从亘古到永远的生命超越之幸福。

（一）本质形而上学的正义体现为"似几何真理"的先天理念

从本质理念知识领域看莱布尼茨正义，正义表现为"似几何真理"（quasi—geometrical truth）的知识论价值真理，正义的理念是人和万物受造之初的禀赋，对于人而言正义理念和正义感是内在于人心的良心法则。理念知识意义的正义，主要体现为矛盾原则——正义的不可能是非正义的。正义本质理念的内在性，非由外铄我，而是每个人天生有此正义本质理念。莱布尼茨认为从正义理念来源看，正如柏拉图在《美诺》篇中通过对美诺的一个没有接受教育的奴隶进行引导通过回忆而认识和得出几何真理一样，正义之理念也是如几何真理一样的内在于人内心的永恒真理。正义之永恒真理的真实性一点也不亚于感官物和数学几何真理的真实性。

从知识形态出发探讨的是莱布尼茨正义学说中关于正义知识之来源即正义知识何以可能的问题，主要涉及正义理念及其界定方式，正义真理与几何真理之异同。首先通过简要梳理莱布尼茨相关文本对正义概念之界定，可以对其正义概念的知识理论渊源有一个总体性认识。正义理论是莱布尼茨从青年时代开始并直至终老都运思其中的重要问题。莱布尼茨早在他20岁即1666年发表的《论组合术》中谈到正义是美德，在于一个人对于他人情感的中庸状态。而保持这种中庸状态的法则就是在不伤害第三者或第二者的情况下帮助他人（或自己）。1667年在《学习和教授法学的新方法》中认为伦理领域的定义就是要表达心灵的本质。1670—1671（？）年《自然法的元素》中提出，正义学说属于依赖定义而不依赖经验的科学，依赖理性证明而不依赖感官的科学；它们可以说是法律问题，不是事实问题。1677年在莱布尼茨的一封信中他第一次表述了正义是智慧之仁爱，但直到1693年《国际关系法典》第一卷出版，莱布尼茨第一次公开发表提出正义是智慧之仁爱，在《国际关系法典》序言中他指出，仁爱是普遍化的慈善，慈善是爱或意愿善的习惯。1694年莱布尼茨第一次讲到爱就是对完美的感觉。然后在17世纪90年代末期与哲学家费内隆（Fénelon）、神学家波苏特（Bossuet）的论辩中谈论纯粹爱问题。1702—1703年《对共同正义概念的沉思》与1706年《对普芬道夫原则的评价》是莱布尼茨集中论述正义概念的极其重要而思想成熟的文本，进一步确证了人类正义与神圣正义遵循同样客观而本然的正义法则。他在1710年出版的《神义论》中对上帝正义问题进行了理性辩护。由此可以看出，莱布尼茨正义概念有以下几个直接的知识理论渊源：亚里士多德德性和谐思想、柏拉图本质理念思想、罗马自然法思想与基督教神性仁爱思想。也就是说莱布尼茨对于正义的理解思路是多源汇流而动态变化的，因主题所限本书不对其流变的异议之处进行细节考察。这里只从莱布尼茨整体性和一贯性的观点出发来考察他关于本质理念维度的正义内涵。

　　与罗尔斯确定正义研究对象是社会基本结构不同，莱布尼茨认为正义所要研究的是人的心灵本质，即理念的正义乃是要发掘内在于人心的心灵法则。当然罗尔斯正义论的研究对象并非现实的某个社会基本结构，而是一种理想性的、抽象的、证明的社会基本结构。罗尔斯认为公共领域的权利义务分配和经济社会机会和程序平等对于实现社会及个体正义至关重要。这种"基本结构的正义观是值得为自身的缘故而拥有的，不应当不能因为它的原则不能到处适用就放弃它"①。这种强烈的理想主义正义观念是给予自身缘由而被追求的,这种正义观念的理想性、思辨性、证明性、自主性特征与德意志观念论传统是一脉相承的,而作为德意志观念论传统之奠基性人物的莱布尼茨对于正义理念之理想性、证明性、自主性及神圣性之论述,对先验程序正义及自然法(正义)传统之思想回溯对照具有宝贵的历史参考价值,同时对于批判分析当今主流的先验程序正义理论具有积极的思想洞察价值。

对于莱布尼茨而言,正义之理念就是完美地相应于正义的本质本然状态。把握这种理念的方法是通过直觉洞察而把握单纯、原始的概念,通过比较命题而建立定义,通过定义和证明而演绎出诸多内在规定性。具体而言就是,

> 从一个清晰而确定的直觉洞察中演绎出它们(用语词表达的话即从一个定义中),通过包含它们的连续的一系列定义,即通过证明。因而,既然法律学说是科学,科学的基础是证明,定义是证明的原则,由此可以得出我们必须首先研究正确的(Right)、善的(just)与正义(justice)的定义,即清晰的理念。②

莱布尼茨把理念理解为心灵中的某种存在,因而留在大脑上的痕迹不是理念,具体的思维、感知和情感都不是理念,"理念不在于某种行为,而在于思维的能力,即使我们没有思考某物,仍可以说我们拥有关于这个事物的理念,只有在特定的场合,我们才能思考它"③。莱布尼茨指出我们思考理念的能力有两种,一种是借助已知的符号系统而"博广大致精微"(remote),一种是凭借本能而"近似"的能力。但他同时指出,这种近似的能力也是有局限的,因为一个人如果没有关于一个对象的理念,也能近似地去思考和指向某物,所以理念不仅要求指向某物,而且要表征某物。所谓表征某物,就是存在一种关系(或习惯 habitudines)与被表征

---

① 约翰·罗尔斯著,何怀宏等译:《正义论》,中国社会科学出版社 1988 年版,第 7 页。

② Loemker(ed.),*Leibniz Philosophical Papers and Letters*. Chicago:The University of Chicago Press,1976,p. 133.

③ Ibid.,p. 207.

事物的关系相一致。表征有几何的表征、物理的表征、动作的表征和意义的表征。

> 全部的结果表征着全部的原因，由于我经常会从那种结果的知识推出原因的知识。这样，每一个人的行为也表征他的思想，世界本身也以某种方式表征上帝。也可能发生的是源于同一个原因的结果会彼此相互表征，例如姿态与演讲。于是，聋子不靠声音理解听众，而是靠嘴巴的运动来理解……因而，事物的理念在我们当中恰恰意味着上帝，即与受造物、心灵类似的造物主，已经在心灵中赋予我们思考的能力，这样理念通过他自己的施行，便完美地相应于从事物本性中所得出的那样。①

那么对应于心灵之本性的正义法则是什么样的呢？莱布尼茨通过比较命题而定义证明的方式逐步分析出本然于心的正义法则，同时他采取与几何、数学、逻辑学法则相对照的方式来比较这种正义法则与几何逻辑法则之异同。莱布尼茨认为正义之真理如几何、逻辑学真理一样有某种确定的含义。"这种科学一点也不依赖于事实，却只依赖于理性，例如逻辑、形而上学、代数、几何、运动的科学及关于公正之科学；它们一点也不建立在经验与事实基础上，毋宁说它们是为了给经验事实提供理由并先在地制约着它们。"② 但正义真理只是"似几何真理"，这两种真理之间可以相似地理解，但不能同等对待。莱布尼茨反对斯宾诺莎根据自然的、同一的、绝对的必然性如同考察线、面和体积一样去考察上帝、心灵和人的情感。因为几何真理服从的是绝对必然性，而正义真理服从的是道德必然性。

莱布尼茨在《自然法的要素》中指出正如自然科学从观察中通过归纳建立假说一样，所以我们通过比较关于正义的命题而建立定义。他通过汇总分析各种关于正义的命题，得出正义在于正确处理自我与他人利益之理性。然后他开始针对各种流行的正义观点对这种理性关系进行深入而具

---

① Loemker (ed.), *Leibniz Philosophical Papers and Letters*. Chicago：The University of Chicago Press，1976，p. 208.

② Riley P.，*Leibniz Political Writings*，中国政法大学出版社 2003 年版，第 50 页。

体的定义。他先后否定了以下的正义观念：正义可被定义为不伤害任何人的意愿吗？但只顾对自己的伤害而忽视对其他人的伤害就是不正当的。出于避免伤害自身的行为是正义的吗？但不顾仆人死活而纵容自己的恶习是不正义的。按照理性自身必然性所发生的是正义的吗？但把自身利益置于他人利益之上是不正义的。公共认同的是正义的吗？但个人的安全应当让位于公共的不幸。任何不会导致战争的是正义的吗？但侵犯别人宁愿别人受迫害而不是自己受迫害是不正义的。不应谴责的任何事都是正义的吗？但非正义形成谴责而谴责不会造成非正义。正义是无论如何不与社会利益相违背吗？但为了国家安全而死亡希望也随之消亡。正义是无论如何都与理性本质相一致吗？但本质自身又是什么呢？正义是无论如何都没有损毁地共同存在吗？但这样的话疾病就将是非正义的。正义是无论如何都与正当理性相一致吗？但这样每一个错误（哪怕错误没有造成伤害）都将是犯罪。正义是保持人与人之间情感（爱与恨）中庸和谐的美德吗？但控制我们情感的美德本身也需要控制。正义是不与良知相对立吗？这样每一种由于自己的错误而使自己痛苦的伤害都将是非正义的。① 有趣的是莱布尼茨对正义分析的落脚点以最后一个定义为基础。他实际上赞同正义是自己加诸自己的一种惩罚，这种天赋的正义观念之确定性证明已经放置于我们心中，仅仅通过罪恶意识就使邪恶遭受痛苦，我们的本性已经通过造物主神奇的智慧如此形成了，如果没有其他惩罚，这将确定是对犯罪者的惩罚，使犯罪者极度痛苦。莱布尼茨认为正义是基于自身善而意愿追求他人善的习惯最接近正义真理。如何基于自身缘由而追求他人善呢？莱布尼茨提出与单纯为了自身善不同，我们可以仿佛为了自身善而追求他人善。这不是基于理性算计而是基于爱的本性。② 正义是爱别人的习惯，是基于善自身的缘由而追求别人的善，不把别人的善作为实现自己善的工具。与罗尔斯作为公平的正义观念不同，莱布尼茨认为正义不仅仅是公平的（与己相关而为别人高兴），而且不可能是非正义的（与己无关而为别人高兴）。这与他后来成熟时期的正义定义（智慧之仁爱）是一致的。

---

① See Loemker (ed.), *Leibniz Philosophical Papers and Letters*, Chicago: The University of Chicago Press, 1976, pp. 134 – 135.

② 参见段德智《莱布尼茨哲学研究》，人民出版社 2011 年版，第 364 页。

（二）存在形而上学的正义体现为"似社会契约"的前定和谐

从社会存在现实领域看莱布尼茨正义，正义体现为"似社会契约"（quasi – social contract）的存在论价值真理，存在领域与可能性领域相对，存在是各种可能性力量之间的共存可能性。存在现实意义的正义，主要体现为充足理由原则——正义是不同的个体彼此欲求妥协而前定和谐地存在，现实正义之终极理由在于上帝。正义社会存在的前定和谐性，非个体之间毫无差别的整齐划一，而是差异性基础上的多样性统一。莱布尼茨认为霍布斯主张的自然状态是一种不合乎人本性的自然状态。而天赋平等人权思想无法落到实处，因为人与人天赋的能力和禀赋是有差别的，人与人之间的平等权利无法在现实中得到落实。而民主制本身也不能克服专制的问题，因为民主选举出的代表依然需要被监督。

在本质形而上学层面莱布尼茨认为正义体现为"似几何真理"的先天理念，他通过与作为自然科学的几何真理相对照的方式来说明正义真理。正义真理如几何逻辑真理一样清晰而确定，但又超越于几何逻辑真理之盲目必然性。与之类似，在存在形而上学层面莱布尼茨认为正义体现为"似社会契约"的相互妥协之前定和谐。莱布尼茨认为，霍布斯和洛克代表的社会契约论逻辑上固然可靠而合理，但他们描述的进入公民社会之前的自然状态是不存在的，莱布尼茨反对霍布斯的人与人为狼的自然状态和绝对而无限主权政府，反对洛克的天赋人权、自由平等思想，认为公民之间的人为契约是不充分的，并可能造成暴君专政局面。莱布尼茨不同意当时政治哲学中时新的社会契约论而提出自己的"似社会契约"论正义是有多种原因的，当时德国的经济政治社会发展条件远落后于英法，历史条件方面莱布尼茨无法直接体验新兴资本主义经济发展的强烈冲击和现实动力。而莱布尼茨本人善于兼容糅合的个性、洞察犀利的过人才智、服务王宫贵族的特别身份、钟情神义的古典情怀决定了他无法像霍布斯、洛克那样毅然决然地立时代潮头、开时代先锋（从神义叙事到人义叙事的转换）。他正义思想的光芒潜藏而需要挖掘、朴散而需要提炼。

与霍布斯、洛克强调基于天赋自由平等权利而签订社会契约不同，莱布尼茨则从责任和严格人权出发理解社会契约。莱布尼茨说："由于忠诚与安全相连，在政府和享受公共安全利益的个人之间有一种类似契约

（quasi‑contractus）的东西。因此有一种与此相类似的责任，它在特定条件下产生了法律上所谓的'有效行动'，最后这种忠诚的责任就发挥了效力，即使一个人从来没有宣誓效忠或同意效忠某人。"① 这里莱布尼茨强调忠诚的责任与安全联系在一起，当公民要求政府提供安全保障时每个人便要交出自己的安全权利，即履行自己对他人和社会的责任。"这种一切人对一切人的权力会限制自由。因为国家为了每个人安全而施行这种权力。由于这种权力，责任和人权开始生效。"② 在《对沙夫茨伯里作品的评论》中莱布尼茨赞同沙夫茨伯里对霍布斯自然状态和政府之外没有责任观点的批判。因为由协定而生的责任形成政府权利的基础，责任先于政府形成，正是责任形成政府。③ 与典型的社会契约论者强调天赋人权、自由、平等不同，莱布尼茨强调的是权力的责任基础。传统社会契约论暗合了时代性转换的历史潮头和人性欲流——从神义的立约转向人义的立约（立约的主权和标准发生了变化），从血缘而宗亲的自然贵族等级转向平等而协商的工业生产等级（生产方式的性质与规模及社会的组织形式发生了变化），从高傲深沉的绅士精英转向众声喧哗的芸芸众生（个体及社会的价值观念发生了变化）。这样莱布尼茨强调责任、理性、差异的"似社会契约"论就是落后而迂腐的封建中世纪神权思想复古吗？反观近代以来人类政治历史进程及当今扭曲性停滞、无根性撕裂的现代性困境，回顾当时莱布尼茨与霍布斯、洛克围绕社会契约论展开的思想论战，答案远非表面显现得那么简单。

关于社会契约论正义，可以围绕两个基本问题展开：一是政府的起源与合法性根据，二是何种形式的政府是最好的政府。政府的起源问题即当时政治哲学家对进入社会之前自然状态的描述。莱布尼茨认为霍布斯的自然状态与亚里士多德的自然状态恰好是两个极端，前者从人性天然的恶、自私、相互为狼出发分析社会的起源，后者从人性天然的善、教化、对长官的依赖出发分析社会的起源。但是，

---

① Riley P. , *Leibniz Political Writings*，中国政法大学出版社 2003 年版，第 214 页。

② See Leibniz, Nova Methodus Discendae Docendaeque Jurisprudentiae, recited in Je′re′mie Gri-ard. *Leibniz's socialquasi—contract*：British Journal for the history of philosophy, 15（3）2007, p. 515.

③ Riley P. , *Leibniz Political Writings*，中国政法大学出版社 2003 年版，第 214 页。

易洛魁族人（Iroquois）和休伦人（Hurons），这些新法兰西和新英格兰的没有受到文明教化的邻居，已经推翻了亚里士多德和霍布斯的过于普遍化的政治准则。他们已经通过他们的令人惊奇的行为表明，整个人群可以没有长官、没有争吵。结果便是，他们出于天然的仁慈不会接受超过必需的部分，也不会出于邪恶而被迫给自己造出一个政府，而放弃自己的自由。①

莱布尼茨认为人与人之间天然而不是必然地倾向于过社会生活，改善生存状况、互帮互助地追求幸福的愿望是社会和政府的基础，而安全是最根本的前提。这里莱布尼茨从人的生存本能与经验出发来分析社会起源，体现了他一贯的中间温和派路线与连续性观念。

什么形式的政府是最好的政府呢？莱布尼茨反对霍布斯不可分割的绝对主权，主张分权而妥协一致的思想，同时他又认为绝对权力君主制比个体契约制更持久，因为契约制无政府状态更可能导致暴政。莱布尼茨认为霍布斯的不可分割的绝对主权谬误在于：

他认为有可能导致麻烦的东西就绝不应当出现——这与人类事务的本性相违背。我不否认，当最高权力被分割时，如果每个人顽固地坚持他自己的观点许多纷争就会产生，甚至发生战争。但经验表明，人类通常会坚持中间路线，不会由于自己的顽固而把事情做到危险的边缘。②

他认为在文明社会的欧洲没有人接受霍布斯所提出的法律的统治，如果听从霍布斯的观点，将会形成完完全全的无政府主义。莱布尼茨反对洛克天赋平等自由思想，认为人禀赋的不平等使得天赋平等犹如美丽的谎言。莱布尼茨承认洛克《政府论》的推理中体现了非凡的合理性与可靠性。如果所有的人有着相同的天赋特长的话，天赋平等是确定无疑的，

---

① Riley P. *Leibniz Political Writings*，中国政法大学出版社 2003 年版，第 196 页。

② 同上书，第 119 页。

但是，事实并非如此，在这方面似乎亚里士多德比霍布斯要更正确。如果有几个人发现自己在广阔大海上的一个单船上，无论是出于理性还是出于本能，他们根本不会顺从那些不懂航海运行但要求去做领航员的人的要求的。这样，遵循自然理性原则，政府应由那些最明智的人来管理。但是，人类天性的不完美促使人不愿听从理性，这就迫使最明智的人使用武力和计谋去确立某些尚好的秩序，在这个过程中，天佑（providence）本身发挥着作用。①

在对待共和制方面，莱布尼茨的态度是微妙而复杂的。一方面他认为共和制的目的体现了理性王国的繁荣昌盛，君主政体的目的是要形成智慧而美德统治的英雄，贵族政体的目的是要把政府交给那些最明智的人来治理。如果同时拥有三种类型的美德——伟大的英雄、明智的高参、理性的市民——这将组成一个三种形式的混合政体（来源于亚里士多德的思想）。而独裁的权力完全与理性帝国相对应。另一方面，莱布尼茨很清醒而警惕地认识到：

独裁的权力不仅在国王中存在，而且在议会中存在，当阴谋和仇恨战胜理性，这种独裁就发生于司法审判和公共评议中。无论是公开选举还是秘密选举当中实行的多票原则，不足以约束权力的滥用行为。选举勉强是抵制阴谋的做法，而选举人容易通过不好的方式得到选票。但他们也会有以下麻烦——选举者可能会因冲动、邪恶计划行事，没有所知的廉耻感，不遵从提出的理性规范。因而，我们一定要考虑到世界上的法律不仅要用来约束国王，而且要用来约束人民代表和法官。②

莱布尼茨"似社会契约"的关于社会制度和政体的探讨体现了他的前定和谐的思想。就社会制度及治理方式而言，这种前定和谐性体现在"似社会契约"的社会存在正义是一种理想性正义探讨，单纯霍布斯、洛

---

① Riley P., *Leibniz Political Writings*，中国政法大学出版社 2003 年版，第 192 页。
② 同上书，第 193 页。

克意义的社会契约正义是不充分而有缺陷的，社会契约正义的人为性要有神圣自然正义的根源，人为正义契约存在着自身无法超越的界限和局限，其充足理由在于神圣正义。就国际关系而言，这种前定和谐性体现为费孝通先生所倡导的不同国家及文化之间"各美其美、美人之美、美美与共、天下大同"的境界。刘啸霆教授从文化哲学视角探讨了莱布尼茨国际关系前定和谐思想的基本原则与当代价值：世界文化是在文化多样性和差异性基础上的和谐整体；对他者文化的欣赏尊重与平等宽容；对自身文化传统的自信和立足当代的创造性转化和发展（特别是对中国文化而言）；不同文化之间相互映照、相携互补、相生与共的圆融统一过程。① 就个体而言，存在的正义体现为个体的单子性前定和谐，个体生命中身体与心灵、命定与自由、理性与仁爱之间应当是一种相互区别又颉颃一致的状态。身心之间不是庸俗的相互影响论和谐，因为这种相互影响和进入抹杀了个体的自主性，而且无法得到确切证明；也不是笛卡儿派偶因论急救神和谐，以奇迹的方式介入本身就说明了身心的不和谐；而是身心从创生之处本着自身的内在法则相互差别而又相互颉颃的前定和谐。个体的命定来自于上帝，而自由在于穷物理尽人性的过程中逐渐地觉解以达致自己的天命。理性在于承继古希腊传统的审慎智慧，仁爱在于基督教传统的主动向善意志，个体正义在于在爱上帝、爱邻人的实践过程中开潜理性发现的智慧，在究天人之际的格物致知中体验和赞美神爱世人同时我爱上帝及邻人的奇妙与无比。

（三）道德形而上学的正义体现为"似上帝之城"的幸福体验

在本质形而上学层面探讨了莱布尼茨正义真理理念认识的可能性、存在形而上学层面探讨了其正义真理社会存在的现实性之后，道德形而上学领域要探讨其正义真理道德体验的超越性。这里的道德不是服从自然外在必然性的他律道德，也不是服从动机目的论的功利主义道德，而是康德意义上的自在地作为目的而存在的有理性的人之特别规定性。莱布尼茨道德形而上学层面的正义阐发是后来康德道德形而上学追问的预演和铺垫。莱

---

① 参见刘啸霆《莱布尼茨的世界文化观及其当代价值——兼及文化权益与文化哲学的使命》，《北京师范大学学报》（社会科学版）2006 年第 6 期，第 82—88 页。

布尼茨关于自然世界与神恩世界的划分与康德自然王国与目的王国相对应，莱布尼茨关于理性先天能力、自我人格记忆、对经验之超越的分析在康德形而上学里成为直接的规定性内容。所不同的是康德实践意志的普遍立法完全剥离了经验感性，经过严格的批判论证后，悲壮而又坦诚地宣布剥离经验之后的那种普遍意志形式他也不知为何物。莱布尼茨则驾着欢快的理性轻船经由灵魂记忆人格之唤醒、遵循上帝至善完美之引领、体验仁爱超越狭隘之幸福、悠然而从容地从正义之不完全的自然世界通向正义之完全的神恩世界。

从心灵体验超越领域看莱布尼茨正义，正义表现为"似上帝之城"（quasi – City of God）的信仰论价值真理，正义的体验是对现世世俗力量的超越，是对自身自我认同和记忆的唤醒，是对至高存在的皈依、虔诚和归一。体验超越意义的正义，主要体现为幸福原则——正义是通过仰望最高存在而对自身和世俗的超拔和提升而得来的。正义心灵体验的超越性，非精神鸦片的麻醉剂与海市蜃楼般的来世天堂，而是通过灵魂的唤醒连接过往、现在与未来的精神记忆，形成个体道德人格与宇宙人格之认同，通过对永恒真理之领悟与道德人格之保守从自然世界自然而非奇迹地进入神恩世界。莱布尼茨认为人类社会与上帝之城遵循同样客观而永恒的正义真理。但在上帝那里自然地体现着正义，对于人而言要通过唤醒我们心中的自然法，通过理性认识、善的自由意志使个体和人类社会进入"似上帝之城"神恩世界之做善事得报偿、做恶事受惩罚的幸福充实状态。

苏格拉底、柏拉图对灵魂不死的证明，是莱布尼茨推崇的自然神学及其正义理论得以成立的前提与基础。苏格拉底对灵魂不死的证明主要来自于《斐多篇》，莱布尼茨赞赏柏拉图哲学中灵魂在天生而本质上不死的思想，他认为柏拉图完全是鉴于非物质的灵魂，而不是鉴于"永恒的奇迹"或者纯粹的不朽的信仰而得出这一思想。这种建立于"自然神学"基础上而不是建立在奇迹基础上的、可证明的灵魂不死观念，是莱布尼茨的正义思想的基本前提。主张可证明的，就是主张通过哲学的方式，或证明，或说明，或解释，即以一种自然的、不诉诸奇迹的、立足于人自身的方式来说明灵魂不死。之所以强调灵魂不死，也是与主张灵魂死亡、物质实体的经验论哲学相对的。如果灵魂死亡，物质能成为实体，就意味着物质也能够自我驱动、自我记忆、自我认同，能够认识属于精神王国的永恒真理。莱布尼茨认为这是不自然的，他认为物质是被动的，灵魂、精神是主动的，有持久记忆的。物质是能被无限分解的，它是不实在的。如果认为物质是实在的，就会得出，正义在于现世的利益、权力之占有。如果与感官相连的激情、欲望和意志是实在的，就会得出，正义在于人为的法律条文之规定。如果正义是由利益、权力和意志决定，便没有真正的、从自然本性出发的正义。而真正的、从自然本性出发的正义必须承认灵魂之不死、精神之永恒。唯有如此，才能拥有基于自我驱动、自我记忆和自我认同的道德品格、精神人格与神圣位格；唯有如此，才能在自然王国通向神恩王国的过程中，自然地实现对功德之报偿、对罪恶之惩罚。

就自然世界与神恩世界沟通的途径而言，理性灵魂成为沟通自然与神恩的中间桥梁。通过认识对象以发现永恒真理，反省自我以形成道德人格，由此而成为神恩世界的一员。理性灵魂能够认识必然和永恒真理，正是对必然和永恒真理的认识将我们与纯粹的动物区别开来，并使人拥有理性和知识，它使人达到认识自己和上帝的高度。莱布尼茨指出：

　　　　我们所要求的不死性意味着记忆，其他物体的灵魂和实体形式完全不同于理智灵魂，只有理智灵魂知道它自身的运动，不仅不会自然地结束，而且事实上总是保持是其所是之知识的基础。这就是使它们与众不同地倾向于惩罚和奖赏之所在，就是使它们成为君主是上帝的宇宙共和国公民之所在。①

上帝不仅会维持我们的实体，而且会维持我们的人格，

　　　　人格即记忆和我们是什么的知识——尽管当睡眠或晕厥时关于它的清晰知识会搁浅，我们必须把道德联结于形而上学。换言之，我们必须不仅把上帝作为所有实体和所有存有的原则和原因，而且要把上帝作为所有人格或理性实体的统领者或作为最完美之城或共和国的绝对君主，由所有精神组成的宇宙也是如此。由于上帝自身是所有精神

---

① Woolhouse R. S., Francks R., *Philosophical Texts.* New York：Oxford University Press, 1998，p. 63.

中完善者、所有存有中最伟大者。①

　　莱布尼茨认为，动物灵魂固然不能完全地消亡，它们也表达整个宇宙，但它们不知道它们是什么，也不知道它们做什么，于是它们不能反思，因而绝不可能发现必然和普遍真理。也正是由于缺乏这种自我反思，它们没有道德品质，

　　　　这就意味着它们（动物灵魂）纵然也许会经历一千次变形（如当一个毛毛虫变为蝴蝶），也没有值得一提的道德或实际的差别，好像它们不复存在一样。……但理智灵魂，知道它是什么，可以说这个词"我"，可以表达很多涵义，不仅在形而上学上比其他的实体保存和维持更多，而且在道德上保存同一性、形成同一个人格。由于正是记忆或这个"我"的知识，使得它能够受惩罚、得报偿。进而，道德和宗教所必需的不死就不仅仅在于所有实体都具有的这种永恒的持存，因为如果没有对一个（实体）所拥有内容的记忆，它也就一点也不值得欲求了。②

　　与康德在道德形而上学分析中拒斥幸福概念不同，莱布尼茨把幸福作为理想正义之实现的道德世界的首要目标。他认为上帝之城的幸福和荣昌在于居民最大可能的幸福，如果说物理世界存在的第一原则是最大可能的完美，那么道德世界的首要目标则是在其中播撒最大可能的幸福。康德在道德形而上学中拒斥幸福，是因为他对幸福的理解是"财富、权力、荣誉甚至健康和全部生活美好、境遇如意"。③ 这种经验外在目的论的幸福理解自然不符合他的意志普遍必然法则之命令。莱布尼茨从有理性的人之内在的特殊规定性上来理解幸福，人感受幸福的方式是情感体验的，幸福的自然基础是发挥理性认识对象的天赋，幸福的精神根源是与普遍而至善的上帝相连，幸福的实践动力是纯粹而无功利的爱，幸福的目标指向是超

---

① Woolhouse R. S., Francks R., *Philosophical Texts*. New York：Oxford University Press, 1998, p. 87.

② Ibid., p. 86.

③ 康德著，苗力田译：《道德形而上学原理》，上海人民出版社 1986 年版，第 42 页。

越而永不止歇。莱布尼茨在《论幸福》中指出，幸福是快乐体验的持久状态，如果某种快乐造成某种伤害或不幸，或阻止获得更持久的快乐时，便需要节制这种快乐。快乐是不仅在我们自身中也在他人中对完美的知识或体验，这样我们心中便会唤醒更大的完美。"一个人当他爱上帝时他就是幸福的，上帝以完美的方式行事，这样便会安排一切使受造物提升至完美，人们通过与上帝的连接达至完美，且只能通过精神维持完美。""一个人必须确信，他的心灵对秩序、理智、上帝所产生的事物的美妙知晓得越多，他就会有更多的感动去模仿事物中的秩序，而这种秩序是上帝按照他的旨意所留下来的，这样他也就会更加的幸福。"① 纯粹的爱就是基于自身缘由而不是基于功利目的去爱人，爱是在他者的完美中拥有快乐的感觉。而这种幸福之爱的内涵与正义之内涵是完全一致的。正义是智慧之爱，是爱他人的习惯，是在爱他人的过程中实现自我、达至更完美的充实超越状态。

（四）莱布尼茨自然正义理论内在结构的三对矛盾线索

本章前文部分，我们分别分析了莱布尼茨自然概念的含义，莱布尼茨正义概念的含义，莱布尼茨自然正义的含义。现在需要进一步分析和总结莱布尼茨自然正义理论的内在结构是什么。本章第二节从三个层面对自然概念进行了分析，现象领域指服从于数学原则和机械法则之存在，本体领域指体现为力、欲、形式的实体本原，神学领域指不诉诸奇迹的理性解释。现象领域处理的是感性形体之自然运动（motion），本体领域处理的是形式、力、理性、德性之自然意向力（conatus），神学领域处理的是神性的最高实体即上帝之自然神恩（grace）。所以，从哲学范畴的角度对自然概念进行梳理的话，自然概念可以从自然之感性、自然之理性（形式）、自然之德性与自然之神性这四个维度进行考察。以理性为核心，这四重维度又组成三对矛盾线索：理性维度与感性维度，理性维度与德性维度，理性维度与神性维度。理性维度与感性维度之矛盾线索考察的是一般实体（无理性实体）即生物所遵循的自然法则，理性维度与德性维度之矛盾线索考察的是理性实体即人所遵循的自然法则，理性维度与神性维度

---

① Riley P., *Leibniz Political Writings*，中国政法大学出版社 2003 年版，第 84 页。

考察的是最高实体即上帝所遵循的自然法则。

　　而莱布尼茨正义概念的根本内涵，即正义是从自身、本性出发的法则、秩序与和谐，这种法则、秩序与和谐在自然界中就体现为自然物的有机和谐，在人及社会共同体中就体现为社会成员的仁爱和谐，在神义界就体现为宇宙万物的普遍和谐。这样，自然观念的含义与正义观念的含义就实现了对接和融合，把自然概念与正义概念综合起来考虑，就其内容而言，可以得出考察莱布尼茨自然正义理论的四个维度，即正义的理性之维、正义的感性之维、正义的德性之维与正义的神性之维。由此而形成考察莱布尼茨自然正义理论内在结构的三对矛盾线索：正义的理性之维与感性之维，正义的理性之维与德性之维，正义的理性之维与神性之维。第一对矛盾线索处理的是有形实体与正义之间的关系，第二对矛盾线索处理的是理性实体与正义之间的关系，第三对矛盾线索处理的是最高实体即上帝与正义之间的关系。

第四章　正义的理性之维与感性之维：
自然秩序的有机和谐

　　正义的理性之维与感性之维探讨的是，一般有形实体的本性及其相互联系问题。所谓一般有形实体，是指没有理性的有形实体，与人之理性实体和神之最高实体相对应。所要解决的问题是，有形实体的本性是什么？有形实体之间的联系、交往和一致如何实现？针对这两个问题，当时的哲学界形成了三种主要的分析方法，其一诉诸数学之几何原则，其二诉诸物理学之机械运动原则，其三诉诸中世纪之抽象形式原则。莱布尼茨承认、吸收了这三种原则的积极与合理之处，同时指出了它们各自的适用范围。他既强调了数学原则、物理学原则与形而上学原则对于分析有形实体的分立性与差异性，同时又强调了这三个原则之间对于有形实体的有机统一性，从而实现了他对于有形实体自然秩序之有机和谐的分析。所谓有机和谐，是指自然物所服从的不是绝对的几何必然性，也不是没有起动因的机械运动必然性，而是服从动力因与形式因、物理学与形而上学相统一的适度（convenance）必然性（或合目的必然性）。数学、物理学与形而上学原则是研究莱布尼茨有形实体学说的三种理论视角与思维层级。莱布尼茨承认数学意义的广延、必然性分析有其合理意义，但认为单纯的广延是不实在的复合物；他承认笛卡儿、牛顿物理学意义的绝对运动及运动量守恒有助于解释机械论，但认为运动是不实在的，是力的派生状态。他承认古希腊、经院哲学的形式对于终极因的意义，但形式不能用于解释具体的运动。数学、物理学与形而上学原则统一于莱布尼茨的神秘理性主义之中。

一　莱布尼茨实体学说是 17 世纪
自然哲学的非典型代表

　　17 世纪自然哲学的显著特征是，反对古代哲学和中世纪哲学有灵论与活力论的自然观，主张通过经验主义机械论去解释和说明自然现象。这种经验主义并非单指传统意义上外在的感官经验（外在经验），以培根为代表；也包括内在的意识经验（内在经验），以笛卡儿为代表。归纳法、分析法与综合法是他们解释自然现象的根本方法。培根的新工具、新科学主张"应该脱离永无休止的概念争论转到事物本身上来，并且懂得新科学建立在直接的知觉上，新科学应该以此为出发点谨慎地、逐渐地过渡到更抽象的事物……归纳法会找到自然必须得到'解释'的'形式'"①。培根的归纳法不是简单的列举，而是通过对现象的抽象分析，发现现实的简单因素，根据这些简单因素的"性质"及其相互关联，借以把握事物的"形式"，使整个感知领域得到理解。培根从简单"形式"的组合理解事物的整体"形式"，他同时强调理解自然的目的在于实践，在于利用知识而实现对世界的征服和改造。这样，培根就忽视了数学对于经验分析的理论价值。与培根注重感官经验确定性不同，笛卡儿代表的是近代自然研究中经验的毕达哥拉斯主义路线。这种路线的新意在于，"不再以象征性的数抽象推论去探索宇宙秩序的数学意义，他们的目的在于根据事实去理解、去证明此种数学意义"②。笛卡儿改造哲学的意图是要仿照数学模式改造所有的人类知识，因为他认为数学真理体现了自我意识的直观的、简单的自明性。这就引出了笛卡儿所坚持的意识存在的确定性这一真理。笛卡儿理性主义的根基在于他追求意识的基本真理，他认为"自我意识的优越性存在于它的充分的清晰性和明确性中……所有与自我意识一样明确的事物必定是真实的"③。对于笛卡儿而言，清晰而明确的知识就是自我意识感觉到的数学因素，不清晰和浑浊的知识是感官感性的因素。这样就导

---

① 文德尔班著，罗达仁译：《哲学史教程下》，商务印书馆 1997 年版，第 528—529 页。
② 同上书，第 531 页。
③ 同上书，第 537 页。

致了数学与物理、自然科学与形而上学、物质与精神、理性与信仰、经验与超验之间的对立与紧张。

之所以说莱布尼茨实体学说是 17 世纪自然哲学的非典型代表，是因为他在坚持机械论世界观的同时，强调目的论世界观的重要意义；他主张不可分割的原始统一体必定是灵魂和精神，同时认为任何实体形式都有与之天然相应的物质形体；他推崇数学、几何方法的直观自明性，试图建立普遍、统一、清晰而明确的"普遍文字（符号）"，同时指出物体的本质不是数学、几何意义的广延，而是力、欲望和隐特来希（Entelech）；他指出必然真理或推理真理服从于矛盾律的形而上学必然性，同时认为偶然真理或事实真理服从于充足理由律的道德（适度）必然性；他积极主张人类应通过自然之光而追求、发现和证明理性真理，同时认为人类应借助启示之光而珍爱、信守和虔诚于信仰真理。他曾经痴迷于近代自然科学特别是数学和物理学机械地解释自然的方式，但他明确反对用机械的自然科学来研究自然物和人，把人和动物降级为纯粹的人造机器，这样便违反了事物的有机秩序，使人的自我意识、自我认同和道德信仰无法立足。近代自然哲学对于物质确定性与精神（意识）确定性、经验与超验、机械论世界观与目的论世界观、数学真理、物理真理与形而上学真理、必然与自由、科学与宗教等命题的探讨和解答，在当时不同的哲学家那里呈现出不同的思维面相，而

> 如此众多分歧的思想运动在莱布尼茨的形而上学体系中找到了结论——这个体系在动因的全面上、在协调组合的能力上、在整部哲学史中无一可与伦比。此体系之所以有此重要性还不只在于此体系的创始人具有渊博的学识、融会贯通纵观全局的心怀，而且特别是他精通古代哲学、中世纪哲学的种种思想，他理解之深、理解之精有如他理解近代自然科学所形成的种种概念。[①]

本书所谓的"数学、物理学、形而上学"不是一般意义地谈论数学、物理学与形而上学的具体内容，而是指莱布尼茨在阐发实体学说时所吸

---

① 文德尔班：《哲学史教程下》，商务印书馆 1997 年版，第 576 页。

收、批判和对照的三种分析路径与运思层次，即数学层面的广延论分析，物理层面的机械论分析，形而上学层面的本体论分析。数学层面的广延论分析是在吸收、批判和对照笛卡儿、斯宾诺莎、霍布斯等实体观的基础上展开的，物理层面的机械论分析是在吸收、批判和对照以笛卡儿、牛顿为代表的物体运动学说的基础上展开的，形而上学层面的本体论分析是在吸收、批判和对照古希腊哲学特别是柏拉图、亚里士多德哲学的理念论，古犹太、埃及的神秘主义者所讲的生命哲学，亚里士多德和经院哲学所讲的隐德莱希、形式学说的基础上展开的。许多研究者认为，莱布尼茨对这三个层次的分析存在着某种断裂，也就是作为本体界的精神科学与作为现象界的数学科学与物理科学之分化、差异何在？它们的统一性何在？本章正是在试图回答这一问题的基础上展开的。

二　广延分析与形上分析之差异

下面分别从诉诸广延与绝对必然性的数学原则、遵循机械论的物理学原则、诉诸本体论的形而上学原则出发，指出它们各自的适用领域，分析它们之间的差异性与分立性。

（一）诉诸广延与绝对必然性的数学原则

笛卡儿和斯宾诺莎从数学原则出发分析物体与上帝实体之含义，笛卡儿认为数学意义的广延、形状和大小构成物体的本质，斯宾诺莎认为只有体现为绝对必然性的上帝才是实体，人具有上帝实体的属性，只是上帝实体的样式（mode）。事物的本性中没有任何偶然，神圣自然必然性决定了每一事物存在和活动的特定方式。笛卡儿运用几何必然性证明了物体本质在于广延，斯宾诺莎甚而把这种几何必然性证明推向全部存在，不仅自然物而且人都由神圣自然必然性所决定，要像考察线、面、体积一样考察制约人类行为和欲望的自然的同一的必然性。

笛卡儿在其《哲学原理》的第五个界说中说："任何事物，作为主体，直接固有某种东西，或者由于此事物，我们所感知的某种东西，即某种性状、特质或属性才存在，并且此事物的真观念存在于我们的心中，此种事物称为实体。"他指出实体是主体直接固有的某种东西，这种东西是我们所感知的某种性状、特质或属性的基础，并且实体之真观念存在于我们心中。思想直接存在于主体中的实体称为心灵（Mens），而"直接作为广延的主体和直接作为以广延为前提的偶性（accidentium）如性状、位置、位移等的主体的实体，我称之为物体（corpus）"①。在对心灵实体和身体（物体）实体进行界定之后，笛卡儿试图证明物体的本质在于广延。他在第二编的"补则一"指出，凡有广延或空间的地方即必有实体，"命题一"指出，即使取消物体的硬度、重量和其他可以感觉的性状，物体的本性也不会遭到破坏。"命题二"指出，物体或物质的本性只在于广延，由此推出空间和物体实际上没有区别。"命题四"指出，物体的同一部分不会此一时比彼一时占据更大的空间；反之，同一空间也不会在此一时比彼一时包含更多的物体，由此推出占据相等空间的物体，如黄金或空气，包含着等量的物质或等量的有形实体。"命题六"指出，物质在广延上没有界限，天地间的物质是同一的。② 莱布尼茨对笛卡儿的这种证明提出了批评，他说如果要通过列举 enumerating 其他属性而证明物质本质在于广延，那么就应当表明这种列举是彻底的，而且并非所有的性质都能被排除，

　　实际上，那些坚持原子论即物体之最大硬度的人，并不认为存在于物体中的硬度不服从于手的压力，而是在硬度中保持它的形状。那些认为物体的本质在于原型（antitypy）或不可入性（impenetrability）的人不是从我们的手或任何感官中得出这个概念，而是基于这个事实，即一个物体不会让位于另一同种类的 homogeneous 物体，除非它被移到别处。……由此我们也可以理解，硬度 hardness 之间的差异只是一些物体的性质，而不可入性属于全部物体。笛卡儿应当如考虑硬度一样地考虑不可入性。③

---

① 斯宾诺莎著，王荫庭、洪汉鼎译：《笛卡儿哲学原理》，商务出版社 1980 年版，第 55—56 页。

② 同上书，第 93—99 页。

③ Loemker（ed.），*Leibniz Philosophical Papers and Letters*. Chicago：The University of Chicago Press，1956，pp. 645–646.

　　莱布尼茨说广延构成有形实体的共同本性虽然为许多人所宣称，但它并未被证明过。

　　　无疑，运动 motion 或活动 action、阻抗或欲望都不能由广延得出。物体运动和冲撞过程中所遵循的自然法也不能单纯由广延概念得出，我已经在其他地方表明了这一点。的确，广延概念不是一个初始概念而是可分解的概念。由于一个广延存有意味着在连续整体中同时存在着复多的事物。说得更详细点，广延概念是相对的，在广延中所需要的是能延展的或连续的某种状态，如白色之于牛奶，而物体的独一无二性在于它的本质；而对本质的重复，不管它成为什么，就是广延。……我的意见是，机动 bobility 或原型本身不能单纯由广延而理解，而应从广延的主体来理解，这样空间就不只是构成的而是充盈的。①

　　考察斯宾诺莎出于自然的同一的必然性实体观首先需要辨明他关于神这个无限绝对实体的理解。关于自己哲学体系的出发点，斯宾诺莎说一般哲学家是从受造物开始，笛卡儿从心灵开始，而他从神开始。斯宾诺莎在《伦理学》中的第一部分"论神"中对几个核心概念进行了界定，自因（以自身为原因）（causa sui）就是本质包含存在。实体是在自身内、通过自身而构思／构想（conceived）。属性（attributus）是知性所感知的构成实体本质的东西。样式（modus）是实体的修改（affectiones），即存在于他物内、通过他物而被构想。神（Deus）是绝对的无限存在，或无限多属性构成的实体，每一属性表达永恒而无限的本质。自由是一个存有（being）若其存在（existence）与活动是通过自身的本性（nature）必然性，它就是自由的；若其存在与活动是由其他存有决定，存有就是被迫的。永恒意指存在（existence）本身，就其被构想为来自于事物本质而言。② 莱布尼茨在《论斯宾诺莎伦理学》中逐一分析了斯宾诺莎伦理学的

---

　　① Loemker（ed.），*Leibniz Philosophical Papers and Letters*，Chicago：The University of Chicago Press，1956，p. 642.

　　② 斯宾诺莎著，贺麟译：《伦理学》，商务印书馆 1983 年版，第 3—4 页。

定义和公则后，又逐一分析了第一部分的 36 个命题。斯宾诺莎这 36 个命题的中心思想是，实体是唯一的、无限的，一个实体不能为另一个实体产生，实体的本性是存在（本质必然包含存在）；神（上帝）或具有无限属性组成的实体必然存在，绝对无限实体甚至有形体的实体都是不可分的，上帝是唯一的实体，一切都存在于上帝中，上帝是存在和认识之源，上帝按其本性必然性法则而行动，由此推出一切事物，上帝是万物的内因而非外因；上帝或所有他的属性是永恒的，上帝的本质与存在是同一的，上帝属性的绝对本性要么直接要么通过其他样式的调节而得出必然存在而无限的样式；上帝所产生的事物其本质不包含存在，特定事物之存在以一种无限的方式受决定于另一特定事物之存在，受决定而存在或行动的事物都为神的本性的必然性所决定，而有限存在的事物不直接出自上帝而是出自上帝的某种属性；自然中没有偶然，现实的理智不论有限还是无限必定理解上帝的属性或修改（分殊），它们是被动的自然而不是能动的自然；意志不能说是自由因而是必然的；上帝的全能（力量）、全善（意志）都同一于上帝的全知（本质）。①

　　莱布尼茨反对斯宾诺莎把一切存在都归于上帝本性必然性的思想，根据自然的同一的必然性如同考察线、面和体积一样去考察上帝、心灵和人的情感。自然中只有上帝一个实体，其他一切实体只是上帝实体的样式，都是受制约、被决定的，每一有限实体都以无限的方式而被另一有限实体所决定，这就剥夺了每一实体自身的内在自主性。上帝的力量和意志完全同一于上帝本质必然性，对于莱布尼茨而言这就违背了最佳世界是上帝通过智慧而认识，经由全善而选择，依据全能而存在这个原则。他说，

　　　　上帝国在斯宾诺莎看来不过是必然性统治，是一种（如斯特拉图所称）盲目的必然性统治，一切事物都通过它从神性的本质中产生出来，无须上帝进行选择，人的选择也没有使其摆脱必然性。他补充说，人为完成被称为国中之国的东西，便枉自认为，人的灵魂是上

---

①　Loemker（ed.），*Leibniz Philosophical Papers and Letters*，Chicago：The University of Chicago Press，1956，pp. 300－316.

帝的直接产物，他不可能通过自然原因产生，它拥有无限的决定权力。①

总之，莱布尼茨赞成从广延及必然性入手分析物体之性质和规律性，但广延只是一种非实在的物体性质，它考察的只是现象；几何必然性只适用于服从矛盾律的可能领域，而存在领域的运动法则及道德领域的形而上学法则需要充足理由原则、完美原则和最大幸福原则。

（二）遵循机械论的物理学原则

遵循机械法则的物理学分析主要是指笛卡儿运动量守恒与牛顿的绝对运动与绝对时空观。莱布尼茨认为笛卡儿运动量的守恒是建立于运动力的守恒基础上的，它对应于水平运动方向的物体相撞，但更根本、更实在的是运动力的守恒。与之相应，牛顿主张运动是绝对的，空间与时间是绝对的存在，所有运动都是围绕向心力的圆周运动。莱布尼茨承认实体本身必须是运动、活动的，但这种活动和运动除了由外物造成的推动力以外，更根本的是物体自身内在的活动，是物体自身内在的倾向力、主动力、被动力所造成的。

与笛卡儿主张物体的本质是广延相适应，他认为物体与物体之间本质上都是一样的广延、大小和形状，物与物之间的区分是通过物体之间相互的运动造成联系的改变和即时的接近（immediate vicinity）。莱布尼茨说，

> 如果运动只是联系的改变或即时的接近，可以得出我们绝不能定义运动的事物。由于正如天文学中同一种现象可以被不同的假设解释，这样通常可能的是，把真正的运动归于两个物体的一个或改变它们的相互接近或位置的另外一个。因而，既然它们之一是主观选择为静止或以既定速度在既定线路上运动，我们可以几何学地定义什么样的运动或静止会归因于其他，以至于产生既定的现象。因而，如果在运动中完全是这种相互的改变，可得出在自然中没有理由把运动归因于一事物而不是另一事物。这样的结果就是没有真正的运动。因而，

---

① 莱布尼茨著，朱雁冰译：《神义论》，生活·读书·新知三联书店 2007 年版，第 402 页。

为了说明某物是运动的，我们不仅需要一物根据其他事物而改变位置，还需要它本身之中存在变化的原因，一种力、一个活动。①

与笛卡儿把物体之间的区别归于运动相似，牛顿也认为运动本身是实在的，要考察绝对运动就必须选择绝对静止或某一个恒定的运动为参照系，莱布尼茨认可通过这种可理解、可说明的机械论去考察自然现象的特定运动，但就物体活动的源泉而言，他认为运动本身如时间一样，都不是真实的存在，如果没有共同存在的部分，所有的运动都不会存在。

笛卡儿运动法则的一个重要命题就是运动量的守恒。笛卡儿意义的运动量守恒等于莱布尼茨意义的撞击力（impetus）守恒，即物体的大小或质量乘以速度（不考虑方向）。这不同于莱布尼茨所谓的主导力的（directed force）守恒，即动力的量，它等于大小或质量乘以原动力 conatus（考虑方向在内的速度），这种原动力即活力，来源于无限多的连续的"死力"冲动（impulses），例如来源于基于时间所形成加速度。莱布尼茨在《动力学范例》中指出，有两种方式精确地计算力，一种是先验的（priori），单纯从空间、时间和行动（action）来考虑；另一种是后验的（posteriori），即测量力耗尽时所产生的效果，这种效果也可以称为破坏力（violent）。一个重物沿着理想平面所具有的力不是这种力，由于这里所产生的力不管存在多久所保持的是同样的力，可谓是无破坏性的力。这种特定的破坏力，是最同质的（homogeneous），或能够分为相似的或相等同的部分，例如一个重物在上升运动中所发现的力。

通过这种方式，无法直接进行比较的事物仍能通过它们的效果加以精确比较。我假定效果一定等同于其原因，如果作为原因的整体力在产生效果时被耗尽或用完，不管产生这种效果会占用多长时间。因而我们假定 A 和 C 是重物，他们的力被转化为高度的变化——这将会发生，如果当 A 以一个单位速度 C 以两个单位速度运动时，他们被认为是在垂直钟摆的终点 PA_1 和 EC_1（见下图）。现在很显然可以

① Loemker（ed.），*Leibniz Philosophical Papers and Letters*，Chicago：The University of Chicago Press，1956，pp. 647–648.

从伽利略和其他人的证明中得出，如果物体 A 是一个单位的速度，在水平面 HR 上升到最高点一英尺（A_2H），那么物体 C，两个单位的速度，将上升到四英尺的高度（C_2R）。可以得出，两单位速度的重物四倍于一个单位速度物体活动的量（capacity for action），因为当它能消耗四倍的力（power）——因为提升一磅（即自身）四英尺恰好是提升一磅一英尺的四倍。同样，我们一般地可得出，相同物体的力与速度平方成正比例，即一般地物体的力与它的大小和速度平方的乘积成正比例。①

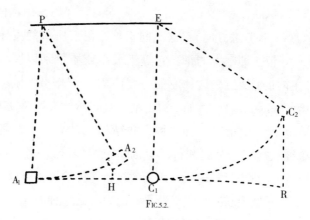

$F_{IC.5.2.}$

资料来源：Loemker, *Leibniz Philosophical Papers and Letters.* Chicago：The University of Chicago Press，1956，p. 166。

（三）诉诸本体论的形而上学原则

这里的形而上学是指古希腊哲学特别是柏拉图哲学的理念论，古犹太、埃及的神秘主义者所讲的生命哲学，亚里士多德和经院哲学所讲的隐德莱希、形式学说。当然莱布尼茨对以理念论、生命哲学、形式因所代表的形而上学传统的态度是，一方面肯定了它们对于保持历史传统的积极意义，指出数学领域的广延分析与物理领域的机械论分析离不开诉诸理念、隐德莱希、形式、目的论的形而上学。莱布尼茨说，应当给予古代哲学家

---

① Woolhouse R. S. , Francks R. , *Philosophical Texts*, New York：Oxford University Press，1998，pp. 165 - 166.

应有的地位才是公平的，不要用沉默来掩盖他们的功绩，因为这样对现在的人也是致命而有害的。另一方面明确指出，形而上学必须在其适用范围内才有效，不能把形而上学原则扩展至通过机械法则而得到说明的具体运动领域。

莱布尼茨把理念理解为心灵中的某种存在，因而留在大脑上的痕迹不是理念，具体的思维、感知和情感都不是理念，由于在前面第一章分析了柏拉图理念论的"灵魂回忆说"，在第三章第三节中分析了莱布尼茨理念与柏拉图理念的联系和区别，特别分析了作为正义的理念不是什么、是什么。所以，考虑到上下文的连贯和内容一致性，这里就不再对柏拉图的理念论进行具体分析。

关于神秘主义的生命哲学传统，莱布尼茨实体学说体现得非常明显。莱布尼茨与他同时代主张机械论的哲学家显著不同之处就在于，他主张不仅人而且动物、植物都有灵魂存在。只是人所对应的精神实体是更高级的能反思自我、模仿上帝的灵魂，而动物、植物对应的灵魂是较低级的非形体性与不可分性。

> 他们混淆了不灭与不死的差别。不死是对人而言的，它的意思是，不仅灵魂而且人格都将长存。这就是说，如果人们声称，人的灵魂是不死的，那就是说，构成此一人格的东西长存，人格通过保持意识或者对它只为它的东西的内在的反思性情感而保持其道德品质，这是使它接受惩罚和奖赏的东西。不过，在动物灵魂中却没有这种对人格性的保持。正是由于这个缘故，我称动物灵魂是不灭的，而不是不死的。……这些人接受一切灵魂之非形体性和不可分性的观念，却不愿承认其不灭性，这对于人的灵魂的不死说是极其有害的。[①]

亚里士多德的隐德莱希与经院哲学的形式学说是莱布尼茨形成其实体学说必需的思想资源，对于理解其实体学说具有独特的重要意义。当然莱布尼茨对这种诉诸形式学说的形而上学有着清醒的认识，并给予中肯的评价：它们对于理解物体和实体的本性、不可分的单元和真正统一体原则是

---

① 莱布尼茨著，朱雁冰译：《神义论》，生活·读书·新知三联书店2007年版，第165页。

不可或缺的；但它们只是适合于理解一般原因和终极因，对于我们所经验到的特定事物的个别原因它们就失去了效力。

> 尽管我认为在物体中处处存在着活动的或我们可以说，存在于所有物质概念之上的活力（vital）原则，但我不同意莫里（Henry More）和其他具有出色的虔诚和理智的人，他们在解释现象时求助于某种未曾听说的阿契厄斯（archeus）① 或赫拉希克（hylarchic）原则——好像自然中的任何事物都不能加以机械的解释，好像试图给出机械论解释的就被怀疑为不虔诚、尽力否认非有形事物；好像我们应当指定理智，需要理智以旋转球体，如亚里士多德所做的那样，元素的上升和下落是由于它的形式——这种理论涵盖了很多，但什么也没有告诉我们。②

莱布尼茨曾经陷入经院哲学的樊篱很深，随着青年时他对数学和近代科学的学习和研究，他很快跳出了形式说的窠臼，欣喜于用机械主义解释自然的美妙方式中，因而鄙弃了经院哲学用形式和机能解释自然的方法。他曾经沉湎于虚空和物质原子说，但后来发现在这些只是被动的东西中，无法找到一个真正的统一体原则，构成复合物的真正单元即单纯实体不可能是数学的点和物质的点，而只能是一个实在的有生命的点，即实体性原子。而这一实体性的原子要想成为完全的实在，就必须包含某种形式和主动的原则，因而就必须在一定程度上恢复实体的形式。

三　广延分析与形上分析之统一

探讨了数学、物理学与形而上学原则之分立性之后，下面从躯体与灵魂的统一、机械法则与形而上学原则的统一、自然与神恩的统一这三个方面探析它们如何统一于莱布尼茨的神秘理性主义之中。

---

① 由中世纪哲学家帕拉塞尔苏斯（Paracelsus，约1493—1541）提出每个种子内促进生长的力量，是一种生命力或灵力，他称之为"阿契厄斯"（archeus）。

② Woolhouse R. S., Francks R., *Philosophical Texts*, New York: Oxford University Press, 1998, p. 163.

（一）灵魂与躯体的统一

解决躯体与灵魂（广延与思维）关系问题，当时存在着三种代表性学说，即经院哲学的相互影响说、笛卡儿派的偶因说以及莱布尼茨提出的前定和谐说。灵魂与躯体相互影响说的代表是经院哲学。他们认为灵魂与躯体之间存在着形体上的相互影响。莱布尼茨指出，自从相互影响说提出以来，人们就意识到思维与广延的材料之间没有形体上的相互的联系。如果假定存在着灵魂与躯体的联系，可能的情况便是，灵魂影响和改变躯体所包含运动的速度、运动量和方向，躯体则影响和改变着灵魂中思维进行的顺序。但从灵魂与躯体的观念中得不出这个结果。

笛卡儿对灵魂与躯体之间关系采取了折中的态度。他认为躯体形成的运动分为运动量与运动的方向。运动量是守恒的，而方向可以改变。由于运动量是守恒的，灵魂无法影响运动量之守恒，否则就会破坏躯体运动法则，但灵魂可以改变躯体运动之方向。

> 这犹如一个射手，他虽然没有赋予他胯下的马以力量，但却驾驭着马，使马的力量转向他所希望的一侧。不过，由于这是借助缰绳、衔铁、马刺以及其他物质手段完成的，所以，人们理解事情进行的进程；相反，灵魂却没有它为达到此一目的而可能使用的工具：不论在灵魂中还是在躯体中，即不论在思维中还是在物质中都没有什么东西能够被用来解释此一对彼一所作的这种改变。简而言之，灵魂之改变力量的数量和改变力量的方向，两者都是不可解释的。①

莱布尼茨认为，笛卡儿之所以造成物体与灵魂即身心二元论的对立，是因为他对物体的本质、实际上是实体的本质还没有足够好的理解。他仅仅在广延中定义物体观念，结果被迫求助于上帝以解释灵魂与物体之间的连接。因为只包含几何观念的纯粹广延完全不可能有能力活动和被活动，"因而似乎只剩下一种情况：当一个人思考并尽力移动他的胳膊，上帝通

---

① 莱布尼茨著，朱雁冰译：《神义论》，生活·读书·新知三联书店 2007 年版，第 145—146 页。

过那种先天的一致，为人移动胳膊；相反地，当在血和动物的精神中有运动时，上帝在灵魂中产生感知。但这一事实，因为它远非是有说服力的哲学推理，应指出这些作者他们从一个错误的原则出发，建立了一个错误的物体（body）概念，由此便得出那种错误的结论。"①

莱布尼茨则提出灵魂与躯体的前定和谐假说。他认为他之所以能提出这个假说，基于人们特别是他自己对物理运动的两个重大发现而直接得出前定和谐体系的，第一是将运动的量与运动的力进行区分，提出不是运动的量守恒，而是运动的力守恒；第二是相互作用的物体中，相同的方向也恒定不变。所以躯体的方向与力一样都是守恒的，所以就无法像笛卡儿认为的那样，灵魂可以通过影响运动的方向而相互一致。所以，莱布尼茨认为依靠这两个重大发现而形成了新的真正的自然法则，

> 我觉得我找到了表述相反观点的手段，即以一种启迪和促进人们同时深入事物内层的方式。我通过我关于行为力量本质和关于运动法则的新发现说明，事物并不具有——如斯宾诺莎似乎相信的那样——绝对的几何式必然性，同样也不是——如培尔先生和现代一些哲学家所认为的那样——纯然任意性的，而是取决于——如上所述——适度性（convenance）或者我所称的最好者原则（Le principe du meilleur），人们在它们之中以及在其他任何事物中都看到第一实体（Premiere Substance）的特征，这一实体的产物显示着至高智慧并构成最完美的和谐。此外，我还指出，这一和谐是将未来与既往、将临在者与不在者联结起来的纽带。这种联结之第一种方式使时间成为一体，第二种联结方式则使地点成为一体。后者表现在灵魂与躯体的统一，甚至表现在固有的本质相互之间和与形体现象的交通。前者发生在有机体的先成之中，或者更正确地说，发生在一切形体的先成之中，因为有机组织无所不在。②

---

① Woolhouse R. S., Francks R., *Philosophical Texts*, New York: Oxford University Press, 1998, pp. 167 – 168.

② 莱布尼茨著，朱雁冰译：《神义论》，生活·读书·新知三联书店 2007 年版，第 26—27 页。

（二）机械法则与形而上学法则的统一

对于自然万物的考察与解释，机械法则诉诸动力因，形而上学原则诉诸目的因。莱布尼茨同时代的哲学家、神学家与科学家，要么根据物质实体之机械法则去说明自然现象（如洛克、牛顿、拉美特利等），要么根据精神实体之理性演绎去证明本体存在（如笛卡儿、斯宾诺莎等）。他们要么从有形的受造物出发，要么从精神实体出发，要么从上帝出发解释自然万物，随之带来的问题是他们要么陷入唯物质的机械论极端，要么陷入唯精神的目的论极端，要么把物质与精神这两个极端归结为必然性的神这一个极端。他们在片面性的深刻中也导致了无法解决的片面性的割裂和缺陷。

与他们不同的是，莱布尼茨主张走中间道路，使机械论和形而上学、科学和宗教都得以满足。他在《动力学范例》中指出：

> 我承认所有的有形现象都能追溯到机械动力因，但作为整体的机械法则自身必须理解为来源于更高的理性。因而更高的动力因只能诉诸于确立那些深层和一般的解释，一旦它们得以确立，在讨论自然事物直接和特定的动力因时隐德莱希和灵魂就没有发言权，就像无用的能力（faculties）和无法解释的共感同样没有发言权一样。不应当在讨论特定问题时考虑第一而且最普遍的动力因，除非我们是为了不失时机地赞扬他，愉悦地唱圣歌，我们沉思上帝在其智慧中以那种方式命令事物的目的。①

莱布尼茨说，实际上终极因有时也会在物理学的特定问题中发挥重要作用，这样我们不仅能够更好钦慕最高的造物主之最美好的作品，而且当单纯考虑动力因还不太明显或只是假设性的情况时，终极因能够帮助探明事物。

---

① Woolhouse R. S., Francks R., *Philosophical Texts*, New York: Oxford University Press, 1998, p. 163.

　　哲学家也许还没有真正发现借助于终极因可能是何其的重要。我认为一切事物一般而言都可以从两种方式加以解释：根据权力（power）王国或动力因王国，根据智慧王国或终极因王国。上帝按照设计者统治机器的方式统治物体，与或数学法则相一致；但为了灵魂之益处。灵魂能够运用智慧，他（上帝）为了他的更大荣耀而统治市民或社会的子民（fellow members），以君王或实际上以父亲的方式，与善或道德法则相一致。尽管这两个王国完全地不相互影响，它们的法则从来不会混淆或干扰，这样就形成权力王国的最大者和智慧王国的最好者。但我们这里的任务是建立运行力的一般的规则，于是我们可以用它们解释特定的动力因。①

　　为什么必须要将动力因与目的因、机械论与形而上学综合起来加以考虑？一方面，从先验层面讲，符合自然法的事物一定不是来自于盲目的几何必然性，而是来自于智慧、和谐与完美原则，自然以它自身的一般法则见证最高的造物主，如果是单纯的几何必然性自然便不会发生。除了广延及其变化，在物质中有力或活动的能力，由此形成从形而上学到自然、从有形物到无形物的转化。这个力有它自己的法则，不仅来源于绝对原则，而且来源于完美理性之原则。从经验层面讲，莱布尼茨通过两个相撞物体的具体案例给出证明。如果物体被理解为只是包含数学观念的大小、形状、位置及其变化，如果不通过形而上学观念如在形式中的主动的力，在物质中的阻抗力来解释，这样就会得出：

　　施撞物体的全部动力（conatus）不管它有多小，都将传给受撞物体；不管物体有多大，那么静止中的最大物体将被撞击它的最小物体带走，毫不消减其速度——由于这种物质解释，便没有对运动的阻抗，只是对于运动的完全漠然（indifferent）。这就意味着移动一个大的物体与移动一个小的物体同样困难，因而将不会存在反作用力的行动，将无法测量行为的能量，由于任何物能克服任何物。由于这及与

① Woolhouse R. S., Francks R., *Philosophical Texts*, New York：Oxford University Press, 1998, p. 164.

之类似的其他情况，便违反了事物的秩序，与真正的形而上学原则相冲突。①

　　所以从纯粹广延的机械论考察物体本性是不正确的，物体的本质不是单纯的惰性团块，而是内在的力，是不可分的带有方向性的力，所以相撞物体的运动就是自己内在的动力与外在的动力之间的结合与平衡，这就引出了物体的自性、自动性与形式因即主动性，也就是不仅要从完全几何、数学意义上去理解物体及其运动，还要从形而上学、神学意义上去理解，即不仅要考虑其质料因还要考虑其形式因，不仅要考虑其被动性还要考虑其主动性。

---

　　① Woolhouse R. S., Francks R., *Philosophical Texts*, New York: Oxford University Press, 1998, pp. 161 – 162.

第五章　正义的理性之维与德性之维：
人类社会秩序的仁爱和谐

正义的理性之维与德性之维，是从理性实体即人和人所组成的社会共同体出发，探讨人类社会视域下的正义问题。就单个的理性实体而言，就是要探讨正义与智慧、正义与情感、正义与意志的关系以及个体命定与自由关系问题。就社会共同体而言，就是要探讨社会正义视域下的价值理想图景、政治制度原则、经济制度原则、法律制度原则及社会治理原则。

一　个体正义中的理性与德性

人及其共同体的正义体现为具有理性智慧与爱人向善的人组成的共同体秩序之仁爱和谐，与宇宙万物和神圣正义相比，人及共同体之正义属于狭义的正义，它关涉的是理性受造物的善与恶。对于现实存在的人及社会而言，正义就是智慧之仁爱，它包含了所有的道德美德，致力于公共善（common good）、认识宇宙的完美和领悟上帝的荣耀统一地服从于人类的正义要求，这就需要说明正义是唯意志论的还是唯理智论的，正义与权力的关系，正义与公共善、人类的正义与上帝正义是否遵循同样的标准。

（一）正义在于爱的本性

正义是一种爱别人的习惯，是心灵的天赋观念，每个人基于内在、自我圆满之缘由而去追求正义，而不是乞求外在、功利性的回报才去施行正义。如何得出这些关于正义的清晰理念呢？莱布尼茨说，首先要收集使用这些术语的重要而明确的例子，然后建立起与这些例子及其他例子相一致的含义。正如自然科学从观察中通过归纳建立假说一样，所以我们通过比较关于正义的命题而建立定义。自然科学的归纳法与正义科学的比较命题法，这两者都是根据最重要的既定例子，然后从中制定出适应于所有其他情况的提纲。莱布尼茨从两种普遍认可的情况出发，得出两个前提性的命题。第一种普遍认可的情况是，一个人所做的是出于维护自己安全的必然性时似乎是正义的行为，由此得出第一个前提命题，即任何出于必然而为的是正义的。第二种普遍认可的情况是，正义总是和审慎联系在一起，正义不能违背正当理性的命令，而审慎也不能与我们的自身利益完全分开，由此得出第二个前提命题，即每一种责任对个体是有益的。仍待解决的是在何种程度上考虑其他人的利益才符合正义的基本要求呢？莱布尼茨进一步分析了四种人们都认可的情况，得出四种关于在何种程度上考虑其他人利益的命题：第一，意图损人而自己没有任何益处是非正义的。第二，意图造成别人不必要的损失是非正义的。第三，意图损人而利己是非正义的。第四，不愿意忍受一个共同的伤害是非正义的。这样便在总体上认可了，正义在于理性对待自我利益与他人利益。这四种命题是从什么是非正义的，或正义不是什么的方面对正义进行定义，那么更进一步讲，正义是什么呢？莱布尼茨又从正义是什么的方面进行逐步定义：

　　　　正义的可以被定义为不伤害任何人的意愿吗？但查找自己的伤害或许忽视其他人的伤害就是不正当的。

　　　　出于避免伤害自身的行为是正义的吗？但不顾仆人死活而纵容自己的恶习，这将是不正当的。

　　　　按照理性自身必然性所发生的就是正义的吗？但把自身利益置于他人利益之上就是不能允许的。

　　　　公众一致认同的是正义的吗？但我个人的安全应当让位于公众的不幸。

　　　　任何不会导致战争的是正义的吗？但在侵犯别人的情况下宁愿别人遭受迫害而不是自己受迫害，这就不是正当的。

　　　　审慎之人认为不应去谴责的任何事都是正义的吗？的确。但非正义形成谴责；而谴责不会造成非正义……

　　　　正义是无论如何不与社会利益相违背吗？但即使考虑他的国家安全，如果死亡之后的所有的希望已经没有意义。

正义是无论如何都与理性本质（nature）相一致吗？因为那样一个自然所希望自身的又是什么呢？正义是无论如何都能没有损毁地共同存在吗？而这与大众观点相一致。但那样的话疾病就将是非正义的。正义毋宁是无论如何都与正确（right）之理性相一致吗？但那样一来每一个错误，甚至那个犯错的人没有造成伤害，都将是犯罪。

正义是保持人与人之间情感——爱与恨——中庸和谐的美德吗？但所有控制我们情感的其他美德本身也需要控制。

正义的确是不与良知（conscience）相对立吗？如果这样的话，每一种我们由于自己的错误而使自己痛苦的伤害都将是非正义的。①

我们对我们自己造成伤害，即正义是自己加诸自己的一种惩罚，因为我们有天赋观念，对正义与否的确定性证明已经放置于我们心中，这比所有的辩护都更有力，仅仅通过罪恶意识就使邪恶遭受痛苦，我们的本性已经通过造物主神奇的智慧如此形成了，如果没有其他惩罚，这将确定是对犯罪者的惩罚，使犯罪者极度痛苦。让那些想做坏事的人顾及这些神谕。他们会发现这种内在的痛苦令人恐惧。莱布尼茨说，对惩罚的恐惧来自不会被欺骗也不会遗漏罪行的法官，他的评判印迹于宇宙最简要的法则中，甚至最放荡之人也不例外，无论他们多想逃脱。因此，正义对犯罪者的惩罚不能不让人恐惧。分析至此，莱布尼茨认为，定义正义的根基已经建立起来了。他说：

这么多尝试之后我们的立脚点在哪呢？正义是为了我们自身利益而意愿别人利益的习惯吗？这是最接近真理的，但有一些歪曲。在正义中确实要考虑别人的利益，也要考虑自己利益，但不意味着一个人是另一个人的目的。否则的话，就会得出放弃身处痛苦中的可怜之人是正义的观点，尽管我们有能力毫不困难的减轻他的痛苦，仅仅因为我们确信帮助悲惨之人不会得到回报。然而，每一个人都憎恶这种犯罪行为，甚至那些对未来生活没有理性的人也如此；更不用说那些完

① Loemker（ed.），*Leibniz Philosophical Papers and Letters*，Chicago：The University of Chicago Press，1956，pp. 209 - 211.

全意义上的良善之人，他们从正义理性中剔除功利。……既然我们现在否定了我们应当为了自身目的而实现别人利益，在何种情况下我们能够丝毫不做作地除去我们自身的利益？毫无疑问……答案肯定在于爱的本性（nature）。[①]

通过定义的方式，循序渐进地指出了业已形成的几种正义观的缺陷所在，莱布尼茨最后把正义理念的落脚点归于爱的本性。

莱布尼茨在《神正论》前言中明确地指出，真正的虔敬乃至真正的幸福在于对上帝的爱，但这种爱不是人云亦云地盲目虔信之空洞的爱，不是只遵从严格而外在的教义、教规和教条之僵化的爱，不是停留在口头上自我吹嘘而不付诸实践的标榜之爱。这种爱应与对上帝之崇高、神圣和伟大有着内在的感悟和体验，这种爱应与积极致力于公共福利相结合，应体现在对他人的热心助人与乐施好善之中。

> 这种爱使人产生那种为崇高美德的善行而感到的快乐，而且，这种快乐由于将一切与作为中心的上帝联系起来而使人性变成神性。人们通过履行他的义务，通过听命于理性认识而完成着最高理性的指令，人们使他们的一切意图都针对与上帝的荣耀并无二致的公共福祉（bien commun）；人们发现没有什么东西比公共性利益联姻更符合自己的利益了，人们乐于推进他人之所长而使自己本身得到最大满足。不论人们取得成功还是一无建树，只要他们听从上帝的意志并明白他们所要求者是最好者（le meilleur）他们便对所发生的一切感到满足。还在他通过事件宣示他的意志之前，人们便在努力投合他的意志，因为人们在做着表面上最符合他的规定的事。假如我们处在这样一种精神状态，我们便不致因失败而气馁，我们只能痛惜自己的失误；一些人的忘恩负义行为也不会使我们懈怠我们以造福人为目的的活动。我们对他人之爱是恭顺而又充满谦虚精神的，不会是教训式的：既注意到我们的错误，也看到他人的长处，我们任何时候都乐于以批判的目

---

　① Loemker（ed.），*Leibniz Philosophical Papers and Letters*，Chicago：The University of Chicago Press，1956，p. 212.

光评价我们的行动，谅解和改正他人的行动；我们之所以如此做是为了使我们臻于完美而又不致使他人蒙受不公。世上不存在没有对他人之爱的虔诚，人们没有助人为乐和乐善好施的精神便不可能表现出对上帝的真诚崇敬。①

（二）　正义不依赖于意志、权力

在正义与意志之间的关系问题上，莱布尼茨深受苏格拉底、柏拉图正义观念的影响，认为正义之为正义是有其自然法则之实在性的，自然法意义的正义不是人为约定的正义。从人为意志约定和权力出发容易导致个人的专权暴政。莱布尼茨虽然重视道德向善与意志自由的重要作用，但他同时强调自由意志的运用一定要遵循"永恒真理"的要求，合乎内在的理性规则。仁慈仅仅是对每个人行善或阻止邪恶的一种倾向，至少而言仁慈不是必然地导向更大的善或阻止更大的邪恶。莱布尼茨正义论驳斥了两种唯意志论的表现，唯意志论首先体现为鼓吹"强权即正义"的观点，其次体现为声称事物的永恒真理和本质是上帝意志的产物。

莱布尼茨在其政治哲学思想中运用内在的"永恒真理"的概念去抨击那种体现为只是追求更高权力的正义思想。他在对霍布斯的评论中说道，正义的"规范概念"与权威当局的纯粹命令没有任何的关系，正义"不依赖于上级发布的独断法律，但是她依赖于人类和上帝中存在的智慧和仁慈的永恒规则"②。对于莱布尼茨来说，认为如果正义不是由权力和威胁作后盾的有效命令组成那么正义就是不真实的这种观点，只是一个经验主义者的偏见。如果用意志取代理智，这完全是暴君的信条。这种观点就不能有效地区分上帝与恶魔之间的差别，因为"如果恶魔，也就是说一个有着智力，无形、巨大而邪恶的政权成为世界的主宰，那么这个恶魔或上帝仍旧是邪恶的，即使它必然地要通过武力而使人们敬仰它，就像一些人敬仰那些虚幻的上帝，以希望带给他们更少的不幸一样"③。如果认为正义仅仅来源于对权力的占有，权力是正义与否的先在根据，那么所有的

---

① 莱布尼茨著，朱雁冰译：《神义论》，生活·读书·新知三联书店 2007 年版，第 6 页。
② Riley P. （ed.），*Leibniz Political Writings*，中国政法大学出版社 2003 年版，第 205 页。
③ 同上书，第 46 页。

当权者相应于他的权力之大小都将是正义的。这样一来，如果一个"邪恶的天才"通过某种方式攫取了最高的普遍权力，因为他不能受到有效的权力制约，所以他将永不停止地制造"邪恶、非正义和残暴"罪行。① 莱布尼茨认为，那些主张正义依赖于权力的人，混淆了公正和法律的界限，公正的概念按照定义不可能是非正义的，但是法律却可能是非正义的，因为法律经由权力而产生并得以维持，如果权力缺乏明智与善良意志，它便可能提供和维持相当邪恶的法律，只有在上帝那里才可能存在公正与产生法律的权力之间的绝对一致。因而，智慧存在于理解中，仁慈存在于意志中。正义是二者相结合的产物。

在永恒真理与上帝之间的关系方面，莱布尼茨主张"永恒真理"和事物的本质都在上帝的理解力中，完全不是上帝的意志和权力的产物。"事物的本质与上帝永恒共在"，上帝"在他的本质中发现事物的本质"，并"遵循它们"。② 在这一点上，莱布尼茨不仅与他的伟大对手霍布斯不相一致，而且与他非常钦佩的笛卡儿也不相一致。笛卡儿在他给 au Père Mersenne 的信中写道，"你所说的永恒的形而上学真理已经由上帝建立起来了，并完全地依赖于上帝，就像其他的创造物那样依赖于上帝……若不是有意亵渎我们便不能说任何事物的真理都先于上帝所拥有的知识，因为在上帝那里意志和知晓是一致的。"③ 而莱布尼茨在永恒真理与上帝之间关系方面与之不尽相同。他在《单子论》中写道：

> 然而不能像有些人那样想象，以为永恒的真理既是依赖上帝的，所以是任意的，是依赖上帝的意志的，像笛卡儿似乎就是这样主张，以后波瓦雷先生也是如此。这种看法只不过对于偶然真理来说是正确的，偶然真理的原则是"适宜"或"对最佳者的选择"，至于必然真理，则只是依赖上帝的理智，乃是上帝的理智的内在对象。④

---

① Riley P.（ed.）., *Leibniz Political Writings.* 中国政法大学出版社 2003 年版，第 205 页。
② 同上。
③ 同上。
④ 北京大学哲学系外国哲学史教研室编译：《西方哲学原著选读》，商务印书馆 1981 年版，第 484 页。

　　莱布尼茨在《神正论》中认为，笛卡儿哲学对真理的理解"为皮浪主义敞开了大门，因为它使人有理由认为，3 加 3 等于 6 这个命题只有在上帝喜欢它时或喜欢它的场合下才是真理"①。由此可见，认为事物的永恒真理及其本质完全依赖于上帝，是上帝最高的意志使然，这是笛卡儿的观点，而莱布尼茨则对永恒真理进行了更进一步的区分——必然真理与偶然真理。对于偶然真理而言，莱布尼茨认为它们可以归之于上帝意志的产物，然而对于必然真理而言，莱布尼茨坚决反对认为必然真理是上帝意志产物的观点，他认为事物的永恒真理"埋藏于"上帝的心灵中，在上帝的理智中，完全不是上帝的意志和权力的产物。上帝不是事物永恒真理及其本质产生的原因，而是其存在的"沃土"，是其存在的根基和实现现实性的前提条件。

（三）　正义在于理性智慧

　　柏拉图的神圣永恒真理思想对莱布尼茨影响非常明显。莱布尼茨反对笛卡儿派唯意志论的正义观，反对霍布斯唯权力论的正义观，认为正义是智慧之仁爱，是致力于公共善。在莱布尼茨非常钦佩的柏拉图《欧绪弗罗》篇中，柏拉图借苏格拉底之口说出了自己对于神圣、正义与意志之间关系的理解，在这篇文章中苏格拉底问欧绪弗洛，是因为神圣（或正义）而被诸神爱戴，还是因为诸神的爱戴才具有神圣（或正义）？而莱布尼茨《对共同正义概念的沉思》中开篇便提出这样的问题：

　　　　我们都一致同意，上帝的任何意愿都是善而正义的。但是仍然存在一个问题：是因为上帝意愿它，它才是正义的，还是因为它是正义的上帝才意愿它呢？换句话说，正义和仁慈是主观意志所为？还是因为他们从属于像数字、比例一样的关于事物本质的必然而永恒的真理？②

---

① 莱布尼茨著，朱雁冰译：《神义论Ⅱ，180》，生活·读书·新知三联书店 2007 年版，第260 页。

② Riley P.（ed.），*Leibniz Political Writings*，中国政法大学出版社 2003 年版，第45 页。

莱布尼茨认为智慧是幸福的科学。智慧是位于其他事物之上的首要的必须被研究的内容。而幸福是快乐的一种持久状态。当快乐造成某种伤害、不幸时,或阻止获得更好的而且更持久的快乐时,就放弃或节制快乐,这就是很恰当的。快乐是一种完美的知识或情感,不仅在我们自己的心中,而且在别人的心中,通过这种方式,更进一步的完美就会在我们心中唤醒。爱就是在求其他对象的完美中寻找快乐。正义是仁慈或爱的习惯,这种爱和智慧相一致。因而,当一个人倾向于正义时,他会尽力为每个人促成善果,以尽其所能的、理智的方式,但与每一个人的需要和功德相一致;甚至当一个人有时被迫惩罚罪恶的人时,只是为了整体的善。没有什么能够比知识和创造人类幸福、表现出上帝的伟大,并且执行我们对上帝的崇敬和爱慕的行为更能够配得起伟大灵魂的了。

如果说正义不在于个人的主观意志,不在于拥有权力的大小,不在于物质财富的占有,那么正义的前提根据和原因应该是什么呢?莱布尼茨经过一步步的否定和排除,他把正义的理由和原因归于和谐的理性法则。莱布尼茨在给怀德考夫(Wedderkopf)的信中有一段话是对非正义的原因进行追问,这段话非常典型地体现了莱布尼茨风格的理性推理特点。

比拉多应受谴责。为什么?因为他缺乏信仰,为什么他缺乏信仰?因为他缺乏注意的意志力。为什么这样?因为他没有理解事物的必然性(致力于事物的能力)。为什么他没有理解?因为缺乏理解的原因。由于必然需要指出每一件事的原因,我们便不能止步,直到我们发现第一原因为止——否则就必须承认某物没有充足理由而存在,而这种承认破坏了上帝存在与许多哲学原理的证明。

因此,什么是神圣意志的终极原因?即神圣理智。因为上帝所意愿的事物,是他理解为最好、最和谐而选择的事物,就像从所有可能性的无限数目中选出一样。

那么什么是神圣理智的原因?即事物的和谐。事物和谐的原因又是什么?别无他因。①

---

① Loemker(ed.), *Leibniz Philosophical Papers and Letters*. Chicago: The University of Chicago Press, 1956, p. 146.

莱布尼茨是一个喜欢探究事物本原和根源的哲学家，在他认为没有找到第一位的原因和根据前，他绝不会浅尝辄止、半途而废。他对正义的追问一直到事物的和谐，和谐的原因又是什么？别无他因！因为正如无法解释为什么2与4的比率等于4与8的比率，这是服从几何与数学真理的形而上学必然性法则，它不在神圣意志里面，这取决于本质自身或事物的理念。事物的本质正如数字，包含着事物的可能性，上帝不会像决定存在那样去决定这种可能性，也因为这些可能性或事物的理念的确与上帝本身相一致。

作为正义前提和根据的原因和理由，应告诉我们正义是什么？当我们说一个行为是正义与非正义的时候，意味着什么？莱布尼茨认为，这种先在的原因或根据对于上帝和人类而言，一定是相通的。否则，这就违背了理性的根本法则，因为理性为人类和上帝所共有，只是上帝的理性是最完美的理性，人的理性是有限完美的理性，两者的差别不是根本性的性质差别，只是程度上的差别。上帝之正义完美而彻底，而人类由于天性的不完满性所致，人类正义掺杂着非正义、错误与罪恶。

　　　　上帝的完满是无限的，而人类的完满是有限的。因而，如果有人愿意主张上帝之正义与善以及人类之正义与善，有着完全不同的规则，那么同时他必须承认，有两种不同的正义与善之概念，这样要么是自愿的模棱两可，要么是把正义归因于两者的十足的自我欺骗。①

继而，选择这两种概念中的哪一种一定被认为是正义的概念呢？这将出现如下的情况，要么在上帝那里没有真正的正义，要么在人类那里没有真正的正义，或者也许两者之中都没有真正的正义，以至于最后在谈到正义的时候，人们将会不知道他在说什么东西——但这样将会破坏正义，导致事实上只留有一个虚名而已。既然同样的行动在不同的法官那里将出现正义或非正义两种结果，那些把正义视为主观臆断，使之完全依赖于法官或强权者的个人喜好的人也会如此。

莱布尼茨说，主张正义法则对于上帝和人类不同，这就好比有些人想

---

① Riley P. (ed.)，*Leibniz Political Writings*，中国政法大学出版社 2003 年版，第 48 页。

要主张，我们的科学如算术、几何，与上帝那里的科学不一样，或者认为所有的真理都是主观臆断的，依赖于一时的幻想。例如 1、4、9、16、25……是平方数字，也即是，它们是通过 1、2、3、4、5……这些数字与本身相乘而得，就是说 1 乘以 1 得 1，2 乘以 2 得 4，3 乘以 3 得 9 等。这样就会发现这些相继的奇数是相继的偶数之间的差。因为 1 与 4 之间相差 3，4 与 9 之间相差 5，9 与 16 之间相差 7，如此等等。是否有人有任何的理由主张这不适用于上帝及天使领域？主张他们在数字里理解和发现了与我们所发现的相反的东西？一个人没有理由嘲笑持这种观点的人吗？这种人不知道在任何地方都一样的必然而永恒的真理与那些偶然、变化与主观的事实真理之间的差别。

与此类似的是正义之真理。如果它是一个固定术语，有某种确定的含义，它就有着某种定义或者某种可以理解的概念：从任意一种定义出发，通过运用无可争辩的逻辑规则都会得到确定的含义；这就恰恰是一个人在建立必然而证实性的科学时所要做的工作，这种科学一点也不依赖于事实，却只依赖于理性，例如逻辑、形而上学、代数、几何、运动的科学及关于公正之科学，毋宁说它们是为了给经验事实提供理由并先在地制约着它们。它们也会诉诸权利领域，如果世界上没有法律的话。莱布尼茨认为，把正义依赖于权力的这些人，其错误部分地来自于混淆了公正与法律。公正不能够是非正义的，这是个矛盾体，而法律有可能是非正义的。因为权力提供和维持法律，如果权力缺乏明智与善良意志，它便可能提供和维持相当邪恶的法律：所幸的是，对于宇宙而言，上帝之法律总是正义的，他能够保持这些法律，就像他毫无疑问地所做的那样，无疑地，因为他有卓越的理性使然，尽管他有时不是有形而立刻地去付诸行动。[①]

二　个体正义中的命定与自由

命定与自由的问题是当时困扰哲学和神学家的大问题，也就是必然和自由的问题。莱布尼茨在《神义论》中对必然与自由问题进行了详细的探讨。因为必然、命定和意志自由问题是关系到人类社会正义乃至上帝正

---

① Riley P.（ed.），*Leibniz Political Writings*，中国政法大学出版社 2003 年版，第 49—50 页。

义的大问题。对于个人而言，如果每个人的命运已经被注定，那为什么我还要作出努力和改变呢？如果命运没有被注定，那凭个人意愿出发的毫无规律和节制的生活同样会扼杀个人的鲜活生命，破败社会的秩序与正义。对于必然与自由问题的探讨，首先需要分析，什么是必然？已经出现的必然观有哪些？它们各自的缺点和优长在哪里？莱布尼茨如何看待必然和命定问题？人类的意志自由在何种意义上与必然和命定相对立？如何理解自由？自由的内在规定性是什么？

（一）　命定体现为道德必然性

莱布尼茨批判了当时流行的几种必然观念，即土耳其人命运观、斯多葛派必然观、基督教命运观、斯宾诺莎必然观，在批判和吸收它们的基础上，莱布尼茨形成了他关于必然问题的论述。莱布尼茨在《神正论》前言中说，各个时代都受困于古人称为"懒惰理性"的谬见，这种谬见使人无所事事，或者至少对什么事情都不操心而耽于直接享受。这种人的思想逻辑就是，既然未来之事是必然的，不论自己做什么，必然发生的事都会发生。未来之事是必然的，要么因为上帝预见乃至预定一切，要么因为一切通过相互联系的原因而必然发生，要么因为一切以真理自身的本质为基础，而真理自身是已经决定好了的。这种错误的必然性观念在实际运用中就造成莱布尼茨称之为土耳其人命运观（fatum mahumetanum）的内容——因为受盲目必然性影响而不避开危险，甚至不离开瘟疫肆虐之地。

这种臆想的土耳其人命运观会使一些人对自己的幸福深信不疑，认为这种幸福是内在的、固定不变的，这种对自己幸福的确信被用来鼓舞士兵士气时非常奏效，但这只是一种有用的迷误，其作用在于消除其他迷误，而真理绝对更有价值；也会使一些人为自己的恶行和放荡开脱，认为不论做什么，事变都要发生；这种命运观隐患的后果则是，这种必然性将取消对行为道德性具有本质意义的意志自由。

既然一种不容改变的必然性——部分是由于人们可以从中引申出的免受惩罚性（impunite），部分是作为从中产生的、对于裹挟着一切的潮流所进行的徒劳对抗的结果——可能会为无神论敞开大门，所以揭示和说明必然性质各种不同程度便是颇为重要的：它的某些程度是无害的，但它的另一些程度则是不容许的，否则将招致严重恶果。①

更为恶劣的后果是有些人根据这种必然性把上帝看成是罪恶的责任者，将人类犯罪的原因归结为众神。莱布尼茨说，这种观点显然是错误的，认为没有上帝的意志和力量什么都不可能发生，这同样是错误的。这实际上放弃了关于上帝之正义与慈善的信条。因为这种观点声称，上帝之所以既造成罪又无损于他的神圣只是因为他乐于如此，或者因为上帝要享受进行惩罚的乐趣，甚而因为没有人有权力监督上帝行动。有人称上帝真的是以这种方式行事的，他们认为人类之于上帝正如小虫之于人类，人可以随意地将小虫踩死。这种观点的错误之处在于它破坏了上帝固有的正义，

> 因为它是以意志为准绳的，这就是说，在这种正义中，意志并不是为善的规则所规定，甚至恰恰是以恶为目标的。这是怎样一种正义观呢？这只不过是柏拉图著作中提到的泰拉绪马科斯的专断定义之中的观念，他认为正义无法是使最有权力者感到满意的东西。②

而斯多阿派命运观（fatum stoicum）并非如此，因为它不会引导人转移对自己事务的关注；它通过正视使我们的关注和苦恼归于徒劳的必然性而要求我们面对事变保持镇静。"当然斯多阿派的这种学说由于局限于这种臆想的必然性而只能教人保持一种被强加的耐性。"③ 斯多葛派认为，要内心平静地接受既成的事实。不要乞求事情按照自己的意愿去发生，如果事情发生了，就要接受它，这样才能内心安静平和。

莱布尼茨认为，基督教命运观与斯多葛派命运观相反，

> 我们的主却以更加崇高的思想感召我们，他甚至授予我们以达到

---

① 莱布尼茨著，朱雁冰译：《神义论Ⅱ，180》，生活·读书·新知三联出版社 2007 年版，第 12 页。

② 同上书，第 14—15 页。

③ 同上书，第 9 页。

满足的手段，他向我们保证，全善和全智的上帝关心着我们的一切，甚至不会疏漏我们的毫发之末，我们必须完全信赖他，所以，我们只要有能力理解他便会认识到，我们不可能要求得到比他所完成者更好的东西了。这似乎对人们说，克尽你们的义务，要对将要发生的事表示满足，这不仅由于你们无法对抗神灵的旨意或者事务的天性（这也许足以使人安心，但无法使人感到满足），而且也因为你们与之交往者是一位善良的主人。这便是人们可以称之为基督徒命运观（fatum christianum）的东西。①

莱布尼茨认为斯宾诺莎意义的必然性是绝对、盲目的必然性。斯宾诺莎不承认上帝具有意志，他认为，意志之善只与人有关而与上帝无关。尽管斯宾诺莎对上帝之理智与思想的论述有些模糊，对必然性的坚持有时有些缓和，但他根本上不承认上帝具有本然意义的慈善，他认为一切事物的存在都是由于上帝的绝对必然性，上帝没有也不需要选择。"斯宾诺莎也在事件中寻求一种形而上的必然性；他不相信上帝是为自己的智慧和完美性（他从宇宙方面着眼而将这种智慧和完美性贬低为幻想）所规定的。他认为，规定着上帝者是其本质之必然性，犹如半圆只可能包含着直角，这无须上帝的认知和意愿。"② 与斯宾诺莎这种绝对的必然观相一致，布莱德沃汀、威客莱夫、霍布斯与斯宾诺莎主张正义的绝对必然性，认为善与恶是必然的，无须运用手段去达到它或阻止它。莱布尼茨认为假定的必然性一方面有着真正的确定性，另一方面也必须借助手段去实现正义而不是受制于盲目必然性的束缚，不需要任何的辅助、手段与奖惩。莱布尼茨借助于对动物之奖惩指出作为正义实现手段之需要的奖惩性正义和适度的报复性正义。

莱布尼茨认为个人所服从的必然性，或上帝选择和创造世界时所依据的必然性法则，不是斯宾诺莎绝对的形而上学必然性，而是一种道德的、假设的、条件的必然性，所谓最好者就是道德最高尚者和最智慧者所希望

---

① 莱布尼茨著，朱雁冰译：《神义论Ⅱ，180》，生活·读书·新知三联书店 2007 年版，第 9 页。

② 同上书，第 255 页。

的,两者是一样的。他认为如果我们理解了宇宙的结构与安排时就会发现,宇宙的构成和运行正是最智慧者和道德最高尚者所希望的那样。上帝是至高至善的实体,上帝所希望和施行的正是完美的自然本性所展现的。但这种必然性只具有道德性质。

> 上帝假若为一种形而上的必然性所强迫而去创造他所创造者,他便会创造出可能的一切或者什么都不创造……但是,由于一切可能者在这单一宇宙之同一个序列中互不兼容,所以,正是出于这个理由不可能创造出一切可能者,因而人们不得不承认,上帝并不是从形而上意义上被迫去创造这个世界的。可以说,只要上帝决定创造某种东西,便会在所有向往生存的一切可能性之间产生一场争斗,而那些通过它们相互之间的联系造成绝大多数现实、绝大多数完美、绝大多数可理解性的可能性将在这场争斗中取得胜利。诚然,整个争斗只是理念性的,就是说最完美的理智中的种种理由的一场冲突:最完美的理智不可能不以最完美的方式行动并因此而选择最好者。①

前定的、确定的和道德的必然性并非一种绝对、无条件的必然性,它改变了人们通常所谓的外在世界观念,依靠上帝的至高至善和最大权能实现外在的拯救和外在的超越,而莱布尼茨使上帝观念渗透于人自身、萌发于人内部,成为人自身精神、智慧善爱和力量的一部分,即人类自身所具有的理性之光和自由意志同样具有完美性,与上帝唯一的区别就是人类的完美是有限的完美,而上帝则是无限的完美。所以这种前定、确定的世界并非凝固不变、一往如此的世界,它是最高智慧、最高实体对全世界、全宇宙进行选择后变成的最好者、最善者。前定的"定"不是凝固不变的僵死,而是原初形式的有机先成、智慧之爱的预定选择,是人类自身基于人类与宇宙万物之天然本性而赋予自己的前提性根源,所以这种"定"体现着最高的智慧之光、善爱之美与权能之力。显然这种前定与上帝、人的意志自由与自主选择是不矛盾的,而恰恰体现了真正的意志自由、真正

---

① 莱布尼茨著,朱雁冰译:《神义论Ⅱ,180》,生活·读书·新知三联书店 2007 年版,第275—276 页。

的自主选择之内涵，真正的自由不是懒惰麻木的铁定命运，不是妄顾理智的随心所欲，不是主观意志的恣意妄为，不是没有独立的任人摆布。从这个意义上讲对莱布尼茨前定和谐思想的嘲笑、不屑与讽刺就是对人类自身精神、智慧、善爱与权能的否定，人们会发现自己所嘲笑、不屑和讽刺的正是人类最可宝贵的天然本性。

（二）自由的三重界定

意志自由问题是哲学与神学中的重要命题，意志自由与善恶问题密切相连。莱布尼茨认为自由意志是罪过之恶与惩罚之恶的原因，虽然罪的第一根源表现于永恒观念中受造物之原初的不完美性。莱布尼茨对意志自由之本质有三重维度的界定，简而言之即理智、自主与偶然（选择）。他说：

> 人们在神学派别中所看到的自由是一种包括对观察对象之精确认识的理智（intelligence），此外，它还是我们以之作出决断的自主性（spotaneite），最后它也是偶然性（contingence），即它排除了逻辑的和形而上的必然性。理智认识犹如自由之灵魂，其余则是躯体和基础。自由的实体是通过自身作出决断的，即根据为理智所认识到的善之动机作出决断，这种动机激励它却并不强迫它。①

莱布尼茨认为这几句话包含了自由的所有条件，他进一步指出，存在于我们的认知和我们的自主性中的不完美性与我们的偶然性中所包含着的无谬误的确定性，既不取消自由也不取消偶然性。

理智被莱布尼茨称为意志自由的灵魂，可见他对理智之于自由的根本重要性，这显然和他一贯从理由、原因和前提根据出发去追寻第一位的做法有关。他指出我们的认知是双重性的，要么清晰要么模糊。清晰的认知或理智认识植根于理性之充分运用。而感官提供给我们的是模糊观念。

---

① 莱布尼茨著，朱雁冰译：《神义论Ⅱ，180》，生活·读书·新知三联书店 2007 年版，第343 页。

　　我们只要是借助清晰的认知行为便摆脱了奴役状态，如果我们的感知是模糊的，我们便成为激情的奴仆。从这个意义上讲，我们还不享有所期待得到的完整的精神自由，我们可以用圣奥古斯丁的话说，因为我们的深陷于罪，我们只拥有一个奴隶的自由。可是，一个奴隶即便作为奴隶也拥有与其地位相当的选择自由，虽然他大都处于严酷的必然状态，即不得不在两恶之间进行选择，因为凌驾于他之上的力量使他得不到他所追求的善。镣铐和强迫在奴隶身上所做到的正是激情在我们身上所做的，激情的力量尽管和缓，但并未因此而更少危险性。固然，我们只要求我们感到满意者；但不幸的是，我们在此一瞬间感到满意者往往是真正的恶，一旦我们理智的眼睛睁开它就使我们感到厌恶了。可是，奴隶的逆境以及我们身处的情况并不妨碍我们（完全像他那样）进行选择，选择那种在我们所处的状况下和根据我们当前的力量与认识最使我们满意的东西。[①]

　　莱布尼茨这里虽然借助奴隶之镣铐和枷锁说明了自由对于理智的依赖性，但这里所举的例子暴露了以下问题：第一，把清晰认知归于理性，模糊认知归于感官和激情。模糊认知服从于清晰认知，并且受其裁决，模糊认知失去了独立的价值与意义，这违背了他关于和谐理念之设定，即不但理性受造物而且非理性受造物甚至无生命受造物都是和谐宇宙之一员，具有不可剥夺性和自身价值性。然而一旦具体到人之意志自由，他就放弃了自己的和谐理念之设想。也就是说人的情感、激情、感受与信仰所具有的独立的价值与意义被忽视和抹杀了，情感与信仰成为理性的奴婢，受其制约。第二，由第一点出发，他把镣铐和人的激情等同起来，也就是说把镣铐和激情都作为罪，视为负面、被动的东西。镣铐所代表的规定性当然有其深刻内涵，但莱布尼茨只是把它归于表面意义的罪。激情只具有表面意义的罪之含义吗？激情没有镣铐背后所代表的规定性之内涵吗？可见，在宏观的宇宙、世界领域，莱布尼茨是重视感官、纯形而上受造物的，但是一旦具体到人之意志领域，他就唯理性为最高，第一根源是理性与理由，

───────────────

　　① 莱布尼茨著，朱雁冰译：《神义论Ⅱ，180》，生活·读书·新知三联书店2007年版，第343页。

意志的灵魂和受制因素是理性与理智，这就是他关于人的意志、道德思想之困境。

莱布尼茨讲意志或物之受动性，非常深刻，即他把外在之受制约转向内在之受制约。但问题在于为什么只强调主动性的受限制而贬抑被动性的受限制？他从分析一个运动物的力指出，力之受动性不仅是通常意义的外力之撞击和受动，而且这个物本身就存在着受动力和制约力，即物本身的自然惯性和惰性。莱布尼茨讲一个实体若通过另一个实体来说明，说明它受制于另一个实体，可见一个实体既受制于外在的确定性，也受制于内在的自然惰性。为什么在主动性上受制于外在的力说明它是具有从属其他实体的是积极而主动的力，而在被动性上受制于内在的惯性就只是一种消极和落后的力呢？

预定对于人而言就是按照理性与规则去履行自己的义务。未来发生的一切无论从其原因还是从上帝安排而言都是受到决定的，但我们并不知道这是如何决定的以及决定和预见了什么，

> 所以我们必须根据上帝赋予我们的理性和他为我们制定的规则履行我们的义务。然后，我们便可以心安理得，而让上帝去为此事的成功操心。他绝不会失误，他将去做证明是最好的事，不仅是从一般意义上，而且特别是为了那些对他怀有真实信任的人们，这种信任与真实的虔敬、活的信仰和热烈的爱毫无二致，它使我们不错过任何机会去做按照义务和职责我们理应对他做的一切。[①]

诚然，我们可以不为他服务，因为他不需要服务；但是，当我们不论何时只要力所能及便参与完成善者、力求实现上帝之可能的意志的时候，这在我们的语言中便叫作为他服务。因为我们始终必须假定的前提是他努力的目的是让发生的事件告诉我们，他有着更加有力的、虽然为我们所不知的理由将我们所追求的善放在一个更加伟大的善的后面，这后一种善是他确定的目标，他曾不遗余力地而且将来也会不遗余力地去实现它。这里

---

① 莱布尼茨著，朱雁冰译：《神义论Ⅱ，180》，生活·读书·新知三联书店 2007 年版，第144 页。

莱布尼茨指出，我们始终必须假定的前提是，整体的最大可能的善由上帝加以保证。对前提的强调这一点非常重要，因为考察他的学说一定不能忘记他的前提与出发点，即他的立意与使命是什么。莱布尼茨从事物的本性、最完美的理念即存在于上帝智慧中的永恒真理出发推演他的学说。这就决定了他对一般事物的考察总有一个内在于本性的、有机先成性的、连续提升性的神性旨意，即从自然到人，从人到神；从数学到物理学，从物理学到形而上学，从形而上学到神学。当然也体现在相反的秩序论证中，即要考察他的神学论证需要理解他的形而上学论证，理解他的形而上学论证需要理解他的物理学与数学论证。他正是从动物灵魂不灭，最原始自然物中的先成形式出发引出了人的灵魂不死而永恒的观点，由此进一步论证至高至美至善的不朽神性。

　　关于自主与自由问题，莱布尼茨指出，亚里士多德曾对自主性作出正确的界定，自主性①为我们所固有的，正如我们自身之内便拥有我们的行动原则那样。当然，外界事物的影响经常使我们偏离我们自己的轨道，于是人们往往会认为，我们行动原则的一部分是外在于我们的。莱布尼茨说，人们如果习惯于通常的语言用法不得不做此表述，这在某种意义上也可能无害于真理。但是"倘若用一种精确的表达方式，我要说我们的自发性也不容许有例外，从严格的哲学角度看，外在的事物对我们没有形体的影响"②。

　　如何理解意志自由的自主性？莱布尼茨说，人们必须明白，人以及一切单一实体都有一种严格的自主性，这种自主性就是在理性或自由实体中支配其行动的主宰。他认为其前定和谐体系最能够表达这一思想。

　　　每一个单一实体自然地便有知觉（perception）之顺序的恒久法则，这些知觉是以自然的方式分别产生的，然后按照此一单一实体所固有的观点去感知实体所得到的形体并通过此一形体去感知整个宇宙，而实体却不一定接受来自形体方面的任何形体上的影响，虽然形

---

　　① 原文翻译为"自发性"，考虑到"自发性"具有盲目性内涵，所以翻译为"自主性"比较好。原文中"自发"、"自发性"以下都改为"自主"、"自主性"。
　　② 莱布尼茨著，朱雁冰译：《神义论Ⅱ，180》，生活·读书·新知三联书店2007年版，第344页。

体从其自身方面应根据它自己的法则适应灵魂的意志并按照这些法则的规定顺从灵魂的意志。由此可见，灵魂自身拥有完美的自主性，所以，它在行动时只服从上帝和它自己本身。①

莱布尼茨引用培根的话说，平庸的表述的哲学背离上帝，而深刻思考的哲学又转向上帝。他举出"灵魂白板说"的例子，经验主义者认为我们所做的一切都是基于外界的推动，我们所思考的一切都是从外部经过感官加给我们，但是经过深层的思考便会明白，"一切（甚至知觉和激情）都是借助完美的自主性从我们自己的领域流向我们的"②。

自由的第三个条件是漠然。漠然（indifference）即偶然性、非必然性。偶然性、漠然性是相对于绝对必然性而言的，偶然性并不排除意志理由与其倾向性之确定性，漠然性也并非纯粹无偏无倚的中立状态，也只是与绝对的几何必然性相对而言。这里涉及两个问题：其一，自由与必然性之间的关系；其二，自由与选择之间的关系。要说明这两个根本性问题，就要涉及以下概念：必然性与确定性，道德必然性与绝对必然性，倾向性默然性与纯粹无偏无倚的默然性。

莱布尼茨批判了意志绝对偶然性观点，只是在偶然性或非必然性意义上他才承认漠然性。莱布尼茨反对那种两个方面不偏不倚的漠然性。莱布尼茨认为：

倘若人们采取全然的漠然态度，他们就绝对不再作出选择。即便作出选择，这在某种程度上只会是纯粹的偶然而没有或明显或隐蔽的确定理由。这样一种纯粹的偶然，这样一种现实的和绝对的偶然性是一种在自然中并不存在的妄念。所有的智者都一致认为，纯粹的偶然只是像幸福那样的表象。只有对原因的无知才会产生这种表象。假如有这么一种模棱两可的漠然态度，或者更有甚者：假如人们进行选择而又没有某种促使我们进行选择的东西，那么，纯粹的偶然便会成为

---

① 莱布尼茨著，朱雁冰译：《神义论Ⅱ，180》，生活·读书·新知三联书店 2007 年版，第 344—345 页。

② 同上书，第 347 页。

某种现实的东西，它近似于在原子稍微偏转时所产生的东西，按照伊壁鸠鲁的观点，这种偏转是无缘无故地发生的，他用这一现象来绕过必然性。这种观点理应受到西塞罗的嘲讽。①

伊壁鸠鲁的原子偏转说的终极目的是摆脱命运必然性的规定。不过莱布尼茨认为这种原子偏转无法在事物之本性中找到其动力因，因此是不可能的妄念。意志是从不确定的原因中流传的吗？培尔对伊壁鸠鲁意义上的意志自由评价，有时持批判态度，有时却也认可意志之纯粹偶然性。圣奥古斯丁与托马斯主义都认为，一切是确定的。莱布尼茨借用培尔反对笛卡儿依赖感性内在经验证明自由独立性的观点，指出虽然人们并非总能认识到在两个看似相同的决断中其选择意向之理由，但客观上却存在着规定我们意志的作用要素，哪怕这种要素我们并没有感知。培尔也批判绝对不确定的默然态度，

　　一种始终遵从理智判断的自由，他不可能抵制无可争辩地被认为是善者的事物。我不知道有谁会不承认，被明确认识到的真理将迫使灵魂表示赞同（毋宁说是促使灵魂表示赞同，至少如果人们所指的并非道德的必然性的话）。这一点是经验告诉我们的……正如真是理智的对象那样，善是意志的对象，正如理智只可能肯定以真理的表象展现于它的东西那样，意志所爱者只可能是他认为善的东西。人们决不相信本身为虚假者的东西，也绝不爱本身为恶者的东西。②

培尔指出正如在理智中有着对一般的真实之自然追求那样，在意志中有着对一般的善之自然追求。当事物的真与假之显现很不清晰时，理智才会停止活动，而当灵魂意识不到对象的善与恶时，意志才会犹豫不决。但灵魂一旦对对象作出肯定判断，意志便会逐渐地爱上这一对象，除非理智之判断又作出另一种规定。以这种方式解释自由，人们会以为从中发现了

---

① 莱布尼茨著，朱雁冰译：《神义论Ⅱ，180》，生活·读书·新知三联书店2007年版，第353页。
② 同上书，第355—356页。

一种几乎无所不包的事实，精神的判断来源于灵魂的自由努力。意志必须自始自终服从理智之最后的实际行为。

莱布尼茨对培尔以上的观点进行了评价：第一，对最好者完全清晰的认识规定着意志，但并不强迫意志。因为这种规定性是一种道德、假定的必然性而非绝对、形而上必然性。第二，只有上帝的意志能够始终遵循理智，一切理性受造物容易受到激情的感染，或者至少受到并非严格存在于完全理念（idees adequates）中的感知之影响。我们不是任何时候都理解我们种种本能欲求之理由，天使和得永福者与我们都是一样的受造物，混乱的知觉与清晰的理智相互交织。这些知觉产生着激情，甚至产生着我们察觉不到的隐秘倾向，这些活动往往破坏实践理智的判断。第三，关于理智与真实的关系不同于意志与善之间的关系，因为对真理之清晰知觉自身便包含着对真理之肯定，服从必然性；而按照善去行动的愿望却并非直接就体现为意志行为，不服从必然性。实现某一愿望需要时间，所以便有可能被新的知觉和偏好扭转了精神方向，即从精神到情感（coeur）的过渡颇为缓慢。

意志服从理智之最后行为，除了使人便于认识灵魂状态外，按照这个途径比沿着纯粹漠然性更容易使人得到幸福。如果一种自由脱离了理性和已经明确认识到的事物之特性，人便会成为动物中最不受约束的动物，这样所有的忠告、理由全无效果，"所以对人而言，最好必须使自己始终受到理智判断的限定，而不可听任意志去抵消理智的活动；人以这种手段，更容易而又更可靠地达到目的"①。

莱布尼茨引证了培尔批判不确定性之漠然的几个例证。第一个是上帝对于人类始祖之训令，第二个是通过领受神灵指引而非自己的选择也能获得自由与幸福，第三个是坚定的判断比经过深思熟虑的选择更能让人满意。第一个例证，上帝对居住于伊甸园的人类始祖说，

> 我让你们认识我自己，赐予你们判断事物的能力和控制你们的意志的全部力量。我向你们宣布规定和命令：我给予你们的自由意志的

---

① 莱布尼茨著，朱雁冰译：《神义论Ⅱ，180》，生活·读书·新知三联书店 2007 年版，第360 页。

性质在于使你们能够对我（因情况而异）表示顺从或者不顺从。你们将受到检验：倘若你们善于使用你们的自由，你们将是幸福的，倘若你们滥用它，你们将遭到不幸。现在你们必须考虑，你们是愿意作为一种新的恩宠恳求我允许你们在作出决定时滥用你们的自由，还是恳求我阻止你们滥用它。①

培尔说，人类的始祖本应得出结论，祈求上帝不滥用自己的自由，这是上帝所赐予的最高程度的宠爱。第二个例证，倘若人们得到神灵的指点而获得幸福，一点也不少于人们通过自己的选择所获得的幸福，甚至还会感到更快乐。有的人相信突然在自己身上产生的猛烈冲动而不必太理会自己左思右想之理由，会使他感到更大的快乐，因为他感到，是上帝或天使或在朦胧的幸福名义下所想象的东西推动我们作出这一选择。第三个例证，富于理智的人认为，不应为自己深思熟虑所选择的最好者感到心满意足，最大限度的满足应是，相信自己对美德的爱坚定不移因而会毫不犹豫地抵消某种诱惑。莱布尼茨对培尔的这几个例证评价道，这一切都说明坚定的判断与举棋不定的左右摇摆相比具有更大的优点。"只有无知或者激情才会使我们停留在不确定状态，而上帝是绝不会的。我们愈是走进上帝，自由便愈是完美，它便愈是会为善和理性所规定。"②

三　社会正义中的制度辩争

（一）社会正义中的自然法

莱布尼茨基于他的自然法理论来探讨以正义为取向的自然社会。在《论自然法》中，莱布尼茨分析了自然社会的六个层次，从中我们可以看出宗教神学及中世纪哲学中关于自然法的思想对莱布尼茨有着很深的影响，同时我们会发现莱布尼茨非常重视等级制和自然从属关系，认为它们是社会构成与运行的内在结构。

---

① 莱布尼茨著，朱雁冰译：《神义论Ⅱ，180》，生活·读书·新知三联书店 2007 年版，第 363 页。

② 同上。

　　莱布尼茨首先强调了正义对于自然社会的重要作用，指出正义是社会的责任或维护社会的责任。社会是不同的人出于同样目的所组成的联合体。然后对自然社会下了定义，指出自然社会是一个为自然法所要求的社会。而我们判断自然法要求某事物的标征（sign）是什么呢？那就是自然已经赋予我们去履行它的意愿和力量。自然之所以能够赋予我们这种意愿和力量是因为自然不做徒劳之事。最完美的社会就是其目的在于获得全体和最高之幸福的社会，保存和提升全体和最高之幸福的社会就是自然社会，而自然社会的内在根据便是自然法。

　　然后，莱布尼茨从六个层次具体分析了自然社会的内容。第一层的自然社会存在于丈夫和妻子之间，这是保存人类种族的必需。第二层的自然社会存在于父母和孩子之间。由于第一层次自然社会的存在，自然便会导出第二层次的自然社会。因为基于人类生存繁衍之需要，夫妻之间不仅要再生产自身生命而且要再生产出下一代的生命，而孩子一旦出生或被其他夫妇自愿收养，他们就必须接受培养，即被管教与被养育。作为对父母养育之恩的报答，孩子在长大成人之后应对父母尽孝敬、赡养之义务。正是这种代代相传的对父母、长辈的感激与感恩、报答与报恩，人类社会才能得以延续、传承和继而开拓出新的未来。① 当然作为承载希望和未来的孩子最初只是以一种潜在的力量而存在，为了照顾和养育孩子并使其健康成长，自然需要父母首先付出自己的辛苦和努力。正如马克思所说的："人的存在是有机生命所经历的前一个过程的结果。只是在这个过程的一定阶段上，人才成为人。但是一旦人已经存在，人，作为人类历史的经常前提，也是人类历史的经常的产物和结果，而人只有作为自己本身的产物和结果才成为前提。"② 父母首先当然是作为后代的孩子的前提和基础，而父母也只有作为自己本身的产物和结果才成为前提。

　　第三层次的自然社会在于主人和奴仆之间。莱布尼茨认为当一个人缺乏理解能力而不缺乏养活自己的力量的时候，这种主仆关系是适合于自然法的。如果一个人生来是仆人，那他必须在别人的指导下工作，并由此而生成自己的生活，剩下的便是主人的事了。仆人所拥有的一切都是基于主

　　① 　Riley P. , *Leibniz Political Writings*，中国政法大学出版社 2003 年版，第 77 页。
　　② 　《马克思恩格斯全集》第 26 卷Ⅲ，人民出版社 1974 年版，第 545 页。

人，而人所具有的其他能力都以知性为目的。这样，知性便属于主人，而其他的能力属于仆人。既然仆人是为主人而存在，那么主人对仆人负有的义务就只是维持他的基本生计；基于同样的考虑，主人也不应对仆人造成伤害。① 关于主仆之间关系的论述非常明显地表明了莱布尼茨的阶级与历史局限性。他从维护封建统治制度的统治阶级立场出发，认为仆人的存在是合理而适合于自然法的。这种对人与人之间关系的理解还处于人的依赖性阶段，这是由当时的社会经济发展状况和历史阶级状况决定的。这种理解远远没有达到资本主义社会的以物的依赖性为基础的人的独立性阶段，就更不用说建立在个人自由全面发展和他们共同的社会生产能力作为他们的社会财富基础上的自由个性的共产主义阶段了——"在那里，每个人的自由发展是一切人自由发展的条件"②。

第四层次的自然社会是家庭，它是由自然社会的以上三层关系中——丈夫与妻子、父母与子女、主人与仆人——的部分或全部组成。家庭是社会的基本单位，无论是对于孩子的健康成长还是对于社会的稳定和团结都具有重要的意义。而家庭的基本目的是要保证家庭成员日常必需品的消费与满足，从而实现自身生命和新生命的生产与再生产。

第五层次的自然社会是市民社会。规模较小的市民社会可以称为城市；相邻几个不同城市又组成更大的社会单位，可以称为省。而不同的省份之间又组成了新的更大的公民社会，即一个独立的王国或拥有较大自治权的自治领地。③ 在一个独立的王国内，要有代表本国人民意愿和利益的主权政府，在国际关系中通过媾和、协约为国内和平与发展创造良好的条件，在国内政治生活中要保证国民的生命财产安全，彼此不互相伤害，给予每个人他所应得到的，总之也就是要保证人们能够追求和实现自己的现世幸福生活。

第六层次的自然社会是上帝之教会，这就由现实的自然世界走向可能的神恩世界。在这一层次的社会中，理性神学与启示神学同样重要，因为只要一个人有向善意志与行善行为，主动地爱自己的邻居和他人，过虔诚

---

① Riley P. , *Leibniz Political Writings*，中国政法大学出版社2003年版，第78页。

② 《马克思恩格斯全集》第1卷，人民出版社1995年版，第294页。

③ Riley P. , *Leibniz Political Writings*，中国政法大学出版社2003年版，第78页。

而有尊严的生活，它可能成为上帝之城中的一员。与第五层次市民社会中人们追求现世的幸福不同，上帝之教会的目的在于通向永久之幸福。这一层次的自然社会真正代表了自然社会的本质特征，即自然而永恒的社会生活，因为在上帝之城中有一种自然而永恒的宗教信仰和对永生的愿望根植于人们心中，人们的灵魂不朽而永恒，而全知、全善、全能的上帝以智慧和公正统治着世界，这样所有的善行都会得到报偿，所有的恶行都会受到惩罚。这种神圣的社会是适应于全人类与全世界的，它把整个人类种族联系在一起。如果再加入神启的力量，这种结合就不会被破坏，而只能得到增强。①

综上所述，莱布尼茨从分析人类种族繁衍的夫妻关系入手，得出父母与子女之间的社会关系，然后结合当时的社会状况分析了主仆关系存在的合理性，由这三层关系自然便引出了组成社会的基本单位——家庭，而家庭之间的地区联结就组成了市民社会，也即是世俗社会。在世俗社会之上便是最高层的基督教会统治的神恩社会。莱布尼茨强调自然从属关系对于社会的重要作用，这与中国传统儒家中重视差等有序的社会伦理思想非常相似。我们可以从中得出两点重要启示：首先，欲图社会之和谐，要以实现社会之组成要素以及要素之间的和谐为前提，特别是要重视和发挥家庭和谐在构建社会主义和谐社会中的重要作用；其次，在重视追求理性而规范的世俗生活和强调社会的物质基础的同时，要重视精神生命的独立性、超越性、永恒性与尊严感、神圣感、圆满感的形而上学追求，也要强调社会的精神基础，使善良仁爱的心灵在关爱他人的行为中演绎生命的高尚与美满，使共同信仰的思想根基坚定对正义与神圣的信念，使有限、当下的个人生活融入无限、永恒的历史绵延。

（二）社会正义中的公共福利

与同时期的英国与法国政治哲学家非常强调契约论、分权民主、政治主权与国际法等理论观点不同，莱布尼茨显示了与同时代政治哲学家不一样的特征。他极力强调的是社会的公共福利事业，教育科学文化事业。主张通过发展经济，使人摆脱贫穷和生计的困扰，通过教育和科学在知识、

---

① Riley P. , *Leibniz Political Writings*，中国政法大学出版社 2003 年版，第 78 页。

德性和修养境界各个方面提升自己。

　　莱布尼茨认为明智而善良的统治者，应该把毕生的努力奉献给公共福利事业，不只是为了阻止悲惨，而且是为了促进市民在物质生活水平、知识、美德方面的提升。政治的目的，除了美德以外，就是保持物质的丰富充裕，这样人们将会以更好的条件，为了那些坚实的知识目标，共同一致地去工作，这种坚实的知识目标将使至高无上的创造者受到钦慕和爱戴。如果说莱布尼茨对自由的坚持使他与他那个世纪的英国自由主义者联系起来的话，那么他对仁慈和福利的强调则使他与他们区别开来。相比于任何自由主义者，他对福利和人类的整体提升更感兴趣。这在他的《卓越意图的启蒙人物回忆录》中，非常明显地体现了出来：

　　　　最伟大、最有灵效的而且切实可行的增加人类总体福利的方法……就是，当启迪他们时，使他们转向善时，把他们从令人烦恼的琐碎（贫穷、失业、流通混乱）中解脱出来时，劝说伟大的君王和他们的重要大臣付出非一般的努力去获得伟大的善，把我们的时间用于享受我们的优点，如果没有这种（非凡的努力），这些优点将会留存于远方的后代。①

　　莱布尼茨向付出这样努力的君王们保证，他们将不仅仅是为了"不朽的荣耀"而努力，而且是为了他们"自己的完美和幸福"，也是出于他们自己的利益：他们将不仅会拥有更有德性的、更称职而满意地服务他们的国民，而且是有着闲暇和生活有意义的人，而不是用琐事、用罪恶或破坏性的快乐，用阴谋来打发自己，这些人将在具有德性的同时感受到快乐与满意。

　　而英国的自由主义更多地集中在把政府作为保护天赋人权的司法的权威，特别是财产权利，而莱布尼茨本人非常关心社会的公共福利。他向许多的君王强烈呼吁建设几十个工程项目，他主张建立经济委员会不仅能够监查制造业和农业，而且包括公共卫生和教育，而且一再地主张防止罪恶根源的贫困和悲惨，比等它出现后再减轻它要好得多。它主张在很多重要

---

① Riley P., *Leibniz Political Writings*，中国政法大学出版社 2003 年版，第 107 页。

的大都市建立艺术科学院的热情而艰辛的努力，仅仅在柏林得以如愿。但是他为了引起俄国彼得大帝、萨克森选帝侯和神圣罗马皇帝注意的热情努力，表明了他对把仁慈作为重要的公共美德的强烈兴趣是如何的真诚。莱布尼茨感觉到，许多统治者错误地认为通过他们的"破坏和荒芜"将能够显赫于世，他感觉说明建设对于破坏行动的优越性是他的责任。

莱布尼茨认为为了改进人类的意志，人们可以提出好的规则。但是它必须在政府当局的庇护之下，人们才可以把它们付诸实施。关键点是教育的改革，这应该在使美德受欢迎的过程中、在使其成为另一种习性的过程中形成。但是如果某个人在他的青年时期已经缺少教育，他肯定已经求助于好心的同伴或者榜样，或者为了喜欢一种东西、憎恨另一种东西而求助于一个活生生的正义与邪恶的代表，求助于对自己良心的检查及频繁的反省，为自己制定的某些规则，对于别人也是一种映射。最后，人们肯定求助于惩罚和奖赏，这是最终的补救，也是产生纯粹美德的最不合适的方法。虽然如此，他们仍是美德的产生所必须的。①

（三）社会正义中的财产私有与公有

莱布尼茨通过与正义的三个等级相联系而看待私人财产，尽管这还不具备完美的一致性。他认为没有一点私人财产是最好的，但这样苛刻的状态是很难达到的。他坚称，社会通过三样东西团结在一起——友谊、政治正义和勇敢。如果就我们所看到的，友谊使利益共享，那么政治正义将不再起作用，如果人类有出于正义的如此的热忱，那么就不需要勇敢来保卫国家了。

　　但是，由于人类天性的弱点而不能过上建立在纯粹的友谊基础之上的国民生活，有必要努力实现利益的分割与自然万物的福利，并通过法律正义来保存这一局面，正义的实施一定要借助于武力以反对那些胆敢违犯法律之人。因为国王是这种权力的委托人，他们必须促使哲学家们称之为可交换性的正义运用于财产丰富之源的商业，他们自己必须管理分配性的正义，为了国民的幸福与安全而交相使用奖赏与

① Riley P., *Leibniz Political Writings*，中国政法大学出版社 2003 年版，第 106 页。

惩罚的手段。最后，政府统治者与人民必须通过尊重法律而受到限制。①

但是，人类的天性不允许社会单单建立在友谊基础上。因此，私人财产和政治的威压变得非常必然。莱布尼茨说，在一个完美的国家里，所有的物品都应当是公共财产，而且应当被公开地分配给私人。但是很不幸，没有一个充分开明的公众愿意过"修道院般"的生活，也没有发现一个具有充分正义和公共精神的行政官员如此。结果，必须允许人类为自己得到私有财产。莱布尼茨认为，这个决定一旦下定，私人财产必须被认为受到严格的权力的保障；因此，就私人财产而言，人类应当受到公平对待，但不是在他们都得到同样的东西这个意义上，而是在他们都有平等的权利来保持他们所拥有的或所能得到的这个意义上。

> 必须承认在财产权利与某种适益的权利之间是有差别的，但通常情况下，是优先考虑前者。但这是出于更大适益的考虑，不允许剥夺富人的财产去救济穷人，不能剥夺一个人的一件不适合他穿的上衣而给另外一个很适合穿的人。这是因为比起某些特定的麻烦来，由此产生的无序，将会制造更多的全体之灾难与麻烦。而且，必须主张保持私有财产，由于国家不能对所有人的所有国内事务负责，就必须保护商品的所有权，以至于每个人都有他自己的领域，以此来提升自我并进入很好的秩序当中。②

由于在所宣称的功绩和德行基础上的财产再分配是非常困难而且非常危险的，这样一种再分配将导致对私人个体利益的侵害。因而，分配性原则也只是适用于政府所拥有的安排用于分配的商品（或者私人出于仁爱心希望分配的商品）。莱布尼茨正义理论的潜在激进主义性质因而在社会中得到缓和了；平均主义受到禁止，只有政府慷慨行为的普遍扩展得到认可。

---

① Riley P.，*Leibniz Political Writings*，中国政法大学出版社 2003 年版，第 98 页。
② 同上书，第 64 页。

（四）社会正义中的主权法与国际法

一点也不令人感到惊讶，莱布尼茨对仁慈、福利、理性的强调将导致统治主权概念地位的极度下降，它在17世纪其他的理论著作里扮演着如此重要的角色。他和霍布斯一样，的确相信政府只是一个聚合体，像一个兽群或一只军队，它的团结只有在统治者地位的团结中才能得以存在。当然，实体学说，要求只有个体是真实的，因而在这一点上，莱布尼茨的形而上学和政治学完全相吻合。一个政府，像一条由许多小石头组成的大理石路面一样，但它不是真正的统一体，更甚一点比如有很多鱼的池塘里的水，尽管假如所有的鱼和水都冻在一块。但是，莱布尼茨与霍布斯的法律作为命令的看法彻底决裂，对莱布尼茨而言，是法律的内容——公众的善和客观的正义——才是最要紧的。

他从统治权概念中，去除了其绝对的至高无上的性质，使得它只具有相对的而不是绝对最高的权威。莱布尼茨主权法概念考虑到德国政治形式的很显著的分散性和多样性，他声称统治者是否把它的土地作为封地，他是否承认首领的权威，都是不重要的，假如他在国内是国家的主人，不会被军队以外的其他因素所妨碍。

> 领土是一个国家或自治地或一块土地的共同的名词称谓。但除了这个基本的意思外，它还表示法律和权利的集合，这样说来，就像遗产或祖传财产包含在一些家庭或居民的整体的物品和权利当中一样，这样领土就意味着在地球上定居区域所能得到的所有的法律与权利。因此，这就提出了德国法学家称之为领土统治权问题，或者是领土的权利问题。①

莱布尼茨抨击霍布斯从法律概念开始。他在《恺撒一样的统治者》中说道，如果关于国家本质的思想是托马斯·霍布斯所说的那样，那么在文明社会的欧洲便没有人接受霍布斯所提出的法律的统治。因此，如果我们听从霍布斯的观点，在我们的国家将只剩下完完全全的无政府主义。霍

---

① Riley P., *Leibniz Political Writings*，中国政法大学出版社2003年版，第114页。

布斯说人生而有权去做任何对他有益的事，从这点出发他们的权利可以延伸到万事万物之上。但是，他继续讲到，由此而产生了自相残杀的战争，导致了个体的毁灭，因而和平是必要的。所有人对所有事的权利必须被收走，而这种权力所得以产生的个人判断权也被收回。每一个人必须把他的意愿转交给政府，比如转交给一个君主，或者贵族、公民委员会，或者一些自然人、法人，这样每个人的意愿就被理解为政府之意愿或代表他意愿的公民的意愿。而且，市民、政府不可能不是整体一致的，把最高权力分割于几个人或委员会（collegia）是无用的。因为，举例来说，如果一个人应当被赋予提议法律的权利和另一个人被赋予征收贡税的权力，那么当出现严重不一致的时候，政府就会自我解散了。由于没有管理事务——如财产——的权力，什么也不可能实现，因此，很明显，如果一个人否定了另一个人的赋税权，他便也能够剥夺这个人其他所有的权利。莱布尼茨认为霍布斯说的这些，真是荒唐。甚至，从他的理论原则可以得出每一个君主（或者不需要召集公民议会的君主）可以任意地安排他的继承人。霍布斯也不否认这一点。而这些理论将会在法国自我揭穿真相。

　　霍布斯的谬误在于，他把事情之根本不应该产生的麻烦的一面当成必然来思考——这与人类事务的本性相违背。我不否认，当最高权力被分割时，许多纷争就会产生；甚至发生战争，如果每个人顽固地坚持他自己的观点。但经验表明，人类通常会坚持中间路线，不会由于自己的顽固而把事情做到危险的边缘。①

莱布尼茨认为，霍布斯意义上的帝国既不在文明人中，也不在野蛮人中存在，它们既是不可能的也是不值得做的，除非有最高权力者被赋予天使般的美德。既然人们根据自己的意愿选择，并考虑他们自己的福利的最好状态，只要他们不相信统治者的最高智慧和能力就不会交出自己的权利，而最高的智慧与能力对于完全的意志之顺从是最必要的。这样，霍布斯的论证仅仅在以上帝为国王的国家那里才有可能，我们在一切方面都能够相信的最高统治者也只有上帝。

---

① Riley P., *Leibniz Political Writings*，中国政法大学出版社 2003 年版，第 64 页。

对莱布尼茨来说，由于对于政治参与的天赋平等人权是一种幻想，他便很少利用——至少在他的成熟的作品里——社会契约理论，他预设了所有定约者拥有的建立法制政府的权利。莱布尼茨的法制政府和它的起源没有关系，因而，契约在莱布尼茨那里是不重要的。但是正义、福利、仁爱和公众之善的提升是重要的。莱布尼茨贬低契约理论，像柏拉图一样，莱布尼茨认为如果最优秀、最智慧的人不进行统治，那将是不正义的。这里他退而把正义理解为关系、比例，并且接受了柏拉图主义的观点，社会的正义将是最精确的、可能的"自然"的摹本。在给苏格兰贵族波奈特的一封信中，当莱布尼茨批评霍布斯和洛克的天赋平等学说时，他概述了对契约论的立场。

> 我注意到也许有一些段落，需要更充分的论述，它们和其他人所谓的天赋权利的政府与人权平等的政府没有什么两样。如果所有的人有着相同的天赋特长的话，这种平等性是确定无疑的，但是，事实并非如此，在这方面似乎亚里士多德比霍布斯要更正确。如果有几个人发现自己在广阔大海上的一个单船上，无论是出于理性还是处于本能，他们根本不会顺从那些不懂航海运行但要求去做领航员的人的要求的；这样，遵循自然理性原则，政府应由那些最明智的人来管理。但是，人类天性的不完美促使人不愿听从理性，这就迫使最明智的人使用武力和计谋去确立某些尚好的秩序，在这个过程中，天意本身就发挥着作用。但是，当确定的秩序一旦建立起来，如果没有彻底的必然性，如果不能以一种不会造成更坏的罪恶的方式而确保成功并得到公众赞成，我们就不应再推翻它。①

国际法方面，1690 年之后，随着莱布尼茨的日渐年长，他也就较少地醉心于中世纪的教会制度，而是更多地强调签订条约和担保等国际有效法律的作用，而这些方面恰恰是他早年有所反对的内容。莱布尼茨对国际关系问题的思想转变主要有两方面原因：其一，莱布尼茨所希望的政治理想与战争不断的政治现实之间的裂痕促使他思考用一种新的规则和制度来

---

① Riley P., *Leibniz Political Writings*，中国政法大学出版社 2003 年版，第 192 页。

实现对国际关系的调节、对国王与大臣权力的限制；其二，基督新教与天主教两大教派相互分裂、对立的现实使他寄予厚望的基督教界共和国理想逐渐破灭，而作为教会领袖的教皇自身的智慧、美德、品质、权威与影响力的日渐式微，也使莱布尼茨认识到试图恢复中世纪教会统治的梦想实现起来非常的困难。

　　莱布尼茨 1693 年所写的《国际关系法典》强调了政治现实与政治理想之间的裂痕，他开始以一种现实主义的眼光去认识国家与国家之间关系的现状，这种现实主义的视角甚至使莱布尼茨认可了霍布斯的某些观点，如在不同的国家及人与人之间存在着永恒的战争。莱布尼茨认识到这种观点也并非完全的荒唐之言，因为国与国之间即使害人之心不可有，但防人之心不可无。"与势力强大的敌人之间的条约只是相当于两个格斗士之间的喘息之机，有时甚至没有缓和的迹象。这一点由最近的非常具有讽刺意味的事实得以充分的体现，每个和平条约之后，与所应当发生的事情相比，形势便得到一点点的缓和。"① 不难判断需要缓和的和平是何种类型的和平。毫无疑问，不公平状况的被迫接受激起了被征服者的耻辱感，另一方面，也增强了胜利者的扩张欲望。② 因此，莱布尼茨接下来总结说，人类社会状况通常的事实就是，由于地理或历史情境的原因，一个国王必须不断地征战，而同时又要经常地应对和平与结盟之事。在路易十四之前，英国与法国之间的征战持续了两三个世纪，直到英国失去欧洲大陆的领导地位，而后又开始了西班牙与法国之间的征战。而德国皇帝查理五世与法国的国王弗朗西斯一世之间同样如此，他们之间缔结了很多和平条约，以至于人们不会相信他们有任何用于交战的时间；而另一方面，历史事实是他们之间发生了很多的武装冲突就好像他们从来没有用于和平的时间一样。莱布尼茨认为路易十四时的法国政策就是如此，一旦它与另一国发生冲突，就立即讨论和平之事。因而，它从战争中渔利，同时为追求"和平"的精神而得到颂扬。

　　基督教势力的分裂与衰微使莱布尼茨认识到教皇与基督教会本身存在

---

　　① 莱布尼茨指神圣罗马帝国被迫与法国签订的拉丁斯堡（Ratisbon）停战协定（1683），尽管之前存在着这样的事实：随着 1678 年尼姆威根（Nimwegen）条约的签订，两个政权实现了和平共处，随后便是法国在 1681 年对斯特拉斯堡和其他德国领土的占领。

　　② Riley P. , *Leibniz Political Writings*，中国政法大学出版社 2003 年版，第 166 页。

的问题。神圣罗马皇帝几个世纪以来一直保持着很高的权威，像早期的皇帝西吉斯蒙德（Sigismund）、马西米连一世以及后来的查理五世作为基督教界社会的最高统治者，通过设立议事会实现对宗教和国家事务的统领作用。但后来的神圣罗马皇帝由于缺乏前任的智慧、美德和领袖品质，他们非但没有利用各种议事会来扩大自己的统治权威，反而害怕自己受到外界的批评与责难，这便是他们衰败的开端。后来随着欧洲各国对自己语言文字传统的重新确认，便出现了两个相互竞争的议会机构。整个北部欧洲反对南部欧洲，日耳曼语系中的绝大部分欧洲人反对拉丁语系的欧洲人。最后，西方历史上重大的宗教改革彻底改变了当时的社会状态，制造了新的分裂，其中欧洲人中源于日耳曼语系中的绝大多数，与源于拉丁语系的欧洲人便分道扬镳了。要实现基督教界的再统一，就需要一些由于智慧和美德而声名卓著的教皇，他们愿意遵循康士坦茨议事会所达成的共识，在基督教社会中修正所有的宗教弊端，阻止新教与天主教之间的分裂。但后来的神圣罗马皇帝与教皇恰恰不具备时代所需要的超人的智慧、美德和领袖品质，而且新教与天主教之间的矛盾也远非基督教本身的教义、语言文字传统差异所致，而是有着深刻的经济、社会根源。因此，神圣罗马皇帝、教皇以及整个基督教界势力的分裂与式微使得莱布尼茨在调节和维持国家之间关系方面，开始考虑与传统教会统治不同的、体现现代社会特点的新途径、新制度。

莱布尼茨希望有效协议的历史证据能够在限制世界矛盾冲突方面发挥更大的作用。前面我们分别分析了莱布尼茨所看到的国与国之间的永久战争状况的社会现实，以及基督教势力的分裂与衰微所反映出的基督教会本身所存在的问题，所以这些都促使他思考要弄清历史事实的真相，要收集古代的条约、法案作为现实谈判、签订条约的典范与借鉴，发挥有效协议的历史证据在限制世界暴力冲突方面所起的作用。当然这不意味着他根本地改变了自己的思想，只是说明他改变了关注的重点而已。莱布尼茨认为法案或条约的编纂者应当在他的序言中讨论一揽子文件的缺点。因为清楚地表明历史事实的真相，从而确定最后结果的真正价值是研究历史者要解决的问题。也就是要弄清两个各自存在而又非常重要的问题，即已经发生的事实是什么？以及它们背后的思想动机是什么？这就要求我们首先从显而易见处入手，然后探究历史事件、现象背后所隐藏的内容，从观察现象出发去发现现象之所以呈现的原因所在，以此弄清公开的历史现象与隐秘的历史真相。这样我们就不会被对历史事件所做的政治宣传、虚假借口和盲目鼓动所迷惑。正如莱布尼茨所指出的那样：

> 权力法案和条约原由中的很多事情便成为一种秘密，特别是因为事实往往是，那些因未被观察到的而忽视的东西比我们所想象的要起着更大的作用。因而，有时一个恶意的报道或捏造的评论便能重创国王和他的臣僚的心灵，这样的报道或评论便留下它巨大的影响力；从这里便流露出潜藏着的仇恨和复仇的冲动，这些冲动总是被追求外表的色彩所伪装。为数不少的伟大革命由高贵的灵魂所发动，他们只是为了反对他们认为对自己所造成的侮辱而已。①

公共法案的收集是历史最有价值的组成部分，它们就像钱币或铭文那样，把事实确定性的一面传继于后代。莱布尼茨提到印刷术的发明使得人类能把更多的历史事件写于纸张中，而不是石头或金属中。印刷术一旦被发明出来，简单的纸张便能通过复制这种简单技术而得到保存。因而，结盟、和平、妥协之条约的收集文录，便是加固和支撑整个历史大厦的最有力的元素。对此，莱布尼茨很动情而深刻地指出：

> 由于当人类徒劳地打了很多的战役后，当人类大量的鲜血溅洒疆场后，当人类用尽了外交斡旋之技巧后，所见到的战争结果便是和平；每一方得到多少利益，表面看起来好像不是从长期的战役和围攻中取得，而是从和平条约之文本中取得。因而，当我们必须停止游戏时，玩游戏的计数结果告诉我们每个人所得到的或失去的，直到这一刻，便放下了所有的悬而未决……从这里我们就会明白，对于那些处理公共事务，要弄明白过去发生的最重要的事件的人而言，档案记录之收集正如学者对资料的收集一样都是非常重要的。确实，那些掌控国家事务之人，将在这些墓碑遗迹中发现要分析的典型，将会很欣然地发现辨认以及有效增加他们自己能力的方法；将会发现适合于国际

---

① Riley P., *Leibniz Political Writings*，中国政法大学出版社 2003 年版，第 167 页。

法和国际惯例的准则；而且，最值得一提的是，就是能够从中找出实例或权威性的先例，利用这些范例他们便能为未来的外交谈判做好准备，并在双方的论战中为自己的观点辩护。①

---

①　Riley P. , *Leibniz Political Writings*，中国政法大学出版社 2003 年版，第 169—120 页。

第六章 正义的理性之维与神性之维：宇宙秩序的普遍和谐

　　正义的理性之维与神性之维，是针对最高实体即上帝之正义而言的。在莱布尼茨所处的时代正是欧洲从"古典时期"走向"启蒙时期"的转型期。这一转型期的突出特点是，一方面，自然科学与人文社会科学中理性主义与经验主义方兴未艾；另一方面这种理性主义、经验主义与宗教神学、上帝存在有着千丝万缕的联系。笛卡儿、斯宾诺莎、霍布斯、洛克、牛顿等哲学家、科学家非常明显地体现了这一特点。莱布尼茨更是如此，他所不同于同时期其他哲学家、科学家的地方在于，总是从经验与理性、理性与信仰相融合的立场出发，体现科学与宗教之间的纠缠情结与内在张力。而其他哲学家与科学家总是突出强调科学与宗教中的某一方面，进而不得不以某种自我撕裂或强行扭结的方式实现宗教与科学、理性与神学之间的关联和统一。对自然图景的科学发现凸显了上帝智慧的美妙与奇观，人类社会的正义实现与精神的普遍统一，需要通过理性精神与神性信仰的和解来实现。由前面对莱布尼茨关于自然秩序与人类社会秩序的解读和剖析中，我们很明显地发现，对自然与人类社会的认识和理解总也离不开作为背后之无限根源的上帝存在。上帝是全知、全善、全能的完美存在，是正义的源泉、尺度和保证，所以不对上帝正义及所受到的诘难进行回答，就不能从根源和前提上理解正义的内涵与意义。

一　上帝是正义的源泉

　　上帝以最明晰的智慧认识观念中所有可能的世界，以最慈善的意志选择所有可能世界中最好的世界，以最强大的力量使最好的世界从可能变为现实。人类的有限理性拥有的是有限的完美，拥有某些知识、某些慈善、某些力量，而上帝拥有无限的完美，拥有全部的知识、慈善和力量。上帝是秩序、和谐与正义本身，一切的真、善、美都是上帝辐射力量的外溢与光彩。上帝是全知、全善、全能，他的全知预知了所有，他的全善意愿所有，他的全能创造了所有。然而问题随之而来，上帝既然看见、预知了恶，为什么他的善意志不把恶选择掉？为什么他的全能要把恶创造出来？如果上帝明明知道，意志上容忍了恶，权力上又造成和维持了恶，那么上帝的正义何以体现？这些诘难是一直就有而常在的，莱布尼茨是如何回答这些问题的呢？如何为上帝之正义辩护呢？这就需要一步一步地来分析，他如何证明上帝存在，在什么意义上说现存世界是所有可能世界中最好的世界，善与恶，灵魂与形式从哪里来，为什么恶的存在丝毫不影响上帝的公义、慈善与伟大。

（一）上帝存在证明

莱布尼茨对上帝存在证明有四种：第一种是对传统的本体论证明进行了改造和发展；第二种是前定和谐证明，是他自认为的独特发明；第三种是充足理由证明，是对传统由果溯因宇宙论证明的发展；第四种是永恒真理证明，形而上学必然性得出上帝存在。这四种证明中，莱布尼茨讲得最多的是传统本体论证明和前定和谐证明。关于莱布尼茨对上帝存在证明，不能不提起罗素在 1900 年出版的《对莱布尼茨哲学的批评性解释》，被西方哲学界公认为研究莱布尼茨的权威性著作。而这部著作对罗素本人哲学思想的革命性变化也具有决定性的作用，从新黑格尔主义转变为批判新黑格尔主义，走向新实在论和逻辑主义。在这部著作中，也非常明显地体现了他运用主谓项逻辑学对莱布尼茨哲学体系进行前提性批判考察和系统性解读。这种从概念包含逻辑出发的研究方法，引领了并主导了 20 世纪上半叶莱布尼茨哲学研究的新范式。但这从单一的逻辑学解读难免不会有其偏颇之处。他在这部著作第 15 章，开篇就定性指出，莱布尼茨对上帝存在证明是其哲学最薄弱部分和矛盾最多的部分。他对莱布尼茨上帝存在四种证明方法的分析不乏其真知灼见，但也有简单化和片面化之虞。

莱布尼茨对传统的本体论证明非常重视，并且对传统本体论证明作出了重要的完善和发展。并不是罗素所说的那样，莱布尼茨对本体论证明不大采用，并对笛卡儿的证明给予严厉批评。莱布尼茨固然批评了笛卡儿的本体论证明，不是基于对本体论的不满，而是对笛卡儿所给出的本体论不满。传统的本体论证明源于教父哲学家安瑟伦，这一观点被经院神学的很多作者和阿奎那本人反复审查。莱布尼茨在《对笛卡儿哲学主体部分的批判性思考》中，说笛卡儿对从这些人关于上帝存在证明的思想并不陌生，他与耶稣会士一起进行了研究，也似乎承继了这一思想。这一证明通常表述如下：任何能从事物之概念而加以证明的可以归于这个事物。现在，从最完美或最高存有（being）之概念出发，其存在能加以证明。因而，存在（existence）可以归因于最完美存有即上帝，或上帝存在。小前提证明如下：最完美的或最高存有包含所有的完美，因而是存在的，存在无疑是完美之一种，即存在比不存在是更完美或更高的。这个证明如果省去完美和至高就可以更恰宜而严格地表述为必然存有存在，即一个存有其本质是存在或一个存有它自我存在。莱布尼茨认为这种传统的证明是有效的，非常美妙，但还不够完美，需要加以补充。即需要证明，最完美的存有或必然存有是可能的，不包含矛盾，然后再加上传统的证明，就是比较完美的证明了。莱布尼茨所批判的是笛卡儿对本体论的第二个证明，即"我们有完美存有之理念（idea），因此这个理念的原因存在，即完美存有存在。"莱布尼茨立足于他刚才对本体论证明的补充，对笛卡儿的这一证明进行批判。

　　　　由于经常的情况是，我们把不可能的事物结合在一起，如当我们想起最大速，这肯定是不可能的，因而不是理念；然而我们讲起最大速，我们理解其含义是什么。由于我在其他地方已经解释了，我们经常只是混乱地考虑我们所谈论的内容，我们只有充分地理解和分析了这个事物，才会意识到我们心灵中的理念之存在。①

　　莱布尼茨对于本体论证明的完善看似没有什么新奇，但所加入的这一点，即上帝首先是可能的，这具有非常重要的意义。因为，首先这显示了

---

①　Loemker（ed.），*Leibniz Philosophical Papers and Letters*，Chicago：The University of Chicago Press，1976，p. 386.

莱布尼茨上帝观的一个显著特点，上帝不能是矛盾的，不能违背矛盾律。这是对上帝理性化的规定，因为上帝本身也不创造和改变事物的本质和理念，他所创造的只是从本质到存在，从可能到现实的有形存在。其次，关于上帝可能性的证明，即考察上帝最大完美是否矛盾。一般我们所提出的，最大速度、最大面积等是矛盾的，而最大完美、最大慈善、最大权能、最大智慧是不矛盾的。能指出这一点非常的了不起，因为这就预示着康德后来的"二律背反"问题。因为，一旦赋予有形物以"最"时，就超出了它自身的界限，就等于对有限的事物赋予了无限的内涵与概念，这显然有着对自身背反的意义。而对于无限的超验领域的上帝，用最、全、满等这些概念，当然是没有问题的。因为他本身就是无限的，超越狭隘理性的大全、至善和至美。

与本体论诉诸先验证明不同，充足理由证明则诉诸后验证明。充足理由证明，也可称为宇宙论证明。其证明大体是这样的，现存的有形世界服从假设的、倾向的必然性，不是绝对的必然性。那种前后相继的世界状态之因果性不可能证明为什么世界会存在，或以这种方式而不以那种方式存在。所以我们必须越过物理的、假设的必然性，达至绝对的形而上学的必然性。所以，事物的最后根源必须在具有形而上学的必然性的某些事物中。同时，既然存在着的事物只能在存在着的事物中被找到，就必然存在于某一具有形而上学的必然性东西中。这个东西的本质即是存在。本质即是存在者只有上帝，别无他物。充足理由律也是莱布尼茨比较独特的证明方法，但其中包含着一定的逻辑悖论。因为莱布尼茨充足理由律的提出，正是为了超越服从矛盾律的形而上学必然性，即绝对的、没有倾向性的、没有道德选择在内的必然性。莱布尼茨可以非常自豪地宣称他对于充足理由律的凸显和独创性诠释贡献。固然在莱布尼茨之前，很多的哲学家都讲过存在的问题，如托马斯·阿奎那就从潜能与现实的角度明确区分了本质与存在问题。而只是到了莱布尼茨那里，他突现和集中强调了存在不同于本质，具体时空中的存在的不同于观念领域中的可能与本质。在西方哲学史上开创了关于存在的划时代意义。所谓存在的，本身就是不同于观念的本质与可能，不同于绝对的形而上学必然性，它以上帝的从全体出发的慈善为原则，强调了向善意志的倾向性、选择性和方向性。但显然，这里所谓的充足理由证明，恰恰本末倒置，把本来是充足理由之优点和特色的东西作为缺点和不足，竟然从绝对形而上学的必然性中去推论充足理由律的存在问题。这体现了莱布尼茨哲学原则之间的冲突与张力关系。

永恒真理证明与上面充足理由证明，论证过程具有类似性。所不同的是，充足理由证明追问的是世界万物存在的充足理由，而永恒真理追问的是永恒真理自身存在的充足理由。因为，永恒真理属于本质与可能性的观念领域，莱布尼茨想要证明先于存在的本质和可能性不是虚构的，不会因为它们没有在现实中存在而给人以虚无之感。他说，

> 它们并不是虚构的，而是与永恒真理一道必定可以在上帝的心灵中找到。……现存事物系列的存在表明了他的论断是不无理由的。因为这个系列的理由不可能在这个系列之中找到，而应该在形而上学的必然性或永恒真理那里找到；同时，一个偶然存在物的理由也应该存在。因此，永恒真理肯定存在于绝对的或形而上学地必然的存在之中，即存在于上帝之中。①

前定和谐证明是莱布尼茨比较自豪而得意之作，它也被称为设计论证明。这一证明是他在论述实体的本性及其交往时形成的观点。莱布尼茨把灵魂的自我运动发展比喻为精神的自动机，把形体的机械运动比喻为物质自动机。它们都有各自的运行法则，依照这些法则人的灵魂照我们所经验的方式表象在形体中发生的一切变化。但这两个自动机之间彼此不相互产生、不相互进入，也即相互独立、并行而不悖。灵魂的精神自动机与形体的物质自动机，彼此之间如此自然而有秩序，而且相互呼应和协调一致，这是如何实现的呢？是因为这两个自动机在一开始受造之初就被赋予完美的品性，以至于此一运动与彼一运动完全契合一致、相互统一。上帝创造了它们，是它们能够协调一致的根源。正如莱布尼茨在《形而上学谈话录》中说：

> 受造实体依赖于上帝，他维持它们，实际上他通过一种放射

---

① 罗素著，段德智等译：《对莱布尼茨哲学的批评性解释》，商务印书馆2000年版，第216页。

（emanation）连续的产生它们，正如我们产生我们的思想。由于上帝，开启所有方面，以所有方式考虑现象的普遍系统，他发现产生现象有利于为了表明他的荣耀产生。当他以所有可能的方式考虑世界的所有方面时——由于没有哪一方面能逃脱他的全能——如果上帝认为有益的是实现他的思想并产生它，宇宙的每一个视角之结果，就像从某一确定点去观察，是与其视角相一致的方式而表征宇宙的一个实体。①

（二）　现存世界是所有可能世界中最好的世界

上帝凭借全知预知所有的可能世界，预知是对确定性的已知。上帝为自己提出规则和法则，上帝遵循规则和法则，因为规则和法则产生秩序和美。所以一切是皆有确定性理由的，一切皆因确定性理由而发生，那么上帝预知之基础方面便不再有任何困难了：

> 因为那些规定性的理由虽然没有强迫性，但却是确定无疑的并预见到将要发生的事。诚然，上帝在他一次选定我们的宇宙时，便一览无余地看到了宇宙的整个秩序，因此，对他而言效果与原因的联系之所以必要绝不是为了预见这种效果。但是，既然他的智慧规定他选择一种完美地联系着的顺序，所以他立即便可以在其他部分中看到顺序的此一部分。②

预知本身并没有给未来偶然性真理之确定性添加什么东西，只是把这种确定性变成已知者。可是，这丝毫没有增大这些事件的确定性，即预知本身没有使真理更加具有确定性；它之所以被预见是因为它是确定的、真实的，但它并非被预见而真实。由此可见，对未来者之知并不包含对过去者和现在者之知中所不包含的东西。这一点上，有些人会提出异议：虽然预知本身没有使真理更加确定，但预先认知之原因却决定了如此。"因为

---

① Woolhouse R. S., Francks R., *Philosophical Texts*, New York: Oxford University Press, 1998, p. 66.

② 莱布尼茨著，朱雁冰译：《神义论》，生活·读书·新知三联书店 2007 年版，第 391 页。

上帝的预知必然在事物的本性中有其理由。由于这种理由使真理成为一种前定的真理，它便会阻止此一真理具有偶然的和自由的性质。"① 这一困难使人们形成两派：一派主张前定说（predetemination），另一派主张中间的认知（science moyenne）。

预知是通过上帝在可能领域的智慧而实现。即使在人之自由活动中形成的未来偶然事件的确不受上帝的决定和外在原因的制约，但仍然有预见这一偶然事件的手段，因为上帝在决定容许它存在之前，便已经在所有可能性领域中通过智慧看到了它的状况。

> 虽然上帝的预知与我们的自由行动之依赖性或者独立性没有任何关系，但与上帝的预先谋划，他的决定以及那些在我看来始终参与规定意志的原因之顺序却是有关系的。所以，虽然我在第一点上赞成莫林纳派的看法，但在第二点上却支持前定说的辩护者们，只是有一个保留，即这种前定绝非强制性的。总之，我认为意志始终倾向于它最后的决断，但它从不会被迫作出决断。它之作出决断是肯定的，但绝非必然的。②

所谓规定意志的原因之顺序就是说意志被一个占主导地位的理由所规定，这个理由规定着意志进行选择，它推动而非强迫意志，这就维护了意志之自由。意志始终只是为超越相反观念的善的观念推动着而采取行动。

这种预知是偶然性真理，即事物的反面不包含矛盾，这正是偶然性所在。即它不服从矛盾原则制约，但它服从充足理由或确定理由原则的制约。这一原则要求任何事物的产生都不可能没有原因或者至少不会没有确定的理由，这是用来进行先验解释的原则，它说明某物为什么存在而非不存在，为什么这样存在而非那样存在。当然这些确定性的理由大都不能充分了解，但我们可以认识到确定性的理由是存在的。这一原则的特点是它不容许有例外，"否则它的力量将大大削弱，最软弱无力的东西莫过于那些包含着种种例外、一切都模棱两可的体系了。而我所推崇的体系没有这

---

① 莱布尼茨著，朱雁冰译：《神义论》，生活·读书·新知三联书店 2007 年版，第 131 页。
② 同上书，第 134 页。

种错误，在这里，一切都依照互相高度制约的普遍规则运作着"。① 在人身上像在任何地方一样，一切都是预先决定而确定的，人的灵魂因此是一种精神性的自动装置。所以不论是由原因形成的前定还是上帝的决定所安排的前定，都不会破坏偶然性与自由。因为这种前定就是上帝在对一切可能世界进行比较之后，选择其中最好的一个并准许（fiat），将这个最好的世界与它所包含的一切呼唤到存在之中，这表明"这个旨意并没有改变事物的本质，它容许事物像以往处在纯然可能状态中那样存在，这就是说，它既不改变它们的本质或者天性，也不改变以及完整地包含于此一可能世界的观念之中的非本质属性。可以说，凡是偶然与自由的东西，在上帝的旨意之下像在他的预见之下一样都保持不变"②。

　　上帝凭借全善选择最好的可能世界，上帝凭借全能使最好可能世界成为现实世界。上帝是最完美的存在，所以他不会有人类会犯错的缺点，上帝的自由意志是最初先行的、判断最恰当的、选择最好的：

　　　　上帝永远不可能怀有一种特殊的原初意志，即一种摆脱普遍法则或者意志倾向的意志——这样一种意志是悖逆理性的。……任何一个个体作出决断时，绝不可能没有作出此一决断的理由，这一理由必然地会成为某种普遍的证言（enonciation）。智者总是根据原则行动；他总是按照规则，从不按照例外行为……而在始终依照规则行动的人身上绝不会有原初性的例外。③

　　上帝之所以要为自己规定法则，而不是完全以他的权力和慈善行事，是因为上帝提出的是最好的法则，而且因为"法则和规则产生秩序和美，因为没有规则而行动就是没有理性而行动。正是由于上帝使他的整个慈善运作起来，他的全能的实施才符合智慧为达到一切可能企及的善而提出的法则"④。上帝不可能按照绝对的臆断性而行动。绝对的臆断就不会有任何的理由，这种观点便是宣扬一种既消灭神性的完美也消灭事物本性的观

---

① 莱布尼茨著，朱雁冰译：《神义论》，生活·读书·新知三联书店 2007 年版，第 135 页。
② 同上书，第 139—140 页。
③ 同上书，第 375—376 页。
④ 同上书，第 391 页。

点。莱布尼茨认为，即便路德和加尔文也远离这种观点，"前者希望，未来的生活将使我们能够理解上帝进行选择的正当理由；后者着重确认，这些理由是正当而神圣的，虽然我们并不认识它们"①。上帝做的一切都是符合理性而最好的，这一真理对于具有健康理智的人是显而易见的，令莱布尼茨感到遗憾的是，思想机敏的哲学家们总是在狂热状态的论辩过程中不知不觉地违背了健康的人类理智的首要原则。他们反对从上帝之至高完美中可靠地推出的原则，即上帝根据智慧之善爱选择最好者，通过其权力使最好者变为现实存在。狄洛伊斯、培尔、现代笛卡儿派等哲学家他们没有意识到，他们为上帝所保留着的更好的意愿是一种错误的自由，即以非理性而行动的自由。"这就是说，将上帝的事业看成是可以改进的事业并将我们置于不可能状态之中，即不可能就容许恶作出某种理性的评说，甚至不可能希望人们能够就此作出某种理性评说。"② 这种观点给他们造成难以解决的理论困难，并进一步扩展到自然王国法则方面，比如运动法则、躯体与灵魂联系的法则。

（三）最好的世界是秩序普遍和谐的世界

神圣的正义体现为以全知、全善、全能的上帝为君主的神义秩序的普遍和谐，上帝以确定而清晰的方式认识、选择和实现普遍和谐的整个宇宙，神圣正义关涉着道德的善与恶。神圣正义的普遍和谐首先是指，就对象而言普遍和谐囊括宇宙万物，无论是无机的山岩石块还是有机的植物花草，更高级的动物、人类，乃至天使，全都在宇宙普遍和谐的图景当中。人类当然会在宇宙中发现自己所不喜欢的事物，但我们应知道，宇宙并非仅仅为人类而造。

> 为什么山岩没有枝叶与花朵，蚂蚁不是孔雀呢？倘若处处平等、同一观念大行其道，贫者便会反对富者，仆役便会反对主人，管风琴的管是不可以同一长度的。……上帝绝没有忽视无生命事物；它们没有感觉，但上帝代它们感觉。他也并未忽视动物；它们没有理智，但

---

① 莱布尼茨著，朱雁冰译：《神义论》，生活·读书·新知三联书店2007年版，第376页。

② 同上书，第377页。

上帝代它们拥有理智。他会因宇宙中最微不足道的缺点而自信，虽然这还没有为人所察觉。①

所以莱布尼茨认为我们不应仅凭自己对常识现象与常识理性的有限认识而一味地指责所处的世界。如果进一步认识和熟悉这个世界，尤其从完美的整体观察其组成部分时，我们就会发现其中蕴含的精巧与美妙。

　　自然界必然有动物、植物、无生命的物体；在这些没有理性的创造物中存在着使理性进行练习的奇迹，假若没有不具备理性认识的事物，一个具有理性认识的创造物将如何生活？假若他只有清晰的思想，他就是上帝，他的智慧也就是无限了。这是我的思考的结论之一。只有在存在着紊乱思想之混杂体的时候，才会产生官能（les sens），才会有物质（matiere）。因为这些紊乱思想来自一切事物相互间之持久和具有广延性的关系。这便是为什么在我的哲学中绝无没有有机形体的理性创造物和绝无完全与物质分离开来的精神的原因。这些有机形体在其完美性上所存在的差别并不小于它们所从属的精神。可见，既然上帝的智慧需要一个形体世界；既然在一切事物中必然选择从总体上产生最好的作用的东西，而劣行也经由此一门径进入世界，那么，假若上帝将劣行排除在外，他便不会是全善、全智的了。②

其次，就精神内涵而言，神圣正义的普遍和谐指善行必得报偿、恶行必受惩罚的道德世界。就存在形而上学而言，自然领域的和谐体现为动力因与目的因的和谐，人及社会领域的和谐体现为理智认识与向善仁爱的和谐，神圣领域的和谐则体现为自然世界与神恩世界的和谐以及这种神恩世界即道德世界的最美妙、最高贵、最完美性。一般意义的普通的灵魂，如植物、动物的灵魂与人所具有的理性灵魂是有区别的。前者是较低级的感

---

① 莱布尼茨著，朱雁冰译：《神义论》，生活·读书·新知三联书店 2007 年版，第 308—309 页。

② 同上书，第 201—202 页。

性的灵魂，而后者则是更高级的理性灵魂，进而取得了属人的心灵的特权；前者是表征宇宙万物的活的镜子，后者不仅能表征万物而且自身就是神本身或自然创造主本身的形象，能够认识宇宙的体系并对这一体现进行模仿。于是，这种理性灵魂、属人的心灵和精神便以某种方式进入上帝共同体之中。上帝与精神的关系，不仅是发明家与他发明的机器，而且是君主与臣民乃至父亲与子女的关系。"一切精神总合起来应当组成上帝的城邦，亦即最完善的君王统治下的尽可能最完善的国家。""这个上帝的城邦，这个真正普遍的王国，乃是自然世界中的一个道德世界，乃是上帝的作品中最崇高和最神圣的部分。"自然世界与神恩世界之间的和谐也即作为建筑师的上帝与立法者的上帝之间的和谐，这种和谐促使事物通过自然途径而使自身走向神恩。因此，罪恶必然经由自然秩序和事物的机械结构而使自己受到惩罚，同样善行也必然经由躯体的机械结构而使自己受到奖赏，当然这并非时时处处都能加以显现。最后，

　　　　在这个完美的政府之下，决不会有善良的行为不受报偿，也不会有邪恶的行为不受惩罚，一切都应当为了善人的福利而造成，亦即为了那些在这个伟大的国家中毫无怨言者，尽责而后听任天命的人，恰如其分地爱戴和模仿全善的创始主，遵从真正的纯爱的天性而在观照上帝的完满性中怡然自得的人。这种纯爱，可以使人从所爱的对象的幸福中取得快乐。①

二　上帝正义与容忍恶的存在

　　上帝正义问题必然要面对和回答这样的问题，就是既然上帝是全知、全善、全能的，那么为什么这个世界上有那么多罪恶存在？如果上帝不间断地创造和维持创造物的一切，那为什么他不是罪恶的创造者？如果恶不是上帝创造的话，它是从哪里来的呢？莱布尼茨认为恶来源于形式自身，恶是善的缺乏。上帝的意志和权能没有创造恶，而是容忍恶，上帝容忍恶是为了整体更大的善。

---

　　① 《西方哲学原著选读》，商务印书馆 2002 年版，第 492—493 页。

（一）灵魂起源于有机的先成形式

对灵魂问题的探讨本然地内在于对正义特别是神圣正义的探讨之中，因为灵魂起源问题的考察关涉的是获得拯救及遭受永罚的手段和环境分配及恩宠的佑助，为什么慈善而正义的上帝拯救一部分人而让另一部分人遭受永罚，为什么恩宠只佑助一部分人，基督教传统给出的答案是灵魂遭受了原罪，上帝根据灵魂的完美程度而拯救一部分人。这就引出了更为起源的问题，灵魂是如何遭受了原罪？这一困难形成了灵魂起源的三种观点：灵魂的先在说、转移说与创造说。

> 第一种是人的灵魂的先在性（preexistence）观点，即灵魂先在于另外一个世界之中或者先在于另一个它曾在其中犯下罪过的生命之中，他因此一罪过而被判罚关入人的躯体的牢笼；这是柏拉图的观点，它的来源被认为是奥利金……第二种观点是转移说（traduction），孩子的灵魂（经转移）似乎是为生育躯体的一个灵魂或数个灵魂所生育的。圣奥古斯丁倾向于这种观念，他的目的是更有力地维护原罪说。第三种，也是今天占主导地位的观点是创造说（creation）；它是绝大多数基督教哲学派别的学说，但为原罪说所造成的困难也最多。①

莱布尼茨认为关于灵魂起源的解说应该遵循可靠的而尽可能少的例外的原则，这也是他一贯追求的原则。他认为关于灵魂起源问题，各方最能够接受的解释观点是灵魂或单一实体只能通过创造而产生，通过毁灭而消亡；而且

> 被赋予灵魂的有机形体的构成，只有当人们设想已经存在着一种有机的先成形式的时候，它似乎才可以在自然秩序中得到解释，所以，我由此推断，我们所称的一个动物的生育只不过是一种变形和增

---

① 莱布尼茨著，朱雁冰译：《神义论》，生活·读书·新知三联书店2007年版，第161—162页。

多，因为正是这同一形体已经被排定秩序，这就是说，已经被赋予生命并具有同一个灵魂。反过来看，我从灵魂的恒定不变同样可以推断，灵魂一旦被创造，动物也将保持不变。表面上的死亡只是一种遮蔽，因为没有任何迹象表明，在自然秩序中存在着完全与某一形体分离开来的灵魂，凡是并非以自然方式开始的东西也不可能通过自然力量而停止存在。①

当然莱布尼茨这种创造说与传统基督教所谓的上帝创造说观点是不尽一样的。传统基督教主张灵魂创造说完全是从上帝的奇迹出发来论述的，而莱布尼茨则是从动物身上体现的灵魂不灭或其他原始形式之灵魂不灭出发进行论述的。如果从动物身上就能发现关于灵魂的井井有条的秩序和普遍适用的规则的话，那么就没有理由认为人的灵魂完全是施行奇迹的产物。人类灵魂以及其他受造物的灵魂都包含于原种之中，自事物的起始就存在于有机形体中。当然莱布尼茨认为在这里仍然令人难以理解的是，动物性的灵魂只是具有感知能力而没有理性思维能力，在动物成为人之前灵魂一直保持在感觉能力的水平，随着人的产生，这种察知、感觉性的灵魂是如何突然变为理性灵魂的呢？他认为这也许是上帝通过一种特殊的干预或者以一种转移性创造赋予动物灵魂以理性。

形式、灵魂和精神的起源确证的是它们的存在，它们存在自身具有不灭性和不死性，而这种不灭性和不死性是自然界、人类和神圣正义的前提条件和必然要求。不灭性相对于一般物体如植物、动物之灵魂；不死性相应于人类的理性灵魂。一般的灵魂与理性灵魂或精神的相同之处在于，它们都从各自的出发点和视角表征宇宙万物，灵魂的每一个清晰的知觉包括无限众多的混乱的知觉，而这无数的混乱的知觉囊括整个宇宙，因而灵魂知觉事物只是在一定程度上具有清晰性和明白性。一般物体的灵魂与理性灵魂不同之处在于，首先，理性灵魂能够创造事物，而单纯的一般灵魂只是反映事物。精神"不仅是创造物的宇宙的一面镜子，而且也是上帝的一个影像。精神不仅有一个对上帝的作品的知觉，它甚至能够产生和这些作品类似的某些东西，虽然是在小规模上……我们的灵魂在它的自发的活动

---

① 莱布尼茨著，朱雁冰译：《神义论》，生活·读书·新知三联书店2007年版，第166页。

中也是有结构的，在发现那个上帝已经按照它安排事物的科学时，灵魂在它自己的领域内和在它被允许活动的小的世界里，模仿上帝在大的世界里的所作所为"①。也就是说，正是由于精神或理性心灵的卓越，上帝考虑它们在一般受造物实体之先，在这个意义上精神表达上帝而非世界，其他单纯实体表达世界而非上帝。其次，只有理性灵魂能够认识必然和永恒真理，正是对必然和永恒真理的认识将我们与纯粹的动物区别开来，并使人拥有理性和知识，人通过对永恒真理的认识而成为上帝之城的一员。再次，理性灵魂通过自我反思和记忆形成道德品格。莱布尼茨认为，上帝不仅维持人的实体，而且也维持人的人格。即人不但是一种实体性存在，而且还追求人格性价值和神性信仰。所谓人格就是对人自身的知识和记忆。对人自身的知识就是，人能够以自身为认识对象，探究一个人是其所是的根据和基础。有了这种人永久的记忆和对自我的认识，人便有了罪与罚、荣与辱的意识，这是道德和宗教所必需的基础。

（二）恶产生于形式自身

使人产生为恶倾向的原罪，并非对第一次犯罪的简单惩罚，而是这一次犯罪的自然结果，也就是说原罪的意义不在于对原罪的惩罚而在于原罪本身。对于人而言，恶的本原在于其自身，在于受造物的不完美性。上帝出于秩序普遍和谐之理由，决定让人以他本有的方式进入存在。人的邪恶之源在于原初不完美性，而邪恶意志是人不幸的唯一原因。

对于古人而言，恶的原因在于那些并非创造因而独立于神的物质；对于把一切存在都追溯于上帝的基督神学而言，恶之原因又在哪里呢？莱布尼茨的答案是应从受造物之理想的天性（nature ideale）中去寻找，这种天性包含在永恒真理中，而永恒真理就在上帝的理智之中，与上帝的意志无关。

　　　早在罪案之前在创造物中便存在着一种原初性的不完美，这是因为创造物从其本质看便是有限的，他并非知道一切，相反却可能受到欺蒙并犯其他错误。柏拉图在他的《蒂迈欧篇》中说，世界之本原

---

① 莱布尼茨著，陈乐民选编：《莱布尼茨读本》，江苏教育出版社 2006 年版，第 58 页。

在与必然性相联系的理智之中。另一些人将上帝与自然联系在一起。对于这种说法，人们可以赋予一个好的内涵：上帝即理智，而必然性，即事物本质上固有的天性，是理智的对象，如果此一对象存在于永恒真理之中的话。但这一对象是内在的对象，它在上帝的理智之中。这里不仅有善的原初形式，而且也是恶的本源的所在：人们必须以永恒真理区域代替物质的地位，如果要探究事物之源的话。可以说，这个区域既是恶的也是善的理想原因（cause ideale），更正确地说，恶之形式上的东西并没有动力点（point défficiente），因为它处在——正如我们将看到的——缺失之中，即处在动力因没有引发的东西之中。因此，经院哲学家们往往说恶的原因是欠缺的（défficiente）。①

而恶又分为形而上的恶、形体的恶与道德的恶。形而上的恶在于不完美性，形体的恶在于痛苦，道德的恶在于罪。恶犹如阴影，无知、错误、邪恶，按其形式都是某种缺失。意志一般而言都是善的，它应追求适合我们天性的完美。至高的完美在上帝身上。一切机能或精神的享受对于他自身都有某种完美感。但是如果人们局限于感官享受或其他有损于追求更大善的享受，如有损于健康、美德、与上帝的合一、幸福等，那么不完美在于缺乏远大的追求。一般而言，完美是实在的（positive），即一种绝对现实，不完美是缺失性的（privatif），它产生于局限，倾向于新的缺失。

对于恶之起源的异议：既然人天生具有形而上不完美性、注定的缺陷性，人有改进的可能性吗？人还有改进的必要吗？人需要为自己的恶行负责吗？通过以上我们对恶之起源的分析，可以对这一诘问作以下理解：第一，恶源于原初形式不完美性的深刻内涵在于，首先它指出了恶之本原是原初形式自身的不完美性，即恶内在于人自身；其次它指出了上帝意志没有创造恶之本原的原初形式，即意志自身是受到理智限制的，创造是以本质的可能性为前提的；再次它指出恶之本原在于原初形式，在于能动的原初形式之缺失、不完美，而非纯粹被动性的也是由上帝创造的物质，这样

①　莱布尼茨著，朱雁冰译：《神义论》，生活·读书·新知三联书店2007年版，第119—120页。

既从根本上找出了恶的真正本原，又坚持了善恶之本原的统一性，否认了恶有独立的本原，从而根本上否认了善恶二元论。第二，持这种异议的观点是绝对而盲目的形而上必然性思想，人天生不完美，所以就没有改进的可能与必要了，就盲目地听从外在必然性。恰恰忘记了天生固然不完美，但不是绝对要去犯罪、行恶，如果服从盲目外在必然性，就是一种惰性的土耳其人命运观。第三，先天形式固然是不完美的，但上帝在人之成为人的时刻又赋予了人以完美的神性，即理性和意志自由，正确运用理性和自由意志，便会积极向善，走向更大的圆满。第四，作为可能性的恶是必然的，但作为现实性的恶是偶然的，也就是说，恶固然不可免除，但具体到现实中的恶而言，恶是由于形体自身的惰性，由于个人的自由意志之滥用，即邪恶的意志所为。

（三）上帝容忍恶是为了整体更大的善

为什么容忍恶符合上帝的正义呢？这首先需要理解现行性意志与后续性意志。先行性意志是单一的根据自身品格去追求善的意志。莱布尼茨认为，从这个意义上讲，人们可以说，上帝倾向于每一种善，犹如经院哲学家们说的倾向于单一意义上的单一完美品格，这是通过一种现行性的意志完成的。它有着圣化和拯救一切人并排除恶、阻止判罚的强烈倾向。或者可以说，这种意志自身是一种动力性意志，倘若没有一种更加有力的理由阻止它，他便会运作起来。当然这种意志不会拥有全部的动力（ad sumum conatum），因为只有上帝才是一切事物的主宰并永不失误地施展它的全部力量。而后续性意志是完整的意志，

　　　　对它适用的规则是，一个人所做的始终是他所愿意做的事，只要他有此能力。但这种最后的、决定性的后续性意志是从所有先行性意志的争斗中产生的，这些先行性意志既有追求善者，也有拒绝恶者。总体意志来自于上述各种特殊意志的汇集，犹如机械中的总体运动产生于在同一运动物体中汇集的各个方向的推动力，其中每一个方向只要能够在同一个时间产生都同样起作用。[1]

---

① 莱布尼茨著，朱雁冰译：《神义论》，生活·读书·新知三联书店 2007 年版，第 121 页。

　　上帝的后续性意志容忍了恶，具体而言，形而上的恶、形体的恶与道德的恶，上帝的意志是如何参与的呢？形而上的恶存在于事物自身的先天形式之中，这与上帝的意志无关。对于形体的恶，上帝将它视为所犯罪过应得的惩罚，是达到目的的手段。惩罚也用于使人改过自新或以儆效尤。"恶往往是为了使人对善有更高的鉴别力，它甚至有时帮助那种有耐性的人达到更高的自我完善，好像人们播下的种子，先经过某种霉败，然后发芽。"① 对于道德的恶或罪，上帝把它作为与最善者联系在一起的必不可少者，也就是只有在它作为一项不可免除的义务之某种后果时，才容许罪的发生。例如一个驻守重要据点的军官不能为了进城阻止两个士兵之间的恶斗而离开自己的指挥据点。

　　上帝在道德意志上对恶采取了容许，而非要求恶。对于上帝容许罪之产生的正义性，莱布尼茨的观点是完全没有罪、没有恶的世界是虚构的、乌托邦的世界，这种乌托邦世界远不如我们现存世界，但也没有办法详细说明其理由，因为不可能去理解、描绘和比较两个无限的东西。也就是无法从先验入手进行证明，而只能从经验和效果（ab effectu）出发进行推断，因为上帝选择的这个世界原本如此。一种恶往往造成比没有这种恶更大的善，甚至两恶相加往往造成一个大善，莱布尼茨使用了很多有趣的比喻和例证：比如两种液体会产生一种固体，如被赫尔蒙特（Johann B. van Hermont）混合在一起的酒精和蒸馏尿液；两种冰冷而乌黑的物体产生熊熊的火，如霍夫曼（Friedrich Hoffmann）混合的酸液和芳香油。一个统帅有时犯一个错误，却侥幸打赢一场巨大的战役。稍带酸、涩或者苦味的东西有时比糖更加可口，阴影使色彩更鲜明，不和谐的杂音加入合适的乐段使和谐音更为突出。我们为似乎要跌下的走钢丝者担惊受怕，要求悲剧能够催人泪下，一个不曾生过病的人不会充分地体会到健康的快乐。

　　上帝容许恶而不违背他的完美性，这不能理解为强制性的理由迫使上帝对恶采取容许态度。我们可以从事实中经验地推断上帝容人恶之正义，而不能先验地详细列举上帝这么做所可能有的理由。莱布尼茨说，培尔先生对此作过恰如其分的陈述：

---

① 莱布尼茨著，朱雁冰译：《神义论》，生活·读书·新知三联书店 2007 年版，第 122 页。

罪来到世界上，也就是说，上帝可以容许它而又不悖逆他的完美性（这是从事实而推知能力）。就上帝而言，这个推论是正确的：他这么做了，而且做得对，一般而言，原因并不是我们没有一种适用于上帝之正义的正义概念，也不是因为上帝之正义有着有别于人所已知的正义的另一些规则，而是因为这里所涉及的情况完全不同于寻常在人中间所发生的情况。普遍的法则对于上帝和人是相同的，但事实构成在这种情况下却是完全不同的。①

---

① 莱布尼茨著，朱雁冰译：《神义论》，生活·读书·新知三联书店2007年版，第63—64页。

第七章　莱布尼茨自然正义的批判分析

对莱布尼茨正义理论的批判可以有以下三种方式：一是直接从不同的哲学家关于正义理论的不同内容规定出发，以彼之"矛"攻此之"盾"；二是如罗素（Bertrand Russell）那样从自己的哲学解释原则出发，以自己之"法槌"裁决他人之"得失"；三是立足哲学观念之变革，从正义理论发展线索和当下社会正义建构之境况出发，对莱布尼茨正义理论中的局限与优长之处展开批判分析。第一种批判分析的意义主要在于史料澄清，通过不同哲学家的相关对比论证使正义理论的内容和时代差异性得以呈现。第二种批判是一种比较深刻的批判模式，需要批判者本人已经形成了自己独立的哲学解释观念和原则。罗素对莱布尼茨哲学的批判性考察是国际莱布尼茨研究中此种批判方法的典型代表，其优点是试图从莱布尼茨哲学的假设前提出发而不是从具体的内容出发来审视莱布尼茨哲学，使得这种批判的立意很深刻、观点很明确、论证很清晰。罗素和库图拉特（Louis Couturat）从数学逻辑特别是主谓项包含逻辑出发对莱布尼茨哲学的观念前提和生成结构所进行的考察引领并形成了风靡于20世纪上半叶且延续至今的逻辑学范式。这一范式的缺点也逐渐显现出来，从20世纪后半叶开始国际莱布尼茨学界特别是莱布尼茨道德伦理政治哲学研究的兴起开始对这种范式进行批判。但总体而言对莱布尼茨研究逻辑学范式的批判是一种外围而观点式的批判，因为这种批判并没有形成与逻辑学范式相对应的新的研究范式。

为什么要简要介绍一下对莱布尼茨研究逻辑学范式的批判呢？看似对莱布尼茨正义理论的批判分析与这种研究范式没有关系，只需要对莱布尼茨正义理论的具体内容进行批判就可以了。问题不是看上去的那么简单和毫无关联，因为对莱布尼茨正义理论的批判分析必然要牵涉到莱布尼茨正义理论形成的前提假设和整体性架构，而这种前提假设和整体性架构分析自然地涉及近现代哲学观念特别是伦理道德哲学观念的变革。现当代伦理道德哲学观念的变革与哲学的逻辑及语言分析转向密切相连，而这种密切相连在莱布尼茨哲学特别是政治哲学那里就显得更加氤氲暧昧而扑朔迷离。这首先和莱布尼茨哲学及其正义理论的特点相关，其哲学形而上学与自然哲学、逻辑学、物理学、道德伦理学和神学相互关联，莱布尼茨对正义的定义和证明中就运用了很多数学、逻辑学等自然科学的观念来加以说明。其次，莱布尼茨正义理论形成的前提假设、整体架构和后来摩尔所谓的伦理自然主义，罗尔斯所谓的伦理直觉主义和完美主义密切相关。再次，现当代伦理道德哲学的语言、逻辑分析转向及传统自然法和古希腊美德伦理叙事的回归都能在莱布尼茨伦理道德哲学里找到各自相应的元素和痕迹。这就引出很恼人的一件事情，当你试图以某种哲学范式和理念去分析莱布尼茨伦理道德学说的时候，开始时会很激动兴奋，因为里面也许能找到很多你想要的思想要素和资源；但进一步就会很苦恼地发现，与你分析时所采用的那种哲学理念和流派不同甚至完全相悖的思想资源也随处可见。

这里就采用前面分析的第三种批判模式从以下三方面来对莱布尼茨正义理论进行批判分析。第一，从知识与认识线索出发，探讨理性认识正义的假设前提、可能性与界限和范围。第二，从存在与技术线索出发，探讨社会实践正义的理念制度设计与组织形式。第三，从信仰与超越线索出发，探讨宗教、意义与动力系统与正义的内在关系。

一　正义理性认识之自然主义僭越

从知识与认识线索出发，是要探讨理性认识正义的假设前提、基本原则与界限和范围问题。从这个线索出发对莱布尼茨正义理论进行批判分析要探讨莱布尼茨正义理论的假设前提是什么，在莱布尼茨那里他如何分析理性认识正义的基本原则问题，他是否认为理性在认识正义问题是有自己的界限和范围，这种界限和范围又是什么。这样就相应地引出了罗尔斯（John Rawls）、摩尔（George Edward Moore）和康德（Immanuel Kant）对正义、伦理相关问题的分析。

对正义的认识和理解首先需要弄清某一位哲学家他的正义观念、原则，这种正义观念、原则的提出方式和形成前提是什么，进而某一正义理论的总体性框架是什么。这些问题的提出绝非一般性的知识简答问题，是对正义概念本身何以可能及如何可能的追问和发问，是哲学观念和正义伦理观念变革到一定阶段才会提出的问题。正义的提出方式和形成前提问题直至20世纪才由罗尔斯主动而明确地加以提出。正如形而上学在西方的发展过程一样，古希腊及中世纪是形而上学的自然萌发和内容性丰富阶段，到了近代启蒙时期才开始对形而上学内部的内容分类及其认识可能问题进行追求，直至20世纪海德格尔才开始对形而上学本身进行追问。罗尔斯对正义概念本身何以可能及如何可能的追问引出了他的设计方法论证明，这对莱布尼茨正义概念的定义方法论证明是一种质的进步和突破。关于他的设计方法论证明，罗尔斯说应当"把正义理论视为设计一种引导性框架，以聚焦我们的道德感，把更有限而可控的理性评判问题置于我们的直觉能力面前"①。他认为的正义观念本身——作为平等的正义——并无新意，是众所周知而来源于传统观念的。但他的意图是"要通过使用某种简要的装置（device）在一个整体性的框架里来组织这种（正义的传统社会契约）观念，使得这种观念的效力得以全部的发挥"②。这种简要的装置就是通过设置无知之幕的原初状态，使得置身其中的个体之间的关系是彼此平衡而漠然的，通过词典优先顺序（约束条件下最大化的审慎理性判断），基于反思平衡达成一致。也就是说通过这种装置而形成的道德观念克服了传统的直觉主义、完美主义和功利主义的道德定义，是要形成"理性而普遍接受的方案，在理性判断中形成所要的共识。这种契约学说下的道德事实是由原初状态下所选择的原则所决定的"③。这种道德事实不同于以往自然主义条件下客观必然而不可改变的道德事实。与对正义的定义与意义分析相比，对道德整体性框架的处理显得更为重要。罗尔斯说："定义与意义分析不会占据特别的位置：定义只是建立理论总体性结构所使用的一种装置。一旦总体性框架得到解决，定义便无特别地位，

---

①　John Rawls, *A Theory of Justice*, Harvard University Press, 1999, p. 46.

②　Ibid., p. XⅧ.

③　Ibid., p. 40.

它要么支持要么相悖于理论本身。"① 莱布尼茨认为正义之理念完美地相应于正义的本质本然状态，把握这种理念的方法是通过直觉洞察而把握单纯、原始的概念，通过比较命题而建立定义，通过定义和证明而演绎出诸多内在规定性。对于莱布尼茨而言，正义理念本身来源于上帝，人所做的是经由直觉洞察、原始概念和定义证明而显明正义理念。这样在他那里便不存在对正义观念本身何以可能及如何可能这一前提进行批判审视的问题。

罗尔斯正义观念的整体性框架安排及设计方法论证明是莱布尼茨正义理论所缺乏的，这主要是把正义概念放在政治哲学向度下进行的考察。莱布尼茨正义理论同时还具有伦理学向度，属于伦理学命题的探讨范畴。对于伦理学范畴的正义认识，牵涉到伦理理性认识的基本原则问题。摩尔在他创立的分析伦理学经典著作《伦理学原理》中指出，伦理学及其他的哲学研究中长期以来的纷争和困难在于还没有弄清问题本身是什么之前就开始回答问题了。他欲图像康德那样建立科学的伦理学形而上学导论，他致力于发现伦理理性的基本原则及其建立问题。在他对伦理学基本问题进行界定并考察以往伦理理性的基本原则时发现，以往几乎所有伦理学家都犯了伦理"自然主义谬误"。在第二版序言中他对自然主义谬误给出了清晰界定，自然主义谬误有三种含义：第一，善不同于非善本身的任何谓称（predicate）；第二，善不同于任何分析性谓称；第三，善不同于任何自然或形而上学谓称。② 也就是把善本身等同于自然客体、自然属性和形而上学属性这三种谓称。相应地他重点批判了斯宾塞诉诸自然科学的自然进化伦理学，密尔诉诸主体需求的自然快乐主义/功利主义伦理学，康德诉诸超感官客体的形而上学普遍必然命令伦理学。这几种伦理学的共同问题是把某种自然客体、自然科学或纯粹形而上学的属性等同于善本身，所以从密尔分析的伦理理性基本原则看，这些学说的伦理基本原则首先与摩尔伦理学关于善本身的特别规定性相悖离，其次这些伦理基本原则之间也是相互混淆而交叉的。自然客体属性与自然科学属性，自然科学属性与形而上

---

① John Rawls, *A Theory of Justice*, Harvard University Press, 1999, p. 44.

② See G. E. Moore, *Principia Ethica*（revised edition）, Cambridge University Press, 1993, p. 16.

学属性之间相互混淆和交叉。从摩尔关于伦理观念形成之基本原则看，莱布尼茨正义学说之伦理界定的确存在着一定程度的"自然主义谬误"问题。首先，与摩尔的分析哲学系统清理方法论不同，莱布尼茨正义论则体现出大陆理念论传统的融合关联方法论。如果说摩尔是通过分析而清理以往伦理基本原则的混淆替换，那么莱布尼茨则试图通过融合而打通伦理基本原则的诸多规定。莱布尼茨的这种方法自然容易导致摩尔所说的还没有弄清伦理问题本身就开始尝试回答问题了，体现出自然主义认识模式的本能性僭越。其次，莱布尼茨正义学说之基本原则涵盖了摩尔所分析的自然客体属性、自然属性及形而上学属性，具体而言体现为莱布尼茨正义思想形成之上帝理念论、完美至善论、快乐幸福论、科学计算论、实用功效论。这些基本原则之间相互交叉融合、彼此贯通说明。其复杂之处在于摩尔所批判分析的自然客体属性、自然属性与形而上学属性与莱布尼茨分析正义概念时所体现出的自然与形而上学属性含义并不相同。这样需要具体对待摩尔所谓自然主义谬误在莱布尼茨正义伦理界说中的具体性体现。

在分析了正义观念整体性框架的形成前提及正义形成的基本原则之后，需要对理性认识正义的界限和范围问题加以审视。理性认识能力的界限划分问题是康德批判哲学的核心要旨与特别贡献所在。从康德理性认识能力划界视角入手能更清晰地展现莱布尼茨理性认识正义真理的特点与局限之处。首先，康德在纯粹理论理性与纯粹实践理性之间作出区分，前者归于理论哲学或自然哲学，后者归于实践哲学或自由哲学。其次，康德在纯粹自律的实践理性与借助神恩的公设信仰之间作出区分，前者服从意志自由的普遍必然命令，后者需要以信仰上帝存在和灵魂不死作为前提。关于理性能力的第一种区分，康德认为，理论理性即知性是按照自然法则的可能性而立法，实践理性是按照自由法则的可能性而立法。这两种立法在原则上有本质的区别。"但这种区别不在于，后者（实践理性）的原因被置于意志中，前者的原因则在意志之外，在事物本身中。"① 因为和意志相关的经验性心理学及和自然科学在事务上的应用实践操作都不是道德性的实践哲学。相比康德对理论哲学与实践哲学的基本原则作出的严格规

---

① See G. E. Moore, *Principia Ethica* (revised edition), Cambridge University Press, 1993, p. 5.

定，莱布尼茨也在两者之间作出了区分，但只是一种说明性而非证明性的区分。莱布尼茨认为，前者服从的是绝对必然性或形而上学必然性，如几何、数学真理，其反面是不成立的，符合矛盾性原则；而后者服从的是假设必然性或道德必然性，如上帝创造完美的世界，相比于完美世界的其他世界是可能存在的，这种必然性符合充足理由或共存可能性原则。绝对必然性无涉于选择、自由和仁爱，道德必然性则关涉智慧、选择、自由和仁爱。莱布尼茨认为斯宾诺莎的伦理学是对绝对必然性的服从。与康德相比，莱布尼茨在绝对或形而上学必然性与假设或道德必然性之间作出的区分固然有着先驱者的开拓意义，但囿于当时的社会环境与认识主题，他的谈论主体总是上帝，是上帝创造宇宙和世界的基本原则。这与康德把实践哲学的主体归于意志行动能力的个体不同。这就引出了康德在实践理性与共设信仰之间的第二个区分。康德认为，"道德为了自身起见……绝对不需要宗教；相反，借助于纯粹的实践理性，道德是自给自足的"①。康德在纯粹理性批判中就指出，无法通过人的知性去证明上帝存在和灵魂不死。在纯粹实践理性批判中，他也指出不能凭借思辨理性认识证明上帝存在。实践理性的主体是有限理性的人，是通过服从意志自己为自己立法的绝对必然命令而实现道德的人格，不能经由他律借助外在的高高在上的存在者而得出实践理性的原则。但为了纯粹实践理性的现实应用的需要，就必须假设上帝存在与灵魂不死。因为现实中有限理性的人很难做到完全只从动机出发不考虑结果和目的地去执行意志自律、自由之必然命令。也许只有像康德这样拥有极高理性自觉和理性自律的人才能做到按照理性自我立法的必然命令去行动。康德在纯粹实践理性与信仰公设之间的区分是非常深刻而高明的。虽然他诉诸必然命令的责任伦理学也遭到后来伦理学家的批判，如摩尔认为康德的自由之绝对服从必然性命令仍然是某种自然法则，这种必然命令也只是善本身的一种谓称，而不是善本身。但康德试图通过对理性能力的划界和清理，以此纯正实践伦理与宗教信仰的旨意具有深宏的意义。他剥去理论理性的自然法僭越，指出实践理性的自由自律根基；他把道德建基于自由和自律之上，同时又指出道德必然要走向宗教。通过理性批判和划界，康德由此而引出一系列的新颖观点：人性恶的起源

①　康德著，李秋零译：《单纯理性限度内的宗教》，中国人民大学出版社 2003 年第 10 页。

不在于感性也不在于理性，而是不可探究的神秘性，引出道德法则优先次序问题；人性善真正的意义在于原初道德禀赋的惊叹，而非对具体道德行动的惊叹，引出堕落之后的重新向善问题；上帝的义不能通过理性证明，而只能通过信仰，引出因信称义的道德提升问题。

通达上帝正义是经由纯粹理性还是经由信仰的问题，在莱布尼茨那里有着多重的复杂性。总体而言，莱布尼茨是在神学的一般性框架下寻找对正义信仰的理性证明或解释性说明，而康德是在批判哲学的整体性框架下寻找对理性证明的信仰情感和实践校对。康德回答的基本问题是实践理性何以可能，信仰对于这种实践理性的意义何在。而莱布尼茨在神义论中回答的基本问题是上帝既然全知、全善、全能，恶何以由来？既然恶到处存在，上帝的全知、全善、全能又何以体现？具体而言，莱布尼茨没有严格的理性划界意识，只是一般性地指出形而上学必然性与道德必然性的区别。但莱布尼茨眼中的理性力量和范围是如此之大，理性可以证明上帝存在与灵魂不死。他认为超出理性能力的是对宗教神秘的解释和证明，如三位一体、道成肉身等。他认为恶起源于形式自身，与上帝无关，固然有把恶归于个体的含义，同时他论证恶的存在是为了整体更大的善。但他又不能说明个体的恶或部分的混乱到底是以哪种方式与最可能的宇宙计划联系起来，认为这是没有义务也无法做到的事情。[①] 莱布尼茨认为从自然世界到神恩世界的过渡是通过自然的方式而实现善有善报、恶有恶报。但康德明确指出，有限理性存有者所期望的至善，不可能通过自然方式得以实现。所以就必须通过假定上帝存在和灵魂不死来实现和保证。

二　正义存在之充足理由静止性与主体封闭性

无论多么优越和高级的正义理念终究要在实践和行动领域得以施行和操作。这里从存在与技术线索出发，核心探讨的是社会实践正义的理念制度设计与组织程序问题。从存在与技术设计线索出发对莱布尼茨正义理论的社会实践与操作层面进行批判分析，需要有一个与之相对照的参照系。

---

① 参见莱布尼茨著，朱雁冰译《神义论》，生活·读书·新知三联书店 2007 年版，第224页。

罗尔斯作为公平的正义在社会实践与操作层面的论证堪称典范，下面就以罗尔斯在社会制度篇中对正义原则在社会制度中的应用为参照系，批判分析莱布尼茨在社会存在与操作领域应用其正义观念和原则的优劣之处。

罗尔斯作为公平的正义所适用的社会类型是宪法民主社会。当然罗尔斯指出并非宪法民主的社会制度就是正义的，他的意图是"表明之前脱离社会制度形式而抽象讨论的正义基本原则，能够界定实际的政治概念，是我们所欲判断的合理性近似和扩展"①。而莱布尼茨认为其正义理论的合理社会形式是等级而有自然从属关系的开明君主制。也就是说正义的社会是自然的社会，是自然法所要求的社会。莱布尼茨说最完美的社会是"其目的在于提升全体和最高之幸福的社会"②。由于自然社会与宪法民主社会分属于不同的历史时期，不能简单由此论断莱布尼茨正义理论是落后的。罗尔斯为什么说他的正义理论适用于宪法民主社会呢？这其实是由他的正义理论的基本原则及其程序要求所决定的。而莱布尼茨为什么说他的正义理论适应于自然社会呢？这自然也是由其正义理论观念和要求决定的。下面就要分析两者正义理论的基本原则和操作原则区别在哪里，这样才能明白为什么一个强调必须对应于宪法民主社会，一个强调是有夫妻、父（母）子、主奴、家庭、社会和教会组成的自然社会。

罗尔斯正义理论的两个基本原则，简言之，一是平等的基本自由原则，二是差异原则要满足两个条件：第一，与正义保守原则相一致的最少受益者利益最大化；第二，政府和职位对公平的机会平等条件下的所有人开放。与之相关的两个操作性优先准则是，第一优先准则强调自由优先，即正义基本原则按词典顺序排列，基本自由只能因为自由的缘故而被限制；第二优先准则强调正义对效率和福利的优先，即正义第二个原则优先于效率和利益最大化原则，公平机会优先于差异原则。③ 莱布尼茨正义理论的基本原则可以归结为三个方面：第一是交换性正义的严厉原则，即不伤害任何人；第二是分配性正义的公平原则，即给每个人所应得的；第三是普遍性正义的虔诚原则，即虔诚而神圣地生活。这些正义原则如何得以

---

①　John Rawls, *A Theory of Justice*, Harvard University Press, 1999, p. 171.

②　Riley P., *Leibniz Political Writings*, 中国政法大学出版社 2003 年版，第 77 页。

③　See John Rawls, *A Theory of Justice*, Harvard University Press, 1999, p. 266.

贯彻呢？在莱布尼茨正义理论中这些原则背后隐藏着产生并保障它们的根本法则——适应于存在领域的充足理由律。从以上对罗尔斯和莱布尼茨之间正义基本原则及其操作法则的分析可以看出，罗尔斯强调的是公民基本自由、公平机会的平等，同时以词典优先顺序来平衡和协调平等原则与差异原则之间的对立和冲突。这些主要是针对现实操作层面宪法民主之社会基本结构而言的。莱布尼茨也提到平等的正义原则，主要是就分配正义而言，给每个人所应得的，这实际上恰好强调了对不同的人要差异化对待。因为能力及贡献大小将作为实施公平原则的根据。当然莱布尼茨还强调了公平原则要主动做善事，因为在某种情形下如果不做对自己而言轻易能做到的对别人有益的善事，别人就会因此而抱怨。莱布尼茨正义理论第一个原则即不伤害原则和第三个原则即虔诚原则基本没有在罗尔斯正义论中得到体现。而莱布尼茨也明确指出，公平或平等作为正义原则对于上帝正义而言是不够的，"什么是上帝正义的原则？上帝的规则是什么？它不是公平或平等，平等适应于人类，使人们想象人类生活状况的共同目的［就法则而言是］，想让别人怎样对你就要怎样的对待别人"①。接着莱布尼茨说在上帝那里，无法想象除了完美以外的其他的动机。出于恐惧、希望或利益可以使人在公共领域的表现是正义的，但这只是政治的底线。但正是莱布尼茨所谓的这种底线思维（尽管在他看来不那么高级）在罗尔斯那里成为他建构正义理论的基点。当然莱布尼茨这里的平等原则与罗尔斯所谓的平等不同，莱布尼茨主要是就分配正义而言，罗尔斯的平等原则主要指基本自由和公平机会的平等。

　　两人之间的这种差异还是可以理解的，考虑到罗尔斯正义理论的研究对象是宪法民主社会的社会基本结构，而莱布尼茨正义理论的对象则是人类社会包括其中的全体宇宙，为上帝正义辩护。同样的与他们各自不同的研究对象相应，罗尔斯正义论的主体是民主社会之平等、自由、理性的公民，而莱布尼茨正义论的主体不仅有作为理性灵魂的人，还有更高的天使、上帝，甚至作为无理性实体的自然与动物也包括在内。也就是说，在罗尔斯那里，无论是前面就观念认识领域的理性，还是这里就实践操作层面的理性，都体现为一种底线的、受限制的、受约束的特性。在莱布尼茨

---

① Riley P. , *Leibniz Political Writings*，中国政法大学出版社 2003 年版，第 57 页。

那里，无论是观念层面还是存在层面，他的理性体现为一种追求卓越、无限上升（或下潜）、打通边界的特性。罗尔斯把平等作为正义的第一原则，莱布尼茨认为平等之上还有完美；罗尔斯假定人与人之间关系是彼此漠然而互不关涉的，莱布尼茨认为人不做恶事、制止行恶与主动向善是相互连贯而不能停滞的；罗尔斯把人与自我、人与自然、人与上帝之间的关系排除在公平正义叙事之外，只关注体现为人与人之间关系的现有社会公共领域之正义安排，莱布尼茨以上帝存在的神圣正义为前提，以蕴含精妙神奇的自然法则正义为类比，以诉诸智慧而仁爱的人类社会正义为中心，上至天使与上帝，中间子民与君主，下达天地与万物，无不在莱布尼茨正义叙事的范围和界限内。

正是这种诉诸终极根源且无所不包的理性叙事导致莱布尼茨正义理论实践操作层面的问题，即充足理由静止性与主体封闭性。具体问题体现如下：（首先他试图通过诉诸充足理由之根源的上帝一次性、整体性、确定性地安排涉及人类、自然和上帝的正义秩序法则。）这种渴望贤君良臣、追求确定客观、诉诸自然生长的正义理想，注定是理性神化自身而永远也无法实现的一厢情愿。莱布尼茨总是强调正义法则如几何数学法则一样客观而确定地存在于人内心中。他总是通过列举自然现象的例子来证明现存世界如何是所有可能世界中最好的世界。比如，用阴影、单个的杂音、谷粒在土壤中的消解、水中的渡船等来比喻罪，来说明局部的、单个的、暂时的罪从其整体看有可能是更大的善与和谐。问题在于人类社会领域毕竟不同于自然现象领域，自然界甚至动物界很难会出现主观有意为恶的情况，但对于人和人类社会而言，有意为恶、无理由地为恶，乃至不给自己带来任何益处的为恶随处可见。出现这一问题的根源在于理性僭越超出了自身的界限，理性甚至与神性结合编制了一个看似确定可靠实际风雨飘摇而无法实现的美好世界。罗尔斯在其正义理论实践操作中通过有限划界、前提约束、商谈约定的方式避免了莱布尼茨正义理论的这一问题。其次，莱布尼茨没有区分社会公共政治领域与私人道德修养领域的界限，导致他试图通过可能出现的私人道德沦丧去反驳公共政治领域的契约化操作，用私人道德修养的实践去解决公共政治领域的问题。这就导致主观意图很好，实际效果却南辕北辙的结果。这一问题的出现和莱布尼茨当时所处的德国经济社会发展状况不无关系，毕竟当时德国还处于分裂而落后的封建诸侯割据时期。在德国当时的经济社会条件下，没有如英国那样的新兴资本主义经济发展，自然也不会出现新兴阶级要求政治话语权的公共政治空间。莱布尼茨的确非常深刻地指出了自由平等分权及契约学说可能导致的问题，如民选的代表依然需要被监督，选择过程中可能出现的贿选和腐败，独裁在议会政治中依然可能发生，反对霍布斯的绝对主权观念等。但正如任何新兴事物的分娩未免不经过阵痛一样，这些问题不足以成为抵制它们的理由和借口。契约论与民主、平等、自由学说对过去的君权神授、自然等级制度的胜利，根本是因为时代发生了根本的变化，时代生产方式革命及经济组织形式、时代政治变革及政治组织方式、时代观念嬗变及话语生产方式发生了根本变化。

三　正义超越体验之自我同一性

以上从知识与认识线索及存在与技术线索出发对正义论的考察和评价在古代及现当代正义理论研究中已是非常熟悉而主流的分析研究模式。本部分从信仰与超越线索出发，探讨宗教、信仰及意义系统与正义的内在关系，以此从正义的体验超越性出发对莱布尼茨正义理论内容进行批判性分析。就从古代以来的西方正义理论文献来说，作为哲学家立场的正义理论研究者，基本上是在前两种线索及模式下进行。除了自教父神学以来的宗教神学家外，很少有哲学家采取第三种线索及模式来研究正义理论。在这个意义上莱布尼茨的正义理论是比较独特而值得深入挖掘的，自然莱布尼茨也不是唯一采用这一模式进行正义思考的西方哲学家。当代解构主义的代表德里达及他者伦理现象学的列维纳斯便是在这一脉络下进行正义及伦理研究的。下面就从这一线索出发通过德里达相关的正义论述展开对莱布尼茨正义理论的批判分析。

前面从知识、认识线索与存在、实践线索出发的正义探讨都是在有限理性的界定范围内，为什么到了这里要超出有限理性的界限进入到宗教、信仰领地呢？德里达对超越性体验的正义探讨是从对法律合法性追问开始的，他发现法律或权威的根基与合法性根据是暴力或武力的推定。法律的根基在于某种神秘性，这种神秘性以它自己为合法。这样法律的暴力逻辑的计算理性链条在合法性根基方面就出现了不连续的断裂。总是准备着给自己的演说做注解的人类理性，"到达了它的限度，对什么终极地驱动它保持沉默"①。所以德里达考虑如何解决计算理性的局限和不连续性难题，他从法律、正义如何奠基出发引出对信仰、宗教行动的呼求。"正义、法律的原初生成（emergence），法律的组织、奠基及证明中间蕴含着一种履行性力量及对信仰的呼唤。"② 这样对正义的探讨就和宗教联系在一起了，当然这里的宗教不是辩护神学或教会信众意义上的宗教，不是诉求理性神学证明的宗教，而是启发人原初力量，不是从诉诸暴力的履行性行动出发的宗教。法律如何面对自身的合法性危机而进入正义之中呢？正义如何既超出世俗理性的限制与宗教行动相连，又不抛弃世俗理性进入单纯的启示信仰呢？德里达通过他所谓的神秘性的纠结而难解的体验（experience of aporia）加以剖析。到目前为止就法律与正义的关系而言，莱布尼茨与德里达的思路与方向是一致的。莱布尼茨在《对一般正义概念的沉思》的开篇就引出了意志、权力与正义的问题。他提出正义的先在根据问题，正义不在于意志和权力，而在于像数学必然法则一样的必然永恒规则。莱布尼茨认为把正义依赖于权力的人，"其错误部分地来自于混淆了公正（droit）与法律。公正不可能是非正义的，这是个矛盾体，而法律有可能是非正义的。因为权力提供和维持法律，如果权力缺乏明智与善良意志，它便可能提供和维持相当邪恶的法律"③。由此可见莱布尼茨已经看到了法律的权力及武力根源，但他没有德里达那样彻底，直接得出法律的根基就是暴力逻辑就是无根基。而且莱布尼茨是从必然而永恒真理的理性来为正义的根据辩护，德里达则认为正义本身是不可计算、不可还原、不可解构的，是对不可能的体验，是对神秘性纠结的体验，是对计算理性桎梏的超越。

德里达通过他所谓的三种纠结体验而实现正义对法律的超越：第一，通过他者面向的个体的异质性和单一性实现对普遍性之法律的超越，由此引出正义之单一、不可进入性与法律之普遍、通用性问题；第二，通过不确定性的隐秘幽灵实现对确定性的显现理性之超越，由此引出正义理念超

---

① Victor Kal, "Review of Acts of Religion", *Ars Disputandi* [http://www.ArsDisputandi.org] 2 (2002), section 2.

② Ibid..

③ Riley P., *Leibniz Political Writings*, 中国政法大学出版社 2003 年版，第 50 页。

越之冲创动力向度与正义理念超越之先验理性向度问题；第三，通过不可能性未来之盼望的紧迫性决定实现对有确据未来之盼望的规定性决定的超越，由此引出正义之弥赛亚盼望的紧迫性与正义之末世盼望的确证性问题。

第一种超越的核心是实现个体的他者面向。德里达针对现实中法律状况的第一种难题，即体现为普遍性的责任、法律及权威体系与体现为差异性和单一性的个体之间的矛盾。德里达注意到"法官不可能像机器人一样，只是通过把普遍性规则运用于具体案例而宣布判决；因为这种过分的简化不会给差异和独特性的当事人带来正义"①。个体的差异性与独特性是在顺应不可还原的他者呼求时产生的，在这一点上德里达与列维纳斯是一致的。列维纳斯指出："具有客观体验的基本体验本身就预设了他者的体验，由于无限之理念超出了笛卡儿式思想，所以他者所具有的权力与自由我所具有的权力与自由是不成比例的。道德意识不是对价值的体验，而是对外在存有的体验：外在存有是他者……他者的面孔对自我之幸福自主性提出质疑。"② 关于个体之差异性及独特性与体现为世界上之事物的序列或聚集的法律关系，在莱布尼茨那里是通过间接的方式而给出解答的。与德里达和列维纳斯相同的是，莱布尼茨同样主张个体的差异性与独特性，他的单子论思想里有关单子的很著名的一句规定就是单子之间不能相互进入。对单子之间不能相互进入所给出的解释，学术界基本上是从形而上学先验理性、单个实体概念及逻辑学主谓项包含方面来解释。如果从这里所讲到的正义及伦理个体差异性与特别性之超越来看，单子之间彼此不能相互进入体现了一种非常深刻的个体差异性思想。在《论事物的最后根源》中，莱布尼茨指出灵魂或自我本身作为具有统治地位的统一体支配我的身体，这种支配性的统一体无法在单一事物或事物的集合及序列中找到。这就意味着作为差异与独特性之单子个体正义无法在体现为世界之利益与权力的普遍性法律约束中找到。如果从正义、伦理维度看，单子论不能相互进入这一规定竟然有了一种新鲜而深刻的含义。

---

① Georges De Schrijver, *Jacques Derrida and the Question of Justice*, philosophy. sysu. edu. cn/news/UploadFiles_ 5599/201009/02. doc, section 3.

② Levinas, Emmanuel, *Difficult Freedom: Essays on Judaism*, Trans. Sean Hand. Baltimore: The Johns Hopkins UP, 1990, p. 293.

当然莱布尼茨所谓的单子差异性与德里达和列维纳斯所谓的个体之差异性是有区别的。前者是从单子个体内部出发来论证这种差异性，而后者则从顺应绝对、不可还原、不可计算的他者面孔或呼求出发来论证个体之差异性。这两种思想进路可以互补和矫正，即解构主义他者伦理学之他者不但要面向作为他人（第二方或第三方）之他者而且还要唤醒并面对居于自身之内之他者。而莱布尼茨单子伦理学之灵魂统一性，不但要悦纳与自身相同之熟悉的自我而且要聆听与自身相异之陌生的自我即他者的自我。

既然认识到第一种纠结体验之难题（个体正义之差异性与法律约定之普遍性），如何破解这种难题而使正义得以可能呢？解构主义他者正义给出的方法是要悬置狭隘自我、抽离曾经想当然的普遍法则，不断地质疑各种非正义，进而"回应单一情景，要求发明一种政治性决策。政治本身这里可被视为回应他者单一要求的艺术，这种要求在一个具体的情景中形成"①。在如何解决个体正义差异性与法律规定之普遍性方面的难题上，莱布尼茨给出的方案则比较抽象，就是他提出的作为终极根源的充足理由律。他只是说在世界之物中找不到这种具有统一性的差异性灵魂。充足理由的根源在上帝那里，世界的理由隐藏于对世界的超越之中。当具体论证充足理由存在时，莱布尼茨又回到了形而上学必然性，即存在的事物的理由只能在具有形而上学必然性的事物中，其本质即意味着存在。这是上帝本体论证明的变相说法而已。所以在如何处理个体差异性正义与世界普遍性法律之间的关系时，莱布尼茨给出的答案是陈旧的本体论上帝证明。

第二种超越的核心是体味隐秘的幽灵抓狂。正义对确定性的显现理性之超越为什么是以幽灵的面相呈现呢？德里达所描绘的第二个纠结体验是权威或法律所显现的确定性根基根本不存在，是在不确定性的深渊当中。法律施行总是诉诸武力的使用，法律总是为某些隐藏的利益服务，质疑法律不公正的人总是遭到暴力的袭扰。这种不确定性还不是一般意义上在两个选择之间的张力和摆动，而是"必须做一个决定，也即以一种非法律

---

① Critchley, Simon, *Ethics - Politics - Subjectivity*: *Essays on Derrida*, *Levinas and Contemporary French Thought.* London: Verso, 1999, p. 276,

的方式对他者施以正义，这个他者——因为他/她的异质性与陌生性——超出了计算的秩序"①。施理菲尔（Schrijver）很准确地指出这就解释了为什么不确定或缺乏整体确定性的幽灵徘徊的原因，这也是德里达使用幽灵的原因之所在。幽灵解构了任何使我们确信为正义的显现或在场（presence）、确定和标准，使人们感到任何得以显现的确证都被剥夺了。这一事实"使人渴望求证超越性的正义理念真理，即使这一理念似乎从经验实在中自我抽身"②。对于德里达而言，正义理念是非算计、非交换、非还原的，它"在肯定性的确证中，在一个没有交换、没有流通、没有承认或感激、没有经济流通、没有计算、没有规则、没有理性、没有合理性的礼物之要求中是不可打破的……在它里面我们的确承认或实际上指证、确定为一种疯狂。也许是另外一种神秘。解构疯狂于这种正义，疯狂于对正义的愿望"③。正义像幽灵一样神秘难以捉摸而不确定，正义像幽灵一样永不消退地侵扰、游荡和折磨，"正义也是给我们冲创、动力、或变化去提升法律的（内在力量）"④。与德里达诉诸幽灵面相的正义理念之超越不同，莱布尼茨的正义理念是追求理性而仁爱，确定而自主、完美而幸福体验的。一般观点而言，也许认为德里达这里所描绘的正义如幽灵般纠缠、折磨、驱动和提升人的观念与莱布尼茨典型的先验理念正义对人的提升相差甚远。一个以幽灵神出鬼没、让人抓狂的形象出现，一个以理性沉潜发现、令人愉悦的形象出现；一个以正义异质性的不确定性解构法律普遍的确定性，一个以正义的确定性法则解构法律的权力意志根据；一个以疯狂的冲创动力来表达正义对人的超越引领，一个以德行的连续递升来实现正义对人的超越引领。但两者也有很多相似性，德里达想通过慷慨丰盈的原初动力（冲创、动力、狂热）而不是贫瘠的暴力逻辑去实现正义。莱布尼茨把普遍的爱人品格和对大自然美妙的沉吟作为原初动力，反对诉

① Georges De Schrijver, *Jacques Derrida and the Question of Justice*, philosophy. sysu. edu. cn/news/UploadFiles_ 5599/201009/02. doc, section 3.

② Ibid. .

③ J. Derrida, "Force of Law: the Mystical Foundation of Authority", *Cardozo Law Review*, 1990, p. 965.

④ J. Derrida, "The Villanova Roundtable: A Conversation with Jacques Derrida", *Deconstructionin a Nutshell*. Ed. John D. Caputo. New York: Fordham UP, 1997, p. 130.

诸权力和主观意志的正义。德里达通过幽灵的神秘体验来打通理性与感性、显现与隐藏、确定与游弋的二分界限，莱布尼茨通过宇宙人格的微妙感知、情感感受的喜怒哀乐来消弭纯粹理性与感性之间的界限。莱布尼茨指出："尽管说德性有不可证明的原则是正确的……但需要补充的是仅仅通过理性而认识道德原则也并非真理，既然这些原则建立在内在体验——建立在混乱知识之上；由于人只能感觉喜悦和悲伤是什么。"① 而且莱布尼茨也认为在事物的深渊中，总有一些好像沉睡的部分，永远也达不到完美进步的终点。就像德里达的幽灵一样，永远也不可能完全呈现它真实而最后的面貌。

　　第三种超越的核心是面对不可能性未来时的紧迫性决定，这种超越主要针对德里达的第三种纠结体验，是和时间相关的。一方面德里达解构主义的正义实现总是在某种间距（distance）、间歇（interval）、悬置（suspension）内发生，这种"间距不是空间的间距，是时间本身的特性，作为永远的等待或未完成性"②。另一方面他者在具体情境中的迫切呼求又需要个体作出紧迫而不能拖延的决断。这就造成了正义决断的时间之漫无边际的隐匿与迫在眉睫的紧急之间的矛盾。德里达说这种紧迫的决定是诉求理性之前的一种急促，是一种纯粹的疯狂（madness），是一种"在夜间无知识、无规则的行动。（在夜间）不是规则和知识的缺乏，而是（在夜间）对规则的重新建立，确切而言不是因某种确据知识、某种保证而到来"③。接着德里达分析了履行性表达与断言性表达的区别。他认为这种（正义决定的）急促而紧迫之不可还原性应归于正义或法律行动的履行性结构。"断言性表达在正义真理意义上可能是正确的，但绝不是在正义的意义上。但履行性表达在正义的意义上不是所谓的正确……它（履行性表达）总是在它自身内保持某种突然的冲突。每一断言性表达本身，至少隐含地，依赖于履行性结构，正确的维度或理论—断言表达的（各

---

　　① Markku Roinila, *Leibniz on emotions and the human body*. Cited in IX. Internationaler Leibnzi-Kongress unter der Schirmherrschaft des Bundespraesidenten, 2011, p. 934.

　　② Chung-Hsiung Lai, "On Violence, Justice and Deconstruction", *Concentric: Studies in English Literature and Linguistics*, 2003, p. 33.

　　③ J. Derrida, "Force of Law: the Mystical Foundation of Authority", *Cardozo Law Review*, 1990, pp. 968–969.

种领域特别是在法律理论领域）因而总是预设了履行性表达正义的维度。也就是说，没有某种非均衡和冲突它们根本性的急促就不可能会实现。"①这里德里达明确区分了作为理论理性的正确与作为履行行动的正义。通常我们总是认为先有理论观念的变革，然后再有行动实践的改变。但德里达认为正义的本质性规定就是某种非均衡、非还原、非计算的急促、冲突和紧迫。正义的发生性状态注定了正义先于讲究平衡和正确的真理。而正义的这种急促和紧迫又造成了德里达所谓的某种吊诡状态："正是因为这种履行性的流溢，这种总是先于自身的过分仓促性解释，这种结构性急迫和正义的急迫，正义没有可以预期的（义务性的或弥赛亚性的）地平线。但正由于这一原因，正义也许有一种'要到来'，我严格区分于将来总能产生的要到来。正义依然是有待的要到来。它有一种不可还原的要到来的维度。它总是将要拥有，也总是现在拥有。也许正是因为这个原因，就正义不仅仅是司法或政治的概念而言，它打开了法律或政治转换、再造或再奠基的空间。"②

　　与德里达相比，莱布尼茨关于时间性维度与正义的内在关系的观点是某种改装了的末世论框架。莱布尼茨不是完全神学意义上的末世论主张者，在这方面他与康德是相似的，即将灵魂不死、上帝存在、德福的一致作为一种必要的前提预设，尽管莱布尼茨比康德更多地突出了欲图理性证明这一预设。对于康德而言这就是一个无法诉诸理性证明的实践预设。这样一来，无论莱布尼茨还是康德的正义时间观念都是德里达所批判的对象。因为他们所提供的这种正义时间观念突出的是一种确定的、有明确预期的未来。而德里达的正义未来只是一种"要到来"，有待完成、不确定、不可还原、不可计算的"要到来"、即将到来。而且莱布尼茨总是强调上帝与人类共同遵守一般客观而确定的正义法则，强调在神恩王国里好人有好报、坏人受惩罚。总试图用理论理性证明的方式去解释正义概念，强调正义真理如数字、几何、逻辑和物理真理一样客观而永恒。莱布尼茨强调正义的理论真理性，德里达明确正义的实践履行性；莱布尼茨突出正义的确定客观

---

　　①　J. Derrida, "Force of Law: the Mystical Foundation of Authority", *Cardozo Law Review*, 1990, p. 969.

　　②　Ibid., pp. 970 – 971.

性，德里达洞察了正义的疯狂意志性；莱布尼茨诉诸神恩世界上帝确据的惩罚，德里达认为正义没有确据的凭证，正义是对未来不可能性之经历。

关于正义决定之急促、紧迫和疯狂性方面，莱布尼茨没有直接性的理论论述。但很有趣的是，莱布尼茨在《对一般正义概念的沉思》中列举了很多实际性的例子，在这些具体的情景均显示了正义之决定的紧迫性、急促性、非计算性。如一个被大象追赶的人，因为邻居家一个人的打鼓声而止住了大象；若正经受暴力痛苦，旁边的人却门户紧闭；有一口能治愈疾病的喷泉，却拒绝给病人几杯这样的水；落水之时，旁边的人拒绝扔下绳子救命等①。很明显莱布尼茨所列举的这些例子都体现了德里达所谓的正义决定之紧迫性、急促性、非计算性与非还原性。也就是正义之决定往往是在事情发生的一刹那，你是否伸出援手、是否行动。也就是正义之决定不是那种具体的理性算计、左右权衡利弊之决定，而是在具体的情境中是否呼应了他者之呼求和痛苦。莱布尼茨在其正义论述中非常反对仅凭自己的意愿、喜好和专权去做决定的君主和统治者。当然，对于德里达来说，他肯定也反对仅凭一己之利、主观之好和偏执之欲去做决定的人。另外莱布尼茨的情感、人格理论中关于自我管理及道德治疗的论述有助于从另一个角度来理解德里达所谓的正义决定是夜间无知识、无规则的活动的论述。为什么德里达强调了在夜间？如何达到他所谓的无知识、无规则之决定？其实所谓在夜间是一种形象的情景创设，可以从莱布尼茨道德治疗的角度来加以理解。至于德里达所谓的无知识、无规则，不是没有知识没有规则，而是对以往、现存规则、法律的再审视、再批判，让新的规则、新的律法、新的关系有出现和产生的空间。莱布尼茨在和洛克的论战中，提出从自我管理、道德治疗的角度来解决人的激情、欲望、愤怒、嫉妒等情感问题。莱布尼茨认为"人类应该从未来出发为自身确立法律和规则，严格施行它们，避免可能腐蚀它们的情景。他们应当通过参与哲学家推荐的有用的活动，如耕种、园艺、讨论、阅读，来展现他们真正善的概念。另外一种冷静我们自身的方法是自然地推理"②。如果从道德治疗的视角来看待德里达

---

① 参见 Riley, P. , *Leibniz Political Writings*. 中国政法大学出版社 2003 年版，第 55 页。

② Roinila M. , *Uneasiness and Passions in Nouveaux essays* Ⅱ, xx, Cited in Ⅸ. Internationaler Leibniz – Kongress unter der Schirmherrschaft des Bundespraesidenten, 2011, p. 944.

无知识、无规则、紧迫而急促的正义决定的话，可以把解构主义正义的很多看似荒谬而抽象的论述变成建设性的、每个人都可能参与其中的履行性正义行动，这也符合德里达的关于正义之履行性本质的论述。

第八章　莱布尼茨自然正义与社会主义正义理论建构

在分析和论证了莱布尼茨自然正义理论的理论渊源与思想基础、时代背景与形成脉络、内在结构与具体内容之后，需要把思维的视线和空间转向莱布尼茨自然正义理论创立后正义思想演化和发展的精神历史进程。具体而言，本章第一节主要从自然社会到历史社会、自然正义到历史正义、宗教理想到宗教批判这三个思维线索入手，分析了从莱布尼茨自然正义到马克思主义正义的思想流变进程。第二节分析了莱布尼茨自然正义理论对社会主义正义理论建构之启发意义：第一，从知识与认识线索看，要有精神正义与程序正义的双重启动；第二，从存在和实践线索看，要关注自然实践正义与技术实践正义之不同；第三，从信仰超越线索看，要在差异性的缝隙和悬置中实现超越体验的正义。第三节研究了社会主义正义研究如何出场的问题。

一　从莱布尼茨自然正义到马克思正义观的历史流变

从莱布尼茨自然正义与马克思唯物史观正义的思想流变进程可通过以下三条线索得以展现：首先，从自然社会到历史社会的思想流变线索是，由莱布尼茨的自然社会到维柯的自然历史社会，由维柯的自然历史社会到黑格尔的精神思辨历史社会，由黑格尔的精神思辨历史社会到马克思的历史唯物主义社会。其次，从自然正义到历史正义的思想流变线索是，莱布尼茨古典自然正义与同时代的近代自然正义即资产阶级自由主义正义形成对立，而资产阶级自由主义正义在马克思唯物史观那里被归入上层建筑而遭到拒斥。再次，从宗教理想到宗教批判的思想流变线索是，莱布尼茨主张从理性与信仰相互统一和谐出发探讨正义何以可能的问题，认为理想正义的根源和保证是上帝的存在。康德把上帝、意志自由和灵魂不死从理论理性中剥离出去，然后在实践理性中又把它们作为三个理论公设。黑格尔认为宗教与哲学的内容相同，而表达方式不同。马克思在唯物史观创立前立足于哲学自我意识对宗教的神进行批判，唯物史观创立后则从经济基础决定上层建筑出发批判宗教神学、道德法律、文化艺术等思想意识形式。

（一）从自然社会到历史社会：莱布尼茨—维柯—黑格尔—马克思

在第四章中我们分析了莱布尼茨论述自然社会的六个层次，分别是夫妻、父母与子女、主人与奴仆、家庭、城市和上帝教会。他关于自然社会的论述体现了显著的中世纪等级制观念和宗教神学色彩。所谓自然社会就是自然法所要求的社会，而自然法是维持和提升自然社会的法律。与莱布尼茨主张社会正义在于自然等级制不同，同时期的近代政治哲学家如霍布斯、洛克等，非常强调社会的契约正义、民主自由与人为法统治。莱布尼茨也更关注社会的公共福利、教育科学文化事业。主张通过发展经济，使人摆脱贫穷和琐碎的滋扰，通过教育和科学，使人在知识、德性和修养等各个方面提升和完善自己。对社会的历史性考察则游离于莱布尼茨的视线之外。而与莱布尼茨基本同时代的意大利哲学家维柯（Giambattista Vico，1668—1744）则敏锐而独创性地捕捉住自然社会的历史面相。他对自然社会历史面相的捕捉是与他独特的真理观分不开的，他认为真理在于创造，真理与创造相一致。莱布尼茨关于必然真理与偶然真理（推理真理与事实真理），即本质真理与存在真理的论述，关于心灵（mind）、灵魂（soul）、精神（spirit）、广延、运动、力等的论述，则与维柯"英雄所见略同"。个中缘由也是可以理解的，因为他们都是诉诸并善于挖掘拉丁文明本原智慧的语言大师、思想大师与哲学大师。

维柯《论意大利最古老的智慧》的翻译者对"真理"与"创造"的翻译作出了较详细的说明。"真理"拉丁语是"verum"，是形容词"verus"的中性化，表示真的、真实性、真的东西。它是一个比较难翻译的词语，翻译为真理是遵从翻译惯例，但真理通常的反映论含义会对理解"verum"的本意造成混淆，所以有时也译为真实、真的。"创造"的拉丁

语是 "factum"，含义也极其广泛。基本含义是做、干、为。① 维柯区分了真理的类型及其认识方式，认为真理就是创造本身，这种创造性同时体现出神与人之间的区分和差别，他从多个角度对神与人创造性之差别进行了说明。

首先，通晓与思维之区别。人的心灵能力是思维（cogitare），神所特有的能力是通晓（intelligere）。维柯认为，思维在意大利语中就是思考（pensare）或进行采集（andar raccogliendo），（思维的）理性就是算术元素的结合（collectionem）。理性是人的天赋，人以此而优越于其他非理性动物。而通晓则是汇集事物的所有元素，无论是内在的还是外在的元素，神都包含并安置着它们。但人的心灵是有限的，它处于事物之外，只能汇集事物的外在元素。所以，人伴随着理性，但并非主宰着理性。维柯打了一个形象的比喻来说明这一点，"神的真理是事物的立体像，正如雕塑；人的真理则是素描或平面像，犹如绘画"②。

其次，启示真理与人类真理之区别。维柯在考察意大利先哲与基督教真理观后，所得出的第一条原则就是：

> 既然真正的真理原本就在唯一的上帝那里，那么我们就必须无条件地承认有上帝启示给我们的真理；我们也不能追问这种真理所以存在的属或方式，因为这是我们完全不能把握的。但我们却能够叩问各门人类知识的起源，最后也能拥有藉以辨识真假知识的法则。上帝知晓一切，因为上帝在自身中就包含着藉以构造一切事物的元素；但人类却要努力通过分解才能够认识它们。因此人类知识看来就是对自然作品的某种解剖。③

关于人类知识的对象与类别，维柯划分为以下几种：形而上学研究存在者，数学研究一及其倍增，几何研究点与形状，机械学研究外部运动，物理学研究内部运动，医学研究身体，逻辑学研究推理，伦理学研究意

---

① 详细的分析请参见维柯著，张小勇译《论意大利最古老的智慧》，上海三联书店 2006 年版，第 10 页。

② 维柯著，张小勇译：《论意大利最古老的智慧》，上海三联书店 2006 年版，第 11 页。

③ 同上书，第 14 页。

志。他认为，存在者、点、一、形状、运动、理智、意志，在上帝那里是活的，在人那里是死的。上帝是绝对的无限、唯一和存在，运动、身体、理性在上帝这里归于消失和无，理性对于人是用于推理者，对于上帝直接就是作品。人的意志脆弱易变，上帝的意志不可抗拒。

最后，上帝与人的创造能力之区别。上帝创造事物，人创造事物的名称。创造物理事物之真理对于上帝而言是合法的，人只能创造物理现象之真理和几何真理。关于人类对于物理真理与几何真理之创造能力，维柯有一句惊世明言："我们能证明几何真理，因为我们创造了它们；如果说我们能证明物理真理，那就是我们曾创造了它们。"[1] 当人们追寻事物的本性时，维柯发现这根本无法做到。因为在人自身内没有构成事物的元素，即一切事物在人自身、人的心灵之外，他称之为心灵的缺陷。但人之心灵不会对这一缺陷束手无策而漠然置之。心灵能将它的缺陷转化为有益的功用，

> 它通过抽象为自己创造了两样东西：一个是能标画的点，另一个是可以倍增的一。不过两者都是虚构：因为点标画时就不再是点，而一倍增时却并不比一多。况且，心灵也可以完全合法地一直如此进行下去直至无限，从而线引向无限，一化为无穷都是合法的。通过这种方式，心灵就为自己创建了一个形式和数目的世界，并且在自身中就可以思有这个世界，几通过对线的延长、缩短、连结，对数的增加、减少和计算，心灵就可以造就无限成果，因为它在自身中就认识到了无限的真理。[2]

至此，我们从三个方面分析了维柯的真理与创造相互转化、相互一致原则，这种创造对于人和对于上帝的含义是不同的。在简要分析了维柯关于数学真理和物理真理的内容之后，这里还需要就维柯所选择和依赖的方法论做一点说明，因为这牵涉到对维柯形而上学来源的理解。维柯形而上学的来源主要有两个方面，其一是拉丁语源学，其二是伪芝诺

---

① 维柯著，张小勇译：《论意大利最古老的智慧》，上海三联书店 2006 年版，第 78 页。
② 同上书，第 16 页。

点的学说。《论意大利最古老的智慧》副标题就是"从拉丁语源发掘而来",这也体现了维柯《新科学》的一个基本原则,就是哲学必须与语文学相结合。此外就是伪芝诺点的学说,毕达哥拉斯数的学说,这是维柯形而上学的核心内容。此外,在维柯那里,柏拉图的理念论作为心灵的形式优越于亚里士多德的共相,基督教上帝观念是形式的形式和真理的最终源泉,经院哲学的种与属的观念,这些都是他重要的思想来源。从这些古代哲学中,他提出的主要问题是,物理形体如何由几何的点构成?维柯形而上学的创立与近代自然科学的发展密切联系在一起,而近代自然科学特别是数学与物理学都有一个共同的根源,即毕达哥拉斯—柏拉图主义路线。这条毕达哥拉斯—柏拉图主义路线在历史与现实中又分化出两条路线:一是偏向数学或纯数学的路线,认为点、数字、几何必然性是宇宙万物的根本法则,以开普勒、笛卡儿和斯宾诺莎为代表;二是重视数学的同时也重视实验和观察,采取的是数学—实验方法,以伽利略为代表,这种方法的根本特点是实验观察与数学演绎的紧密结合。两种路线的共同点就是自然的数学化。维柯赞同第二种路线,反对第一种路线。他认为这种方法的真理本性就是,通过数学—实验做成既与思想相似,又与自然的作品相似。①

　　由于《论意大利最古老的智慧》(1710)是维柯早期的作品,这时他对真理的讨论还仅限于几何真理与物理真理,还没有涉及历史真理。但真理与创造相互转化与相互一致原则是理解人类历史知识与历史真理的前提性、根本性而决定性环节。理解了真理在于创造原则,也就掌握了理解维柯的历史真理概念的锁钥。几何真理是人自身对真理的创造,人是几何真理的原因和"小上帝"。与几何真理类似,历史真理也在于人的创造,但需要在几何真理的基础上加入一个新的维度,就是神意的指引。也就是说,历史真理是人在神意的指引下自己创造的结果。维柯关于历史规律的思想在以下三方面对马克思及马克思主义历史观造成了直接而深远的影响,并成为马克思主义历史观的有机组成部分。第一,主张人类历史由人类自己创造;第二,互不相识的世界各民族有一个共同的真理基础,即各

---

① 参见维柯著,张小勇译《论意大利最古老的智慧》,上海三联书店 2006 年版,第 6—7 页。

民族所共同遵守的历史规律；第三，不应该在单纯的个体中，而应该在民族本性和共同的社会生活中找到人的本质。

人类历史是由人类自己创造出来的，这是维柯历史真理观首要而根本的观点。他自称他的新科学，就是要描绘每个民族在出生、发展、成熟、衰微和灭亡过程中的历史，也就是在时间上经历过的一种理想的永恒的历史。他自信地宣称，任何人只要按照新科学沉思默想，他就是在向自己叙述这种理想的永恒历史。当然叙述效果的好与坏，要看他是否根据人类的共同意识。体现共同意识的民族世界是由人类自己创造的，这种创造比人类对几何学的创造更为现实：

> 这个民族世界确实是由人类创造出来的，所以它的面貌必然要在人类心智本身的种种变化中找出。如果谁创造历史也就由谁叙述历史，这种历史就最确凿可凭了。这种情形正像几何学的情形。几何学在用它的要素构成一种量的世界，或思索那个量的世界时，它就是在为它自己创造出那个量的世界。我们的新科学也是如此（它替自己创造出民族世界），但关于人类事务的各项秩序比起点、线、面来说具有多高的现实性（reality），那么这门科学也就比几何学具有多高的现实性。……这些论证都是神圣的，应引起你们神圣的欣喜，因为在天神身上，认识和创造就同是一回事。①

马克思在《资本论》第 1 卷中，谈到工具和机器之间的区别，在介绍 1735 年约翰·淮亚特的纺纱机发明时做了很长的注释，其中就提到了维柯人类历史是由人创造的观点：

> 达尔文注意到在动植物的生活中作为生产工具的动植物器官是怎样形成的。社会人的生产器官的形成史，即每一个特殊社会组织的物质基础的形成史，难道不值得同样注意吗？而且，这样一部历史不是

---

① 维柯著，朱光潜译：《新科学》，安徽教育出版社 2006 年版，第 349 段第 204 页。需要指出一点，这段引文中省略号前面的那句话不是引自朱光潜的翻译，而是引自上文所引用的、张小勇翻译的《意大利最古老的智慧》译者导言第 8 页的内容，因为笔者认为这段翻译更准确地表达了维柯的原意。

更容易写出来吗？因为，如维柯所说的那样，人类史同自然史的区别在于，人类史是我们自己创造的，而自然史不是我们自己创造的。①

起源于互不相识的世界各民族之间的一致观念，必有一个共同的真理基础，即各民族所共同遵守的历史规律，这是维柯历史真理观的核心内容。维柯把各民族共同的真理基础称为新科学的一个公理、一个大原则，它把人类的共同意识规定为，适用于一切民族的，由天神意旨所教导的准则，这种共同意识由各个人类社会所必有的和谐来决定，民族世界的美就在于这种和谐。由这个神授的共同准则来界定民族部落自然法中什么是确定不移的，要达到这种确定性就要承认各民族自然法里存在某种一致性，尽管各民族自然法在细节上会有差别。这样，就形成一种"心灵词典"（mental dictionary），为发音不同的各种语言找到共同的根源。凭借这种"心灵词典"便可构造出一种理想的永恒的历史，由此判定所有民族有时间性的历史。那些为全人类所永远一致赞同的制度会向我们提供一些普遍永恒的原则，根据这些原则，所有民族才得以形成并得以维持。维柯观察到一切民族都有三种习俗，并把这三种习俗确定为新科学的三个最重要的原则，它们是：

（一）天神意旨，（二）婚姻制和它所带来的情欲的节制，和（三）埋葬和有关的人类灵魂不朽的观念。因为本科所用的准则是为整个人类或大多数人类都感到是公道的，它就必然是人类社会生活的规律。对这些原则和这个准则是一切立法者的村俗智慧和最著名的哲学家们的玄奥智慧都一致同意——所以必然就是人类理性的界限。谁要侵越这种界限，谁就应当心冒犯全人类的危险。②

不应该在单纯的个体中，而应该在民族本性和共同的社会生活中找到人的本质，这是维柯历史真理学说的一个显著特点。维柯所谈的人的本质、本性总是指一个民族、人民的集体乃至整个人类在整个阶段所具有的

---

① 马克思：《资本论》第1卷，人民出版社2004年版，第429页。
② 维柯著，朱光潜译：《新科学》，商务印书馆1989年版，第167—168页。

共同意识、共同准则。人的本性来源于好的习俗，由此而形成好的法律，这种法律是由天意在一切民族中自然而然地与人类的习俗相结合而形成的，也是由自然理性灌注于生命之中。所以法律来源于习俗，习俗来源于各民族的共同本性。人类按本性不可能是不公正的，但个体有可能因为堕落而孱弱的本性而偏离和败坏了整个民族和人类社会的本性。

关于人的本质要放在民族与社会的本性关系中进行考察的观点，维柯研究专家 M. H. 费希指出，"维柯和马克思主义者以及存在主义者都有一个同是否定性的看法，认为从单纯的个体中找不到人的本质，维柯和马克思主义者倒有一个一致的肯定或积极的看法，认为人的本质就是社会关系的总和，或是各种制度在发展中的体系。"① 而鲁道夫·A. 马科奎尔则认为，维柯没有把历史认识放在人的自我意识中，而是放在他的生产性活动中。② 当然，维柯意义上的社会关系与生产性活动，也不同于后来马克思意义上的社会关系与生产性活动。在马克思那里，生产性活动主要是指物质生产实践，社会关系指社会现实中具体的社会关系，不是维柯所指的一般意义上、抽象的社会关系。

限于篇幅和内容的原因，这里不可能对黑格尔与马克思的历史哲学的具体内容进行详细分析。因为黑格尔是唯心主义历史哲学的顶峰与典范，马克思在吸收唯心主义历史哲学的基础上，成为唯物主义历史哲学的顶峰与典范。无论黑格尔还是马克思，历史哲学都是他们思想体系的重要组成部分，而他们整个的思想体系又都可看成是历史哲学。所以，笔者从黑格尔与马克思历史哲学的最核心的不同点与连接点入手进行分析，以找出两者的根本分歧和内在联系何在。所谓最核心的不同点，就是要分析他们的历史规律和历史哲学得以成立的形上基础；所谓最核心的连接点，就是要分析从黑格尔思辨的抽象历史观过渡到马克思实践的唯物历史观的内在"枢纽"是什么。

要考察黑格尔历史哲学的形上基础，需要把全部的黑格尔哲学都看成一种历史哲学。因为即使要考察他整个哲学中作为部门哲学的历史哲学，也不能仅仅从他的这种狭义的部门哲学出发，而是应从他的哲学体系整体

---

① 转引自韩震《西方历史哲学导论》，北京师范大学出版社 2008 年版，第 28 页。

② 参阅韩震《西方历史哲学导论》，北京师范大学出版社 2008 年版，第 27 页。

出发进行分析。而且要考察历史哲学的形而上基础就必须立足于他的哲学体系整体，否则找到的就不是历史哲学的形上基础而是其具体内容。就部门哲学的历史哲学而言，它只是作为黑格尔哲学体系中的一个有限环节而存在。这种历史哲学从属于法哲学中的国家学说，而具体的国家学说与国家生活只是世界精神自我发展的工具，黑格尔在《法哲学原理》中对体现为历史要素的国家、民族和个人作出如下分析：

> 在世界精神所进行的这种事业中，国家、民族和个人都各按其特殊的和特定的原则而兴起，这种原则在它们的国家制度和生活状况的全部广大范围内获得它的解释和现实性。在它们意识到这些东西并潜心致力于自己的利益的同时，它们不知不觉地成为它们内部进行的那种世界精神的事业的工具和机关。在这种事业的进行中，它们的特殊形态都将消逝，而绝对精神也就准备和开始转入它下一个更高阶段。①

历史诸要素是世界精神的工具和机关，世界精神在现实性中完成自己的使命后，便进入绝对精神的下一个阶段，也即理论理念和实践理念相互统一的绝对理念。这种绝对理念、绝对心灵便是黑格尔历史哲学的形上基础。因为，统摄历史现实性的世界精神也不过是绝对理念、绝对心灵的一个阶段而已，并以之为归宿和终点。这种绝对理念、绝对心灵是宗教圣灵自我挣扎、自我救赎、自我实现的理性化表达。黑格尔说：

> 精神的生命绝不规避死亡以求自保；它容忍了死亡，并且要在死亡中保持其存有。只有当它陷于极度孤独与完全被遗忘之时，它才赢得真理。这种令人惊讶的力量，绝对不是以一"正"去否定一"负"；绝对不是一般地以某事物为"无"或"假"就废置之，然后随便去找另外的东西了事；相反的，"精神"的力量是要面对"负面"，甚至与这"负面"相随伴。这种"正""反"相伴随就成为了

---

① 黑格尔著，范扬、张企泰译：《法哲学原理》，商务印书馆1996年版，第353页。

把"负面"转化为存有的一种神奇的力量。①

　　这段半思辨理性、半宗教表象性的语言既深刻地表达了精神概念的内涵，同时也清楚地表明了耶稣殉难所蕴含的精神意义。和解的现实性就是通过道成肉身的耶稣的蒙难、复活而实现。对现实世界的否定与决裂，是通过基督蒙难和复活而实现。上帝首先显现为感性的肉身，但这感性的肉身并非精神的永恒形式，只是精神返回自身的中介。所以，必须通过对肉身的否定才能回到自身。而这个否定之否定用宗教的语言表达，就是基督之死。

　　黑格尔思辨的抽象历史观其形而上基础在于绝对理念、绝对心灵的自我外化、自我回归与自我完成，这种抽象而思辨的历史辩证法显然有别于马克思实践的历史唯物主义。要想深入理解这种差别就需要探究马克思历史唯物主义的形上基础是什么。关于马克思历史唯物主义的整体性理解，国内学者给出了不同的答案。有人把它理解为实践本体论，有人理解为社会生产关系本体论，有人理解为历史现象学，有人理解为生存基础上的历史生存论，有人理解为唯物主义本体论。当然每种观点都有各自的道理和依据，笔者倾向于以生存论为基础的历史生存论，它构成了马克思历史唯物主义的形上基础。主要原因如下：一是它与黑格尔抽象、思辨的唯心主义历史观划清了界限，社会历史生成的前提是活生生的、有着肉体感性和精神追求的个人，社会历史的前提不是抽象而无形的绝对理念、绝对心灵。二是它与旧的机械唯物主义历史观划清了界限，社会历史的主体是一个个有着自己的激情、梦想、追求和向往的理性人、情感人和神性人，他不是冰凉无知的"螺丝钉"，也不是充当他人工具的"替罪羊"。三是它与旧的人本唯物主义划清了界限，作为生活于现实社会关系中的人，如果他只凭着美好的善良天性和动机而付出真挚的爱和情，"水至清则无鱼，人至察则无徒"，那么他就像只能生活在真空环境里的宠物一样，一旦沾染物质的尘埃和细菌也就呜呼而毙了。马克思唯物主义历史观不仅包括对历史规律的阐释，而且还包括作为历史规律得以成立的生存论的形上解释

　　① 黑格尔：《精神现象学》上卷，转引自里夏德·克朗纳著、关子尹译《论康德与黑格尔》，同济大学出版社2004年版，第211页。

原则：

> "生存"概念是一个"非对象化"的概念，因而不属于"知识
> 论"的范畴。人的生存不是现成的、已有的存在，它是未完成的、
> 开放的，始终都在超越现有的存在而把目标指向未来。因此，人的生
> 存并没有停留在简单的原则生存阶段，而是一个历史的发展过程。人
> 类的历史，就是人的生存发展的历史。因此，人的生存不是简单地像
> 动物那样的"活着"，"自由解放"始终是人的生存面向的选择和趋
> 向的价值理想目标。人的生存理所当然地包含着对未来的指向：自由
> 解放是人的生存的理想状态。生存论内在地包含着发展、自由解放的
> 规定性。总之，人的作为生物学的生存是人的历史活动的初始的出发
> 点，是人类历史的第一个前提，也是马克思的历史唯物主义的理论原
> 点，体现着马克思的历史唯物主义的终极关怀。①

在分析了黑格尔抽象的历史辩证法与马克思历史唯物主义形而上基础
的根本差别之后，还要找出从黑格尔唯心史观通向马克思唯物史观的内在
路径。关于这一问题，马克思在《1844 年经济学哲学手稿》中给出了较
详尽的解答。马克思认为黑格尔辩证法的伟大之处首先在于，他把人的自
我产生看作一个过程，把对象化看作非对象化，看作外化和这种外化的扬
弃。这样，黑格尔抓住了劳动的本质，把对象性的人、现实而真正的人理
解为他自己的劳动的结果。人同作为类存在物的自身发生现实的、能动的
关系。② 这是黑格尔辩证法的积极、伟大和深刻之处。

但黑格尔只看到了劳动的积极方面，而没有看到消极方面。因为，
"黑格尔唯一知道并承认的劳动是抽象的精神的劳动。因此，黑格尔把一
般说来构成哲学的本质的那个东西，即知道自身的人的外化或者思考自身
的、外化的科学，看成劳动的本质"③。黑格尔看到的只是抽象的精神劳
动，这样他就斩断了观念、意识及其能动性与感性的物质活动的现实联

---

① 刘福森：《作为世界观的历史唯物主义》，《中共天津市委党校学报》2003 年第 2 期，第
7 页。

② 参见马克思《1844 年经济学哲学手稿》，人民出版社 2000 年版，第 101 页。

③ 马克思：《1844 年经济学哲学手稿》，人民出版社 2000 年版，第 101 页。

系。用一种脱离现实的逻辑运动代替了现实的历史运动，并以意识的逻辑运动统摄现实的历史运动。导致这种首末倒置现象的原因就在于，黑格尔否认了自然界的客观存在，否定了物质实践的本体意义。相反，马克思肯定了自然界的客观存在，并认为，生产实践即劳动所引起的人与自然之间的物质变换构成了人类世界和人本身存在的现实基础。这样通过对劳动的唯物辩证分析，使马克思认识到，劳动是整个人类社会、人类本身得以存在和变化的根据，是一切观念、意识的最真实、最深刻、最根本的基础。马克思使黑格尔的劳动观获得了新生，并为自己的历史唯物论奠定了可靠基础。所以，从黑格尔历史辩证法到马克思历史唯物论的"枢纽"，是马克思对劳动的唯物辩证分析。[①]

（二）从自然正义到拒斥正义：莱布尼茨—自由主义正义—马克思

上一小节从社会命题的角度考察了莱布尼茨与马克思思想的渊源关系，其间经历了自然法社会—自然历史社会—历史思辨社会—历史唯物论社会这样一条发展线索。本小节在社会命题的基础上更向前推进一步，从正义、法律角度考察莱布尼茨与马克思思想的渊源关系。借鉴列奥·斯特劳斯的古典自然权利（正义）与近代自然权利的界定，莱布尼茨正义法律思想从属于古典自然正义，而马基雅维利、格劳秀斯、霍布斯、洛克、卢梭等人的正义、法律思想属于近代自然正义，也称为自由主义正义。[②]古典自然正义论与近代自然正义论的区别在于：从正义的来源看，前者主张来源于人的自然本性，是内在于人心的理性之光；后者主张来源于人为的约定和契约。从正义的出发点看，前者从人的善良本性与虔诚神性出发，主张通过内在的道德伦理教化而实现人与人的和谐与统一；后者主张从人的生物本能出发，通过外在的法律约束实现人与人的关系调节。从正义的内容和标准看，前者诉诸人内心的良心法则，后者诉诸法院所颁发的法律条文。从正义的理想秩序看，前者主张在心灵价值上应确立尊卑贵贱的差等秩序，后者主张在政治权利上天赋人权、民主平等。从正义的矛盾

---

① 参见杨耕《为马克思辩护》，北京师范大学出版社 2004 年版，第 388—390 页。
② 参见列奥·施特劳斯主编、彭刚译《自然权利与历史》，生活·读书·新知三联书店 2003 年版，第 121 页。

选择看，前者主张个人服从国家的利益，后者主张优先考虑个人的利益。

　　莱布尼茨在继承传统的古典自然正义思想基础上，结合他所处的时代背景，直面由传统演化而来的时代课题，与同时代著名的哲学家、神学家，如笛卡儿、霍布斯、洛克、斯宾诺莎、普芬道夫、培尔等，对正义、法律问题进行积极而深入的交流、互释与批判、辩驳。从对正义、法律问题的立场观点和传承内容看，莱布尼茨属于欧洲政治思想传统中的这种传统流派：古希腊理性哲学派柏拉图、亚里士多德、斯多葛主义自然法（早期的芝诺、克里西普，中期的帕尼提乌斯，晚期的西塞罗、赛涅卡、爱比克泰德及罗马皇帝马尔库斯·奥勒留等），基督教自然法（奥古斯丁、阿奎那等）和近代自然法中的自然德性派（如格劳秀斯、卢梭等）。莱布尼茨反对欧洲政治思想传统中的与之相反的另一流派：柏拉图作品中的色拉叙马霍斯、德谟克利特、伊壁鸠鲁、马基雅维利、笛卡儿、霍布斯、洛克等。古典自然法流派诉诸柏拉图理念论、亚里士多德德性论、宗教神性论和私有财产扬弃论，近代自然法流派诉诸人为契约论、权力意志论、天赋人权论、私有财产至上论。

　　尽管在思想观念领域这两种正义传统对正义的观点、内容和标准的理解分歧颇大，但实际上这种分歧远不如论辩双方在被论辩激情鼓噪时所宣扬的那样大。因为首先就观念领域而言，这种分歧是自然而正常的，两种派别是针对不同的前提和出发点而对正义进行理解。古典自然正义派主要从本质理性、情感德性和永恒神性的前提出发去理解自然法的内涵，强调正义本质的客观独立性，正义情感的纯爱无私性，正义结果的德福一致性。近代自然正义派主要从制度设计、经济利益和政治权利的前提出发去理解自然法的内涵，强调社会制度正义的程序合法性，社会分配正义的利益公平性，社会权利正义的机会均等性。由此可见前者侧重于从人的理性、德性与神性出发，去探求潜眷于人内心的精神正义，它呈现的是闪耀于人内心精神世界的理性之光，它遵循的是心灵平静、伟大而神圣的精神秩序法则。后者侧重于从人的契约、利益与权利出发，去探求凝结于社会中的现实正义，它呈现的是安排经济、政治和文化制度的理性设计，它遵循的是保障私有财产、限制政治公权、保证言论自由、促进社会公平的法律秩序法则。其次，就社会现实领域而言，这两种传统之间的分歧界限就很难区分了，或者这两种传统之间的分歧已经不重要了。因为精神观念领域一旦进入社会现实领域，它就从属于上层建筑的意识形态。这个时候，重要的已经不是某种正义观念如何先进、如何高级、如何完备，而是这种正义观念站在哪个阶级和阶层立场上说话？它是否适合这个社会的历史、现实与文化状况？它是否保障了合法社会成员的经济利益、政治权益与言论自由？它在多大程度上促进了社会公平正义而不是拉大收入差距而导致两极分化？

　　为什么这里要特别地解释古典自然正义与近代自然正义的区别和联系呢？因为只有理解了正义与法律思想中的这两个根本传统，结合每个政治哲学家所处的时代背景、社会现实状况和个人的特殊境况，我们才会弄清楚这个政治哲学家所讨论的正义是哪一种类型？他从哪个角度和前提出发去讨论法正义？他是赞成正义还是反对正义？他在何种意义上赞同？又在何种意义上反对？也只有理解了正义与法律思想中的这两个根本传统，才能够比较清晰地发现马克思哲学与西方自然正义传统之间的内在关联。在西方政治思想的传统的流变中，在古典自然正义传统与近代自然正义传统之间此消彼长的互动辩驳中，马克思政治哲学与莱布尼茨自然正义理论之间的内在关联也得以清晰的浮现。前文已经简要地指出，莱布尼茨自然正义理论与近代自然正义理论之间的矛盾对立关系，而马克思在唯物史观创立后同样也对近代自然正义理论持激烈批判态度。那么莱布尼茨对近代自然正义理论的批判与马克思对它的批判有什么不同呢？首先，他们所面对的近代自然正义理论的代表人物有所不同。莱布尼茨所批判的近代自然正义理论代表人物主要是马基雅维利、霍布斯和洛克，当然他把古代柏拉图作品中的色拉叙马霍斯、伊壁鸠鲁，近代的笛卡儿、加尔文也都放入被批判的链条当中。在唯物史观创立前，马克思非常集中地批判了黑格尔的法哲学，以及当时德国历史学派自然法的创始人胡果。在唯物史观创立后，他对近代的自然正义、自然法理论，乃至整个的资产阶级正义法律体系进行了系统而彻底的批判。如在《共产党宣言》《神圣家族》《德意志意识形态》《资本论》，恩格斯的《社会主义从空想到科学的发展》等文章和信件中，都对把自然正义、永恒真理和道德作为社会变迁和政治变革终极原因的观点进行了一贯而深入的批判。其次，他们批判的前提和出发点不一样。莱布尼茨立足于观念领域，把正义看成独立于现实经验的永恒真理，依此而批判近代自然正义的契约论、权力论、意志论、利益论。而马克思在前期，即《黑格尔法哲学批判》之前也是立足于观念领域，依据普遍理性、意志自由和公平等对当时历史法学派进行批判。《黑格尔法哲学批判》《1844 年经济学哲学手稿》《费尔巴哈提纲》对正义、法律的批判处于从普遍理性批判到唯物史观批判的过渡期。但马克思唯物史观创立后，都是从经济基础决定上层建筑这一唯物史观基本观点出发，反对抽象的、思辨的，而不是从生产方式出发去追求正义、法律、道德的观点。

对于正义与社会生产问题，马克思唯物史观明确指出，不是从正义出发去理解社会生产，而是应从社会生产出发去理解正义。他也正是从社会生产、经济基础出发去讽刺和批判"道德高尚"的卡尔·海因岑等人。广义而言，就是从经济基础出发去理解上层建筑、批判上层建筑、重构上层建筑乃至解构上层建筑，当然解构上层建筑只能在共产主义社会才能实现。由于对正义、道德、法律等上层建筑的批判几乎散布于马克思所有重要的著作和信件中，现在的目的不是从细节上呈现马克思对自然正义理论批判的内容，而是要发掘马克思从早期由正义、平等、理性和意志自由出发去批判社会到后来从唯物史观出发去批判的思想转变过程。他早期内心世界的应然标准和道德信仰是什么？他为什么要转变？唯物史观形成后，马克思心中早期的应然标准、价值理想和道德信仰变化了吗？如果变化了，那内心的价值理想、道德信仰又是什么呢？也就是说作为推动原则的马克思个人的思想动力源泉是什么呢？

要考察马克思从早期的正义、平等、理性和意志自由批判到后来的唯物史观批判的思想转变过程，就必须考察他内心精神世界的应然标准和道德信仰。因为不理解他内心精神世界的这种应然标准和道德信仰，就无法理解他早期内心世界挣扎斗争、困惑迷茫的根源在哪里，不理解他内心世界的挣扎斗争和困惑迷茫就无法理解作为精神推动原则的他个人的思想动机和精神出发点在哪里。有了这样的认识思路后，马克思从中学时代开始的生活学习环境，受教育的学习科目和精神元素就成为我们考察的对象。马克思中学毕业证书显示，他的受教育科目是，宗教知识、数学、历史、地理、物理，掌握语言是德语、拉丁语、希腊语。马克思大学时代的学习科目主要有法学、人类学、宗教学、逻辑学和普通地理学。1835 年进入波恩大学学习，1836 年转入柏林大学学习，1837 年接近青年黑格尔派，并成为该派博士俱乐部的积极成员。1839 年研究古希腊哲学特别是伊壁鸠鲁哲学，到 1841 年写出他的博士论文《德谟克利特的自然哲学和伊壁鸠鲁的自然哲学的差别》。中学教育至 1841 年马克思博士毕业即马克思几乎全部的学校教育时间，对马克思唯物史观的形成，对我们把握马克思早期内心思想转变的挣扎与痛苦，对我们把握作为精神推动原则的马克思心灵世界的价值理想和道德信仰，对我们理解唯物史观创立的革命性变革及反思唯物史观蕴藏着的潜在缺陷，都具有极其重要的意义。但遗憾的是，这段时期及其文本资料并没有引起国内马克思哲学研究的足够重视。

马克思中学时期的心灵世界与道德信仰集中体现在他的中学毕业宗教论文和德语论文中。在《根据"约翰福音"第 15 章第 1 至 14 节论信徒同基督结合为一体，这种结合的原因和实质，它的绝对必要性和作用》中，马克思说，对基督的爱使人对基督满怀最纯洁的崇敬和爱戴，遵从他的命令，彼此为对方牺牲，做一个有德行的人。这使基督教的德行与其他德行区别开来，不是斯多葛意义的阴暗讽刺画，不是异教关于义务的严峻学说。对基督的爱是纯洁的根源，使世俗转化为神性。而人的理性无法描述这种德行，因为理性的德行是有局限的、世俗的德行。一个人一旦达到这种德行，"他就将平静地而沉着地迎接命运的打击，勇敢地抗御各种激情的风暴，无畏地忍受恶的盛怒"。"同基督结合为一体可使人内心变得高尚，在苦难中得到安慰，有镇定的信心和一颗不是出于爱好虚荣，也不是出于渴求名望，而只是为了基督而向博爱和一切高尚而伟大的事物敞开的心。"① 在《青年在选择职业时的考虑》中，马克思说选择职业时的主要原则是，人类的幸福和我们自身的完美。人的本性是只有为同时代人的完美和幸福而工作时，自己才能达到完美。如果选择了最能为人类而工作的职业，重担就不能把我们压倒，因为这是为大家作出的牺牲，这时所享受的就不是可怜的、有限的乐趣，我们的幸福将属于千百万人，我们的事业将悄然无声地存在下去，但它会永远产生作用，面对我们的骨灰，高尚的人将洒下热泪。② 由于马克思中学毕业证上没有显示他哲学入门课程的记录，可以推知此时哲学对他的影响还很小。加上此时信仰新教，马克思内心精神世界的涵养与提升以及道德信仰的依托主要由基督来完成。

---

① 《马克思恩格斯全集》第 1 卷，人民出版社 1995 年版，第 453 页。
② 参见《马克思恩格斯全集》第 1 卷，人民出版社 1995 年版，第 459—460 页。

　　1837 年 11 月马克思给他父亲的信是解读马克思早期精神世界从宗教意识向哲学观念转变的典型文本。在这封信的开篇，马克思就说，"生活中往往会有这样的时机，它好象是表示过去一段时期结束的界标，但同时又明确地指出生活的新方向。在这样的转变时机，我们感到必须用思想的锐利目光去观察今昔，以便认清自己的实际状况"。回顾自己，往往显得是在倒退和停滞，"其实它只是好象坐在安乐椅上深思，想了解自己，从精神上了解自己的活动—— 精神活动"。①马克思明确地指出，他的精神世界正从一个阶段走向另一个阶段。他要从什么阶段走向什么阶段呢？从这封信下面的内容中我们便可以看出，总体而言，他有两个转向，一是从宗教神学向理性神学的转变，也就是从神学向哲学的转变；二是从唯心主义向唯物主义的转变，也就是从康德、费希特、黑格尔哲学的用哲学理念统摄外在世界转向从世界本身引出哲学理念。这两个转变极其重要，也极其深刻，对马克思内心精神世界的冲击也非常巨大，由此而带来的思想热火灼烧着他的内心。时而激情澎湃时而冷淡漠然，时而真切如见时而梦幻遥远，时而科学批判时而诗意魔幻，以至于近弱冠之年的马克思感觉自己像狂人一样，在据说可以"冲洗灵魂，冲释茶水"的施普雷河畔花园里狂乱奔跑。

　　从宗教神学向理性神学的转变，从唯心主义向唯物主义的转变，之所以极其重要也极其深刻，是因为它是马克思唯物史观形成的逻辑前提和必然环节。马克思不可能从最初的宗教神学观一下子就迸发到唯物史观，而这两个转变恰恰是从宗教神学观走向唯物史观的必然环节和中间量态，没有这两个转变唯物史观的创立是不可能的、无法想象的。而且更重要的是，一旦"勘探"和"挖掘"出马克思唯物史观所形成的这个精神观念路向，对于从整体上把握马克思思想，并进而从马克思思想演化的动态进程去反思唯物史观的缺陷和局限具有重要的意义。在这封信中所体现的这两个转变是相互交织在一起，马克思说从他向康德与费希特那里学来的唯心主义哲学开始，便萌发了要从现实世界本身来寻找"理念"的思想。如果说在过去，神是高居世界之上的，那么现在神变成了世界本身的中心。马克思在读过黑格尔哲学的一些零星片段后，感觉它的旋律丑怪崎岖，没有被它吸引。这样马克思又一次想要跳入思想的汪洋大海之中，并在心中有一种非常明确的愿望，"就是想要证实出人类灵魂的本质也是像人类身体的本质那样建立在一个必然与坚实的基础之上。我不再想要仅仅是去玩耍两下子剑术，而是想真正地让那美丽的珍珠重见天日"①。于是马克思便写出了一篇长达 24 页的哲学对话录：

> 即"论哲学之原道与它的必然发展之路"。在这里原本一直都是彻底分开着的艺术与科学在一定程度上被结合起来了，而我则像一个富有激情的旅行家那样来从事着这个哲学命题的建立，它即是一个辩证主义的神学观，这种神学表现为自在的理念，宗教，自然界与人类历史本身。我在这篇哲学论文中最后提出的命题就是整个黑格尔哲学系统的开端。②

（三）从宗教理想到宗教批判：莱布尼茨—康德—黑格尔—马克思

只要一提起德意志哲学，就绕不开一个永恒的主题，即理性与信仰、科学与宗教。研究德意志哲学家和德意志哲学，如果宗教的视角和宗教的背景还没有进入研究者的视线进而成为一种理论自觉，那么他所理解的德意志哲学将是残缺而突兀、生硬而艰涩、凝固而呆滞、无根而抽象的碎片集合。前文已经指出，德国理性启蒙的一个重要特点是理性与宗教的结合比其他国家更为密切。在德国的理性启蒙时代，这股与神秘主义、自然神学、神义论联系密切的思潮，非常强大而持久，它既与理性启蒙相对立，又与之相互渗透。在莱布尼茨、康德、哈曼、赫尔德、荷尔德林、费希特、谢林、黑格尔、马克思等人的思想中，采取了各种独特的对待理性与宗教的表达方式。其中莱布尼茨、康德、黑格尔和马克思，是依从哲学的原则和立场，按照哲学的思维和方法，处理理性与宗教关系的典型哲学家序列，他们共同实现了神学与哲学的地位翻转和内容变革。

莱布尼茨在中世纪托马斯·阿奎那理性与信仰和解的基础上，进一步

---

① Robert C. Tucker 主编《马克思恩格斯读本（第二版）》第 7 页，转引自 http://www.wyzxsx.com/Article/Class10/200811/59377.html。

② 同上。

实现了启示神学向自然神学的转向，他以哲学范畴转化神学术语，以哲学体系表达神学思想，以哲学精神阐发神学奥秘，他从哲学上证明了上帝的全知、全善与全能是人类知识、德性与力量的源泉。康德在莱布尼茨以哲学理性思辨信仰神性的基础上，明确地举起批判哲学的大旗，把上帝从理论理性的领域中剥离出去，从实践理性的道德与信仰前提入手证明作为"至善"德性之保证的上帝存在。黑格尔反对康德从理论理性中对上帝的剥离，认为人能够通过概念自身的辩证法去认识上帝、永恒与绝对，他认为哲学与宗教的内容相同只是表达方式不同。但黑格尔一旦实现了绝对理念自我创生、自我外化与自我和解，信仰中的思维已经变成了对思维的信仰，对神的言说变成了人自身的言说，对神的崇拜变成了对人自身的崇拜。他在为上帝和信仰提供哲学思辨的同时，也以抽象化、独立化和逻辑化的哲学思辨窒息和扼杀了上帝和信仰。至此，德意志哲学完全在精神领域实现了神学与哲学的翻转与对立，由神启的绝对上帝变成人思维的绝对精神。马克思在黑格尔这种精神领域翻转的基础上，又把这种抽象化的思维翻转变成现实化的历史唯物翻转。当然马克思实现这种翻转有一个思想转化过程，就是从外在于世界的神到内在于世界的神，从唯心主义的由精神出发的理念到唯物主义的由世界自身出发的理念，由哲学唯物主义的理念到历史唯物主义的理念。

对于莱布尼茨而言，上帝是人类唯一而终极的守护神，万物生灵经由他的创造而产生，万物生灵一经创造便自动运行，不受奇迹的干扰和打搅。这样莱布尼茨在肯定上帝对万物生灵创造与创生意义的同时，也限制了上帝的活动空间。上帝与人类一样遵循理性的永恒法则，数学、逻辑的法则和正义的法则在尘世与天国都一样。所不同的是，上帝之城的运转就是这些法则本身在起作用，而人和人类世界则要通过发现、求索和努力才能使这些法则实现。莱布尼茨认为，上帝是由所有精神（或心灵）组成的最完美共和国的君主，幸福是精神共和国的主要目的。精神是一般实体完美化，因为精神完美的特性是彼此间阻碍最小，或者说精神彼此间互相帮助，因为只有最具德行者才可能是最完美的朋友。精神或理智灵魂（intelligent soul），知道它自己是什么，"我"这个词语，可以表达很多含义，不仅在形而上学上比其他的实体保存和维持得更多，而且在道德上保存同一性，形成同一个人格。由于正是记忆或这个"我"的知识，使得它能够受惩罚、得报偿。道德和宗教所必需的不死不仅仅在于伴随着所有实体的永恒的维持,更在于精神实体对所拥有内容的记忆。否则精神便没有了超越的空间和永恒的渴望,成为只顾眼前、享受当下的僵死碎片;便没有了道德德性的滋养与修养,成为低级而乏味、庸俗而粗陋的肉体动物。上帝不仅会维持我们的实体,而且会维持我们的人格,所以:

> 我们必须把道德联结于形而上学。换言之,我们必须不仅把上帝作为所有实体和所有存有(beings)的原则和原因,而且要把上帝作为所有人格或理性实体的统领者或作为最完美城市或共和国的绝对君主,由所有心灵(minds)组成的宇宙也是如此。由于上帝自身是所有心灵中最完善者(accomplished),所有存有中最伟大者。由于心灵肯定是最完美的存有,能最好地表达神性。(由于心灵要么是在世界中的实体——如果物体只是真正的现象的话——要么至少是最完美的实体。)既然全部的(the whole)本性(nature)、目的、美德,或实体的功用(function of substances)恰好是表达上帝和宇宙(如我已经充分解释的),就丝毫不能怀疑这种实体通过它们所拥有的知识而表达它,这种实体能理解关于上帝和宇宙的伟大真理,这种实体表达上帝和宇宙时无可比拟地好于那些其本性是动物或无法认知任何真理,或完全缺乏感觉和知识的实体。理智实体(intelligent substances)与非理智实体的之间的差别之大如一个镜子和一个看镜子的人。由于既然上帝自身是所有心灵中最伟大者、最智慧者,便容易看到他与之进行沟通(communication),也可说是,实际上进行交往(society)的存有(以特定的方式给他们传递他的观点和他的意志,以这种方式他们就能知道和爱他们的施恩者),一定会无限的关注他而超出其他只是作为心灵的工具的事物。①

总之,在莱布尼茨那里:上帝是普遍之仁爱,这样人类社会的普遍共通性和关爱一体性才得以实现;上帝是神性之虔诚,这样世俗的人类事务

---

① Woolhouse R. S., Francks R. (ed.), *Philosophical Texts*, New York: Oxford University Press, 1998, p. 87.

便有了神圣虔诚的精神感召；上帝是正义之太阳，这样对罪恶的公平审判就一定能实现；上帝是精神之君主，这样不死的记忆牵挂便形成了我们自身同一的道德人格。

康德在莱布尼茨以哲学理性思辨信仰神性的基础上，明确地举起批判哲学的大旗，把上帝从理论理性的领域中剥离出去，从实践理性的道德与信仰前提入手证明作为"至善"德性之保证的上帝存在。康德所理解的批判是对理性能够独立于一切经验而追求知识的能力之批判，就是要对一般形而上学的起源、范围和界限进行考察和限定。理性以两种方式与对象发生关系，要么仅仅规定理性对象及其概念，要么还要把它现实地创造出来。前者是理性的理论知识，后者是理性的实践知识。数学、物理是理性两种基本的理论知识，这里理性必须一方面按照自己根据自己的规划所产生的先天原则，另一方面按照根据这种原则而设想的实验而走向自然。形而上学是独立而思辨的理论知识，它超越于经验的教导而凭借对概念的分析判断与综合判断。康德在自己的哲学生涯中多次强调他计划要解决的三个问题就是对推理真理、实践真理与信仰真理的探讨。这三个问题是：第一，我能够知道什么？由形而上学回答；第二，我应该做什么？由伦理学回答；第三，我可以希望什么？由宗教哲学回答；而这三个问题又可以归结为一个问题：人是什么？由人类学回答。第一个问题是纯粹理性的"知"，第二个问题是实践理性的"做"，第三个问题是启示理性的"信"。康德对这三个问题的回答可以用几个关键词来概括，"知"、"知道"什么对应于"能够"，关键在于主体的内在认知能力，通过在《纯粹理性批判》中考察人的认识能力与知识边界问题而实现；"做"、"行动什么"对应于"应当"，关键在于主体的内在义务能力，通过在《实践理性批判》中考察人的道德行为应遵循理性自身的形式规定即绝对命令而实现；"信"、"愿望什么"对应于"可以"，关键在于主体之外超出主体支配的允许，通过在《单纯理性限度内的宗教》考察为什么在自足性的道德原则之外还需要幸福原则之保障的上帝而实现。①

康德在《纯粹理性批判》前言中说，对纯粹理性批判原理的积极用

---

① 参见康德著、李秋零译《单纯理性限度内的宗教》，中国人民大学出版社 2003 年版，第1、13 页。

处所作的探讨，即理性在理论上只能认识显象而不能认识物自身，可以运用于上帝和灵魂的单纯本性概念上来。因为纯粹理性的批判的积极成果保住了自然机械性学说自己的地盘，同时也保住了道德性学说的地盘。① 这样，理性与信仰在道德领域实现了统一，理性与信仰对于道德之统一性体现为道德原则与幸福原则的统一。单纯的道德原则是以道德法则自身为根据的绝对命令，与任何的外在目的没有关系；但作为现实生活中的有限理性存在者即人，他不可能不与任何目的发生关联，追求幸福是人的自然本性。康德把道德与幸福的完美结合称为至善，这种至善体现为至高无上性与充实圆满性。"为使这种至善可能，我们必须假定一个更高的、道德的、最圣洁的和全能的存在者，惟有它才能把至善的两种因素结合起来……因此，道德不可避免地要导致宗教。""如果应该把最严格地遵循道德法则设想为造成幸福与配享幸福的一致，因而必须假定一个全能的道德存在者，来作为世界的统治者，使上述状况在他的关怀下发生。"② 由此可见，道德原则与幸福原则的结合必然要求作为理性自律的道德与作为信仰恩宠的道德要相互统一。

黑格尔反对康德从理论理性中对上帝的剥离，认为人能够通过概念自身的辩证法去认识上帝、永恒与绝对，他认为哲学与宗教的内容相同只是表达方式不同。黑格尔思辨理性的最终目的就是他的逻辑学所要达到的理念即绝对真理的领域，在这里，主体与客体、观念与实在、有限与无限、灵魂与肉体实现了统一。理念是概念的充分实现，概念包含着普遍性、特殊性与个体性三个环节，概念表达着事物的相同、相异和根据所在，它是先在于现存事物并构成事物是其所是的根据。显然，作为理念的概念对于事物的创造作用类似于上帝对于万物的创造，而黑格尔本人也确实是从这种类比中来阐发他的理念概念论的。

　　　　无疑地，概念并不仅是单纯的存在或直接性。概念也包含有中介性。但这种中介性即在它自身之内，换言之，概念就是它自己通过自

---

　　① 参见康德著、李秋零译《单纯理性限度内的宗教》，中国人民大学出版社 2003 年版，第 23 页。

　　② 同上书，第 13—14 页。

己并且自己和自己的中介……反之，宁可说概念才是真正在先的。事物之所以是事物，全凭内在于事物并显示它自身于事物内的概念运动。这个思想出现在宗教意识里，我们是这样表达的：上帝从无创造了世界，换句话说，世界和有限事物是从神圣思想和神圣命令的圆满性里产生出来的。由此必须承认：思想，准确点说，概念，乃是无限的形式，或者说，自由的、创造的活动，它无需通过外在的现存的质料来实现其自身。①

　　当然，对于这段话，不同的学派有着不同的理解。纯粹内在论哲学家只是把黑格尔这里所提到的上帝作为一种象征性的比喻，宗教神学家则认为黑格尔仍然是从绝对主体的神圣命令出发来阐述自己的思想。无论这两种观点有何分歧，但有一点是肯定的，那就是在黑格尔看来，理念与上帝都孕育、创造并先在地规定着万物。

　　虽然黑格尔认为哲学与宗教表达着同样的内容，但两者有着根本的不同，哲学是通过概念的中介而实现自身发展的严格科学，而宗教是通过情感、直观、表象而表现出来的感受信仰。自从康德严格区分纯粹理性与实践理性，把人的认识能力限定在有限世界的现象界，人不能认识物自体，不能通过理性认识上帝、永恒和无限，这样理性思辨与神性信仰这两种认识方式就开始在各自的领地内分道扬镳了。黑格尔承认哲学与宗教有着不同的言说方式，但他反对康德的二元论，认为人能够通过概念自身的辩证法去认识上帝、永恒与绝对。他认为宗教所采用的直观、情感与表象的方式对于宗教而言是适合的，但对于哲学而言还远远不够。例如，在宗教教义里这样规定，上帝是善，上帝是世界的道德秩序，上帝是爱，上帝是永恒，对于信徒而言，这样对于上帝的描绘就足够了。但对于哲学而言，这是一种外在而直接性的假设，他不是主体立足于自身的自我运动，他是人对上帝的一种主观臆想和猜测。因为"真理是全体，全体只是通过自身发展而达于完满的那种本质。关于绝对，我们可以说，它本质上是个结果，它只有到终点才真正成为它之所以为它；而它的本性恰恰就在这里，因为

---

① 黑格尔著，贺麟译：《小逻辑》，商务印书馆1980年版，第333—334页。

按照它的本性，它是现实、主体或自我形成。"① 由此可以得出，黑格尔认为知识或真理只有作为科学或体系，作为概念的自在自为运动才是现实的。在黑格尔看来，虽然哲学与宗教的表现方式不同，但两者是可以而且应该结合在一起的。他认为宗教要唤起那种从事沉思的精神，使宗教的内容得到发展，宗教不仅仅需要人们的虔诚更需要通过宗教观念使人类的心灵备受折磨、煎熬，忍受痛苦、劳作，更严肃地对待他物和异化，从而克服这种异化与对立。相应地，他认为哲学不可没有宗教，而且哲学本身就包含着宗教。宗教中包含着最崇高、最深邃、最内在的东西，要把宗教的内容扩大为一般的哲学理念。这样，黑格尔便弥合了二元论所造成的哲学与宗教的分裂与对立，但同时也造成了新的问题：信仰中的思维因素渐渐地掩盖了信仰中的虔诚、敬畏与爱心，人的理性的言说方式渐渐地掩盖了神的启示的言说方式，当神性的光辉被一点点地抹去，人性的光辉是否能像人们所预期的那样璀璨而明亮？

马克思在黑格尔对神学和哲学实现精神翻转的基础上，又把这种抽象化的思维翻转变成现实化的历史唯物翻转。当然马克思实现这种翻转有一个思想转化过程，就是，首先从对宗教的道德认同到立足于自由的自我意识对宗教神学思想进行批判；其次，从自我意识领域的批判与关注现实的经济问题并重的批判；最后，唯物史观创立后，立足于社会生产实践对宗教、道德、法律等上层建筑进行批判。

马克思在他的博士论文中所呈现的宗教批判是第一阶段的批判，认为哲学的自我意识是最高神性，反对其他的一切天上的和地上的神，不应该有任何神能够与人的自我意识相并列。在博士论文第一部分第三节中，马克思分析了把伊壁鸠鲁自然哲学与德谟克利特自然哲学等同起来所产生的困难。首先，德谟克利特对于人类知识的真理性和可靠性观点是自相矛盾的；其次，德谟克利特关于原子与感性现象关系的论述也是怀疑主义、不确定的、自相矛盾的。与他相反，伊壁鸠鲁认为，哲学家关于知识真理性的态度不是怀疑主义而是独断主义，感性世界是客观现象，感性知觉是真实东西的报道者。他们之间理论见解上的差别，又体现在两人的科学和实践活动中。德谟克利特虽然认为感性知觉是主观的假象，但正因为如此它

---

① 黑格尔：《精神现象学》上卷，贺麟、王玖兴译，商务印书馆1996年版，第12页。

也是实在的，脱离原则而保持自己独立的现实性。所以他走遍大半个世界进行经验观察和研究，所以这种求知欲使他内心不能平静，而对真实的哲学知识的不满足又迫使他外出远行。也就是说，对于他而言，真实的哲学知识没有内容，而提供内容的自然知识又不真实。所以德谟克利特在哲学中没有感到满足，而是感到绝望，最后弄瞎了自己的眼睛。伊壁鸠鲁与之相反，他在哲学中感到满足和幸福，认为哲学研究的目的在于求得自我意识的心灵的宁静，而不是对自然认识本身，他轻视关于自然研究的实证科学。德谟克利特把必然性看作现实性的反思形式，把一切都归于必然性，而伊壁鸠鲁认为必然性不存在，事物是偶然的。偶然是一种只具有可能性价值的现实性，而抽象可能性是实在可能性的反面。

在马克思博士论文第二部分第一章论述了伊壁鸠鲁原子在虚空中的三种运动：直线运动、偏离直线运动和相互排斥运动。马克思没有就西塞罗、皮埃尔·培尔对伊壁鸠鲁偏离直线运动的不可能性加以说明，而是就偏离与相互排斥的关系进行了说明。随后马克思考察了原子为什么要偏离直线运动。原子的直线运动是一种定在，在直线中丧失了个别性，是一种纯粹物质性的存在，而原子概念中包含的另一个环节是纯粹的形式，即对一切相对性的否定，对定在关系的否定。伊壁鸠鲁就是通过偏离直线实现了原子的纯粹形式规定。马克思反对德谟克利特赋予原子以一个精神的原则，认为原子的灵魂只是一句空话，而伊壁鸠鲁偏斜却表达了原子的真实的灵魂即抽象个别性的概念。"抽象的个别性只有从那个与它相对立的定在中抽象出来，才能实现它的概念——它的形式规定、纯粹的自为存在、不依赖于直接定在的独立性、一切相对性的扬弃。须知为了真正克服这种定在，抽象的个别性就应该把它观念化，而这只有普遍性才有可能做到。"① 马克思说，正如原子偏离直线一样，整个伊壁鸠鲁哲学通过抽象的个别性到处脱离了限制性的定在。这样，行为的目的就是摆脱和离开痛苦和困惑，从而获得心灵的宁静。而原子的相互排斥和撞击则是自我意识的最初形式，即与抽象的、个别的自我意识相适应。而在排斥中，原子概念实现了，因为原子的排斥本身是抽象的形式，而原子所排斥的别的原子

---

① 《马克思恩格斯全集》第 1 卷，人民出版社 1995 年版，第 35 页。

就是抽象的物质。但是，如果"我同我自己发生关系，就像同直接的他物发生关系一样，那么我的这种关系就是物质的关系"①。当然这是一种所能设想的极端的外在性。

在论文第二部分第二章考察了原子的质，就原子本质而言，原子没有质和特性的变化；就原则的存在而言，原则的质是必然的，因为被感性空间分离开的互相排斥的众多原子之间，原子与自己的纯本质之间是直接不同的。有了质，原子就获得了与它的概念相矛盾的存在，就被设定为一种外化的与本质不同的定在。第三章考察了不可分的本原和不可分的元素，马克思说它们不是两种不同的、固定不变的原子，而是同一种原子的不同规定。第四章考察了时间，从原子本质而言，原子没有时间，因为只有从物质中抽调时间因素物质才是永恒的、独立的。伊壁鸠鲁把从原子本质中排除掉的时间看作是现象的绝对形式。时间"被规定为偶性的偶性。偶性是一般实体的变化。偶性的偶性是作为自身反映的变化，是作为变换的变换。现象世界的这种纯粹形式就是时间"②。感性是现象世界的自身反映，是它的形体化的时间。事物的时间性和事物对感官的显现，被设定为事物自身的同一个东西。在第五章对天象的考察中引出了伊壁鸠鲁自然哲学的灵魂和他的道德伦理思想，即"凡是消灭个别的自我意识的心灵的宁静的东西，都不是永恒的。天体扰乱自我意识的心灵的宁静，扰乱它与自身的同一，因为天体是存在着的普遍性，因为在天体中自然已经独立了。"③所以天体不是永恒的而独立的，天体不应看作是有福祉和不可毁灭的。

马克思通过考察伊壁鸠鲁的自然哲学而引出最高神性的自我意识，这是马克思自己的正式的哲学宣言，他从以往的在宗教神学中寻找心灵宁静转向在哲学的自我意识中寻找心灵宁静，他完成了从唯心主义神学到唯心主义哲学、从唯心主义哲学到唯物主义哲学的根本转向，并为以后的历史唯物主义哲学的创立奠定了基础和前提。马克思在对哲学与世界关系的论述中蕴含着极其深刻的悖论思想：

---

① 《马克思恩格斯全集》第 1 卷，人民出版社 1995 年版，第 37 页。
② 同上书，第 52 页。
③ 同上书，第 62 页。

当哲学作为意志面向世界的时候，体系便被降低为一个抽象的总体，就是说，它成为世界的一个方面，世界的另一个方面与它相对立。体系同世界的关系是一种反思的关系。体系为实现自己的欲望所鼓舞，就同他物发生紧张的关系。它的内在的自我满足和完整性被打破了。本来是内在之光的东西，变成转向外部的吞噬一切的火焰。于是，得出这样的结论：世界的哲学化同时就是哲学的世界化，哲学的实现同时就是它的消失。①

以上是就哲学与客观世界关系而言的，就哲学与它的精神承担者即表现哲学体系的个别的自我意识之间也存在着深刻的悖论，这些个别的自我意识始终具有双刃的指向，一面指向世界，一面指向哲学本身。这体现了自我意识的自相矛盾的要求和行为。这种关于抽象的个别的自我意识悖论性论述被今天的马哲研究者忽视了，甚至也被后期的马克思本人忽视了，因为当他一味地强调用唯物史观来解释、说明并外化于世界的时候，恰恰就忘记了他早年时所深刻认识到的思想，即当哲学被"实现自己的欲望所鼓舞"时，它"内在的自我满足和完整性就已经被打破了"，本来的内在之光，已经变成了吞噬外部一切的火焰。它在吞噬外部世界的同时，灵动的内在之光也就被规定、被凝固而日趋僵死了。

第二个阶段是强调理性自我意识与关注现实的经济社会问题相结合的批判，这一阶段的思想成果集中体现在《黑格尔法哲学批判》中。马克思在担任《莱茵报》主编期间第一次遇到要对所谓物质利益发表意见的难事。一方面是现实经济社会问题的迫切要求，另一方面是对法国社会主义、共产主义肤浅思想的不满，马克思决定从社会舞台退回到书房。马克思说，为了解决使自己苦恼的疑问，他所写的第一部著作是对黑格尔法哲学的批判性的分析。马克思自己总结在《黑格尔法哲学批判》中的研究结果是，法的关系正像国家的形式一样，既不能从它们本身来理解，也不能从所谓人类精神的一般发展来理解，相反，它们根源于物质的生活关系，这种物质的生活关系的总和，称之为"市民社会"，而对市民社会的

---

① 《马克思恩格斯全集》第1卷，人民出版社1995年版，第76页。

解剖应该到政治经济学中去寻求。①

　　马克思在《1858—1859 年政治经济学批判》序言中只是从对后来形成唯物史观的影响的角度对《黑格尔法哲学批判》进行总结，其实在对黑格尔所代表的法哲学和宗教进行批判时，首先强调的是对人意识领域的哲学批判。"反宗教的批判的根据是：人创造了宗教，而不是宗教创造人。就是说，宗教是还没有获得自身或已经再度丧失自身的人的自我意识和自我感觉。"② 德国的法哲学是德国人民所梦想的历史，它一并归入德国的现实制度，所以不仅要批判这种现实制度，而且还要批判这种现实制度的抽象基础。德国人的解放包括两个方面，一是哲学的解放，它要走向无产阶级；二是无产阶级的解放，他要掌握和实践哲学。所以，"德国人的解放是人的解放，这个解放的头脑是哲学，它的心脏是无产阶级。哲学不消灭无产阶级，就不能成为现实；无产阶级不把哲学变成现实，就不可能消灭自身"③。

　　第三阶段是唯物史观创立后，立足于社会生产实践对宗教、道德、法律等上层建筑进行批判。这种从唯物史观出发的批判，相关的研究、文章和专著已经讨论得非常多了，这里就不再赘述。这种批判所依赖的核心思想是马克思在《1858—1859 年政治经济学批判》序言中对历史唯物主义的经典概括。这里只想指出一点，当马克思唯物史观创立之后，他便把一切宗教、道德、法律、艺术等都归入国家政权中的上层建筑，并对之进行了尖锐的批判。这种批判强调了社会变革和发展的物质生产依赖性，忽视了社会发展的精神文化继承性；强调了阶级、国家和民族的群体性主体，忽视了人与人相互差异的情感依赖性的个体性主体。在特殊的革命与战争历史时期，不能不说这是马克思唯物史观的优长和进步之处，但在和平的建设与发展时期呢？我们还要躺在已有的马克思恩格斯创立的唯物史观思想"温床"中，漠视现实社会历史所发生的深刻变革与变动，一味地强调社会的物质基础而忽视社会的精神文化基础吗？

---

①　参见《马克思恩格斯全集》第 13 卷，人民出版社 1962 年版，第 7—8 页。

②　《马克思恩格斯选集》第 1 卷，人民出版社 1995 年版，第 1 页。

③　同上书，第 16 页。

二 对社会主义正义理论建构之启发

前面从思想流变的历史角度分析了莱布尼茨自然正义如何经由社会、正义和宗教这三个核心概念而观念地联通于马克思唯物史观正义。通过研究马克思唯物史观正义与西方思想政治传统的渊源与断裂，有利于从新的理论视角与理论空间启发当下社会主义正义理论研究。之前对莱布尼茨自然正义的历史渊源与观念生成、思想结构与内容解读、思想脉络与批判分析的整体性理论研究，对当下社会主义正义理论的建构与研究具有启发意义。当然，不可能通过对莱布尼茨自然正义理论具体的单个内容分析来阐发这种启发意义。与前面展开对莱布尼茨正义理论的批判分析相似，这里基本上是按照三个内在的思想线索和脉络来阐发这种启示意义。第一，从知识与认识线索出发，需要精神正义与程序正义的双重启动。第二，从存在与技术线索出发，需要基于设计和行动证明的技术实践。第三，从信仰与超越线索出发，需要唤醒差异性缝隙中的超越体验正义。

（一）精神正义与程序正义的双重启动

从知识与认识线索出发，可以从两方面来考虑，一是从西方古代哲学理念知识意义上的正义，探讨正义理念之来源与正义感之形成问题；二是从西方近现代哲学理性认识意义上的正义，探讨理性认识正义的假设前提、基本原则与界限和范围问题。前者开启于柏拉图的绝对理念的正义，经由中世纪的神性自然法，在莱布尼茨这里体现为探讨理念来源的正义，作为理念来源的正义是上帝在创造之处禀赋于人内心的心灵法则。这种原初的心灵法则不是一般的理性证明所能得出，总是以人的直觉本能和内在经验的方式得以体现。对于莱布尼茨而言，人之不死灵魂是探讨正义的前提和基础。人的记忆、人格、认同和不死是人之为人的根据，也是人走向正义的前提和保证。从精神、灵性、神性、信仰方面来探讨作为人心灵法则的正义传统，可简称为精神的正义。德性伦理正义、古典自然法正义基本属于精神正义的范围。

第二个方面是肇始于近代的理性认识论哲学传统。从近代契约论开始的对正义与政府合法性的探讨体现的是有限理性认识意义上的正义。有限理性的正义探讨理性认识正义的整体性前提框架、理性认识正义何以可能，理性认识正义的界限范围。有限理性认识正义的突出特点体现为，正义是约定、建构的，服从一定的资源、文化和社会状况的限制，和权力、义务、机会、利益分配相关，正义实现和保证是纯粹程序的。契约论程序正义的优点是从一开始就认识到了人的理性及社会资源的有限性及限制性，需要通过彼此协商，需要遵循约定的程序，通过宪法法律的形式，聚焦社会政治公共领域，以保证基本自由、平等机会的平等和最少受惠原则下的差异性制度安排及权责分配。

　　对于中国而言，当下的社会主义正义理论建构与研究为什么要实行精神正义与程序的双重启动呢？首先，精神正义的启动是应对现代性过程中出现的全球性问题——"意义丧失""自由丧失""公共道德褪色"——的客观要求。而中国是现代性全球化的重要组成部分，也是现代性的正在进行时，自然逃脱不掉全球化现代性这一长波震动所带来的普遍性社会问题。现代性过程中工具与算计理性的过分张扬造成的严重问题，不同的哲学家给出不同的诊断和相应的"药方"。如哈贝马斯针对"意义丧失""自由丧失"的生活世界殖民化，提出交往理性的方案；泰勒针对现代性的隐忧（公共道德褪色、意义模糊、自由丧失）提出自我认同与现代认同问题的重要性；麦金太尔针对现代性启蒙理性诉诸价值中立、合理性证明、普遍有效的道德伦理哲学之破产，提出要通过追寻叙述和传统重建古典德性伦理学。从以上对现代性问题的诊断及如何克服这一问题的简要分析中可以看出，无论是德性伦理学的重建，还是对道德认同的重视，还是诉诸交往理性的矫正，它们有一个共同的特征就是对近代启蒙以来所推崇的价值观念——与传统彻底断裂、个体无限张扬、追求普遍而必然的理性、约定人为建构——的一种反思、反省和反动。他们对现代工具理性所进行的这些批判和重建工作都可视为在不同的方面和角度对精神正义传统的一种启动和建设。所以，从这个意义上讲，精神正义的启动是一个亟待解决的全球性的现在进行时。中国作为现代性全球化必不可少的一部分，如果能认识到这种精神正义现在进行时的必要和迫切，便会在世界性话语体系的现在进行时中拥有自己的位置，进而发出自己既是民族又是世界性的有力声音。

　　其次，程序正义的启动是中国当下社会现实特别是公共政治社会领域所迫切要求的。刚才是就中国与其他国家特别是西方国家相一致的意义上而言的，现在是就中国与西方国家的差异性而言的。中国的现代化进程不同于现在的西方的现代化，它们早已完成从西方传统社会到现代民主社会的转型和转换，已经步入一个成熟而稳定的现代化时期。当然不是说这种成熟和稳定的现代化就没有问题，但它们出现的问题毕竟是那个阶段的问题。反观中国的现代化历程，还是一个正在转型中的现代化。在社会转型的过程中，紧迫而亟须的是对纯粹程序正义的重视和建设。因为在政治与社会公共领域的社会基本制度、宪法民主进程建设方面，罗尔斯所主张建立的作为公平的正义无疑是具有积极的进步和变革意义的。如何防止有权阶层、特权阶层对社会公共资源的寻租行为，无疑是当下中国社会主义正义建设的当头命题。现在中国几乎所有的社会热点问题，如经济改革、政治腐败、司法公正、社会福利、教育公平等问题都和整体性的和局部性的诉诸宪法民主和法律的程序正义缺失有关。

最后，精神正义的启动和研究对于中国而言是一个巨大的理论发展和成长机遇。在第一点中已经提到西方学者对于反思和矫正现代性问题的基本思路和方法。对于中国而言，如果从精神正义的视角来研究正义问题，将是人文社会科学领域的一个巨大发展机遇。前面已经分析了精神正义传统中，人的精神、灵魂、记忆、人格、认同，以及人的社会历史传统、伦理实践仪式等都和正义问题相关。传统中国的天地君亲师定位、血缘亲情、乡绅治理等，在现代化的语境中是否有其发挥发展的空间和形式呢？道家的师法天地、抱朴守拙、庄周梦蝶理念只能是文化典籍中的痴人说梦吗？文明古国的美誉不可能只是比其他国家多几本历史文本的典藏而已。如果把精神正义的研究理解为人之所以为人的研究，理解为人与天地万物民胞物与的研究，理解为精神人格的倔强挺立过程，作为文明古国的中国无疑具有巨大的理论创造和发展的可能性。如何将以典藏形式存在的巨大精神潜力和可能性变成以时代性理论研究形式存在的精神实践和观念现实便是当下社会主义正义理论建构关于精神正义的首要任务。

（二）自然实践正义与技术的实践正义

从存在和技术线索出发，需要基于设计和行动证明的技术实践。也许这里把正义、自然、设计和技术实践放在一起，有点让人纠结和迷惑。这些看似差别很大的范畴如何能够放在一起呢？要很好地理解这里所表达的意思，需要结合前面对于从存在和技术线索出发对莱布尼茨正义理论的批判性分析。首先，从存在和技术线索出发的意图是，要从实践、行动和操作领域来检验第一个层面作为知识和认识的正义理念和观念问题。无论多么优越和高级的正义理念和观念终究要在实践和行动领域得以施行和操作。其次，这里要区分两种根本差异性的正义实践形态，即自然的正义实践和技术的正义实践。要说清这两者之间的差异和根本不同，需要借助于海德格尔关于技术本质分析的相关思想。海德格尔认为技术的本质不是技术要素所体现的工具性与手段性功用，而是人与物的产出或招致方式或自我揭示方式，现代技术的本质在于座架（或集置），它以催逼的方式促使人与物这样或那样。囿于本书是关于正义研究的主题，这里只从简要的意义上使用海德格尔的技术本质说明。根据海德格尔的分析，自然是一种产出方式，而技术也是一种产出方式，只是一种比较特别的产出方式，是一种催逼、订制、人为和约定。

自然的正义实践和技术的正义实践有什么区别和不同的呢？结合前面从存在和技术线索对莱布尼茨的正义批判我们知道，莱布尼茨的正义实践属于自然的正义实践，而罗尔斯的正义实践是技术的正义实践。很显然，现在西方社会中主流的居于主导地位的当然是技术的正义实践。但并不是说自然的正义实践就是历史的古董和落后的代言。因为从前面知识和认识层面的正义分析我们知道，作为技术实践的正义操作的理念和观念已经在现代性社会现实中暴露了很多的问题。作为现代理性指导下的技术实践正义操作自然也有着很多自身不可克服的问题和缺陷。这就需要从实践和技术层面反思，作为自然的正义实践和作为技术的正义实践，两者各自的优点与缺点所在，以图在以后的实践操作中可以相互吸收两种模式各自的优点、避免相应的不足和缺陷。

自然实践正义的理想对象是传统自然社会，技术实践正义的理想对象是宪法民主社会。莱布尼茨认为理想的自然社会是由夫妻、父（母）子、主奴、家庭、社会和教会组成的，以提高全体和最高之幸福的社会。由此可见，自然正义实践对血缘亲情家庭和教会灵性提升的重视。自然社会里，正义的根本原则是差异性，即根据每个人天生禀赋资质的不同去承担与各自能力相应的工作和岗位。禀赋不同而从事不同的工作，这句话似乎说得也有道理。但在现实的政治和社会组织操作过程中，就容易导致歧视和不公平现象的发生。由谁来评判每个人具体的天性和禀赋呢？并根据这种禀赋进行正义的分配呢？所以自然社会的正义实践会倚重或盼望某个贤明的君主、良相的出现以实现天道公平。但人性的恶与历史的实践已证明这是靠不住的。那怎么办呢？自然社会正义的最后一个依赖和正义评判便是上帝。但上帝总是被现实政治操作的各方都拿来作为自己行为正义的理由和挡箭牌。近代民主社会以前的所有东西方历史无非都是在某种自然实践正义的美妙愿景下所进行的由现实个人组成的野心、计谋、武力与经济肉搏而已。

自然实践正义的悲剧在于没有区分私人的伦理道德修养和公共领域的政治社会治理之间的差别。试图通过私人、单个人的伦理、道德美德来实现内圣而外王的修齐治平。自然实践正义的优点在于突出强调了个体的美德、伦理修行和神圣虔诚的对于正义实现的重要意义。而且指出了，人类社会正义的标准和根源不在于现世世俗之中，而是来源于在世俗生活之上的上帝。也就是说，自然实践正义虽然在当时的社会现实中很难实现，但毕竟自然社会正义的诉求方向是正确的。人类社会的正义根源不在于人，而是在于通过修行、修炼、领悟、信仰，通过对至高存在的盼望，对至高存在神圣形象的敬畏、模仿和靠近。

罗尔斯技术实践正义的理想社会对象是宪法民主社会。罗尔斯作为公平的正义是西方近代以来契约论传统正义的思想结晶和最新高度。罗尔斯把公平的正义观念视为宪法民主社会的核心哲学理念。之所以罗尔斯的公平的正义是契约论传统的最新高度，是因为他既继承了契约论强调的通过人的理性自由选择而给予证明的传统，又在很多方面实现了对传统契约论的改进和超越。第一，他明确了契约论的特点是注重政治原则的公共性，把他的研究对象和领域锁定在政治和社会公共领域之社会基本制度上。第二，进一步规定了传统启蒙理性的受限制性，突出契约各方的协商共识性，明晰作为公平正义理性自身的界限范围。他把研究的对象锁定在公共领域上面，把人与人自身的伦理行为关系和人与动物及其他自然的关系排除在外。第三，他通过无知之幕原初状态的设计，给出社会合作的原初限制性条件，以此排除了契约签订时的因社会地位和自然禀赋而受益或受损的偶然性的不公平性。① 学术界对罗尔斯的批判很多集中在他的无知之幕原初状态设计上，说这种抽象的脱离社会历史实际的个人是不存在的。其实正如任何一位哲学家所创立的观念和理论未必都是社会中实际存在的一样，他们不明白罗尔斯的社会正义实践的设计性本质之所在。也就是说他们提出的批判罗尔斯的地方恰好是罗尔斯首先要加以排除的情况。每个人具体的自然与社会条件和情景的不同对于思考和解决个体的德性伦理修养养成是至关重要的。但罗尔斯已经把这一个人与自我关系的伦理行为已经排除在外了，因为他只把他的正义实践定位于在政治和社会公共领域的实践。在政治公共领域内，作为公平正义的第一原则就是要排除因每个人的自然和社会差异性而导致的隐性的不公平性。如能者多劳、多劳多得看似非常的公平，但如果政治社会公共领域如果都让位给能者、智者，就将造成自由民主和平等机会的丧失。

（三）　差异性缝隙中的超越性体验正义

从信仰与超越线索出发，需要唤醒差异性缝隙中的超越性体验正义。从信仰和超越线索出发的正义不如前面所分析的知识认识正义与实践操作的正义那样受人关注。就古希腊以来的西方学术研究而言，正义主要是从理性的范畴来加以认识并界定的。体现超越性的正义叙事则从属于宗教信仰领域，不需借助于理性认识，要通过因信而称义。在莱布尼茨正义理论里，他以神秘理性的面相论述了信仰、超越维度的正义。对正义超越性体验论述最多而充分的是解构主义的他者正义理论，如德里达和列维纳斯。差异性缝隙中的超越性体验正义，主要涉及三个问题：正义与法律问题引出正义的个体差异性和对法律的超越性，正义与时间问题引出正义的等待性延异与急迫性决定之间的缝隙，正义与幽灵问题引出正义的情感体验性与位格神秘性。

在前面对莱布尼茨正义理论的批判环节已经对第一个问题做了一定的分析论述。在正义与法律关系问题上，德里达与莱布尼茨的方向是一致的。他们都认为，法律不一定是正义的，正义是法律向正义方向生成的原

---

① See John Rawls, *A Theory of Justice*, Harvard University Press, 1999, pp. 14 – 19.

初履行性力量。不同的是莱布尼茨从正义的理性客观确定性来实现对法律之可能被利益和意志扭曲的超越。德里达从呼应不可还原的差异性他者引出正义主体行为的单一性，而法律代表的是无差异主体的普遍性复数规定。正义行动好比是广义相对论中的时刻变化着的差异性曲面时空，而法律好像是牛顿绝对时空无差异无变化的普遍性规定。所以正义的单一性、异质性特质要求要保持对即有法律的悬置和质疑，在对旧有法律悬置和将要更新的焦虑性状态中正义问题得以呈现。

在德里达那里关于正义与时间的问题，一方面正义要面对着永远的等待和未完成性，另一方面在具体情境中又要求作出紧迫性的正义决断。正义的行动总是在不可算计的绝对他者与算计的理性之间，在一种永远要到来的等待盼望与即刻迫切性的决断之间，在对不可能性和无限之经验与有限确定性经验之间发生，就是正义总在某种间隔、缝隙、差异、断裂、悬置中产生。当然莱布尼茨在论述正义与时间的问题时，基本上是在末世论神学框架下，指出在神恩王国的上帝之城那里，正义审判会保证善行得报偿、恶行受惩罚。也就是提供一种确据性的未来观念，以此使人在现时现在的时空活动里通过良好习惯之养成自然地趋向正义的行为。当然关于正义与时间的问题还是需要进一步研究的。是一种有确据的未来盼望使人更容易趋向正义行为，还是一种永远等待弥赛亚的盼望情结更容易使人作出正义决断，这本身也构成了正义与时间问题的一对张力关系。

正义与人的内在情感动力问题在德里达那里以幽灵的面相出现。当然他是比较激进的，通过幽灵的神出鬼没、诡异难测、对有形感性与无形理性界限的消弭，把启蒙理性以来的要么诉诸普遍必然性约束之正义或诉诸人为约定协商的建构性正义之确定性统统都撕裂打碎。德里达的意图是想通过慷慨丰盈的原初动力（冲创、动力、狂热）而不是贫瘠的暴力逻辑去实现正义。这种意图非常的美好，但幽灵的怪相的确让人感到一种阴森森的可怖。关于情感体验之内在动力方面，莱布尼茨通过情感性宇宙人格的完美体验来描述人感受的超越性。莱布尼茨说："我们不是总能观察令人愉悦的事物是由什么完美构成，或它在我们体内激起哪种完美，然而我们的情感体验（Gemüt）能感知它，尽管我们的理解力不能感知。我们总是说，'有些事，我无法认知，却使我愉悦其中'。"① 这种完美的体验不是后来启蒙理性所追求功利性完美主义的完美，而是一种神秘的体验，灵魂的充实愉悦，与他人天地万物的贯通，这种充盈的愉悦美好的体验给人以不断地提升动力。从这里可以看出，德里达通过诉诸幽灵令人抓狂的冲创动力来破除贫乏而僵硬的暴力逻辑，莱布尼茨通过充盈而贯通的美好情感体验而实现对自我不断向上的意义提升。幽灵让人抓狂的烦恼带着一种不由自主的被迫呼唤，完美情感体验让人宁静、和谐的愉悦充实对人有一种不由自主的魅力吸引。这好像两幅画卷，一幅是幽暗神秘的黑夜狂想，一幅是清晨亮彩的晨曦憧憬。

由此可见，超越性维度的正义研究本身有着很大的理论生长空间。关于正义的单一性与法律普遍性问题，如何在具体的道德、政治情景中实现正义的自我立法行动呢？关于正义与时间的问题，如何把握正义之不可能性、不确定性、不可还原性与现实性的可能性、确定性和可计算性之间的平衡点呢？同样关于正义的情感动力、意义体验问题，如何协调黑夜神秘的纠结冲创与晨曦平静的愉悦体验呢？

三　社会主义正义理论之出场

社会正义理论之出场可以从以下几个方面加以考虑：首先，中国化马克思主义正义的出场领域是要关注人的精神领域，正义不仅是分配的正义、政治权利的正义、商谈对话的正义、制度设计的正义等，而且也是心灵精神世界德性涵养的正义。精神世界与正义的内在联系往往被人忽视，其实正义对于人本身而言根本就是要发现内在于人心的自然法则，即精神价值秩序。其次，中国化马克思主义正义的出场路径是要转换国内价值哲学研究的旧范式，因为把利益、需求和需要作为价值的生发根源和判定依据，就会导致对价值的工具性理解和庸俗化运用，导致价值的形而上维度与本体论意蕴的枯萎与坍塌。价值哲学研究的新范式就是要挖掘价值的情感生存论意蕴，以一种新的路径研究价值的生存本体性、情感体验性、生

---

① Markku Roinila, "Leibniz on emotions and the human body". Cited in IX. *Internationaler Leibnzi—Kongress unter der Schirmherrschaft des Bundespraesidenten*, 2011, pp. 935 – 936.

命期待性、自在自为性与终极超越性，使价值的本真内涵得以更好地呈现。再次，中国化马克思主义正义的出场方式是论题激发和前提批判。论题激发与前提批判是在维柯意义上使用的。[①] 心灵的能力首先是一种创造的发现的能力，心灵的感知能力针对论题法；其次才是对材料的反思和批判，心灵的判断能力针对批判法。同样，中国化马克思主义正义的构建首先需要论题激发，然后在论题激发的基础上运用哲学的反思和批判功能，对论题何以成立的前提和条件进行批判性分析，进而在思想中实现对时代状况的观念把握。

(一) 社会主义正义的出场领域：关注精神和灵性世界

首先，要特别关注人的灵魂、内心与正义的关系。就探讨社会正义的方式、前提和途径而言，现在学术界已经从不同的学科、不同的方法、不同的领域出发对正义问题进行了研究。从学科而言主要有政治学或政治哲学、道德伦理、经济学、社会学等角度，从方法论上看，有理性形式主义模式、建构主义模式、语境主义模式、商谈模式等。但在这样一个重要而意义重大的问题上，从哲学形而上学特别是从精神与道德哲学的角度进行研究的并不多见。在这个意义上，莱布尼茨是他那个时代的异类，也在我们这个时代显得弥足珍贵。因为同时代的哲学家都在强调正义的社会在于私有财产、契约论、民主分权论等观点的时候，他却从形而上学与伦理学、理性哲学与宗教神学相统一的意义上对正义进行探讨。而我们今天分析和研究正义的主流是从契约论、功利主义目的论、形式主义义务论出发，甚至誉满全球的罗尔斯也只是传统契约论的更精细、更完备、更制度化而已。当代，虽然也有列奥·斯特劳斯对古典自然法传统的回归，以及麦金太尔对德性伦理正义的强调，但对潜在于人心的灵魂活力、精神特性、形上旨向、道德德性与正义内在关系的探讨依然不被主流正义论研究所重视。

莱布尼茨认为对人灵魂、精神和德性的探讨是正义的前提和要求。因为灵魂的不死与记忆、精神的创造与反省、德性的修养与教化都是人的自然本性，而所谓"正义"对于人而言，就是要发现心灵中蕴含的自然法

---

① 维柯著，张小勇译：《论意大利最古老的智慧》，上海三联书店 2006 年版，第 25 页。

则。所以莱布尼茨特别强调关注人的心灵和精神价值世界，强调发现人心灵的自然法则的重要意义。他针对当时的时代，指出人类的幸福在于两点：允许有足够的权力去做自己所意愿的，从事物本性角度知晓什么应当被意愿。人类几乎实现了前者，至于后者，失败之处在于特别是就其本身而言的无能为力。现今人类的权利得到确定性的集中增长，体现在我们所居地球的两种状态，其一是几乎已被征服，其二是对征服欲望的保持。我们已经通过机动的桥梁跨越了大海，曾经条块分割的陆地得到统一。即使众星隐于天空，它不能使我们屈服，我们在一种其貌不扬的玻璃中寻求帮助。已经把它们移至眼前，进入事物内部以使我们的眼力成倍放大，于是我们惊奇发现了新的世界与新的类种，两者同样神奇，一个是宏观，另一个是微观。他说，既然我们已成世界的征服者，那么在我们自身中定有一种敌人。人类最不清楚的就是人类自身，即身体对于心灵及心灵本身。①关注精神灵性世界也要尊重人的精神家园借以实现的自然前提。要尊重自在自然的尊严，实现自在自然与人化自然的互融与共通。随着现代科技革命和技术条件的日益发达，人们改造和开发自然的能力可谓具有毁灭性力量。尽管国际国内社会、舆论、媒体天天都在宣传如何和谐利用自然，但现实中却处处充满了对自然的破坏、肆虐和攫取。莱布尼茨在那个时代就难能可贵地提出要尊重自然的尊严，对自然要有一种崇敬心情。而我们国内由于受到马克思关于人化自然的深度影响，天天讲人化自然，脱离了人的自然就等于毫无价值的"无"。莱布尼茨认为自然的机器有无限数量的有机物。通过创造它们，上帝可以无限地重复它们所属的机械过程。但人类只能自然地作用于已有的既定物质，人类制造的机械装置只能在它的使用寿命内外在地服从人的指挥和控制，使用寿命结束后就成了废品和垃圾。在那个人类科学启蒙精神迅猛高涨的时代，莱布尼茨能认识到自然机器与人工机器之间的根本差别，提出对自然要公平对待，深情而不无担忧地礼赞自然的精妙与尊严，这是多么的难得。

其次，通过对比莱布尼茨和马克思关于作为人本质界说的差异，分析人的精神灵性维度与自我意识、劳动生成及社会关系维度之关系。莱布尼

① See Loemker（ed.），*Leibniz Philosophical Papers and Letters*. Chicago：The University of Chicago Press，1976，pp. 131 - 132.

茨自然正义关于人本质的界说主要有两个维度，一是理性的理念本性，二是德性的爱本性。马克思关于人本质的界说主要有三个维度，早期的认为人的本质在于最高神性的自我意识，中期认为人的本质在于自由的、有意识的对象性劳动，成熟期认为人的本质在于社会关系总和。分为前期的莱布尼茨所理解的理念与柏拉图有相似之处，也有不同之处。相同之处是两者都不依赖于经验，通达事物自身，呈现事物是其所是的样子。不同之处在于，莱布尼茨不像柏拉图那样强调理念是绝对自身，而是认为理念是上帝在人心灵中所赋予的思考的能力，这种能力能对事物作出区分、定义，并进行判断和推理。心灵的感知、推理能力，指向和表达能力都属于理念，有的感知和表达模糊，有的感知和表达清晰，那些由思维清晰表达出来的理念可称为观念（notion）或概念（concept）。对于人而言，理念主要表达为理性的认知、判断和推理能力，理性能认识永恒真理，而这种永恒真理是内在于灵魂自身中的，不是外在输入的信息。这样就预设了灵魂的不死，所谓知识就是心灵对自身已有知识的回忆。对于莱布尼茨而言，人的本质就是理性对永恒真理的认识、反思和发现能力。这是人高于动物之所在，是人与上帝发生联系并进入上帝之城的资格之所在。

　　也正是在人的理性本质基础上，而引出了人的德性之爱本质。理性对于知识的回忆，其前提是灵魂的记忆能力；理性对于知识的感知、推理、反思和批判，特别是理性能够以"我"为对象进行反思和批判，形成了理性的自我反思能力。莱布尼茨认为这两种能力，即永久记忆和自我反思能力，形成了道德和人格的同一性。但这种道德的自我同一比一般实体（无理性实体）的自我同一更高一层，它不但是实体之维持，而且这种道德、人格的同一更追求完善和幸福，而追求完善和幸福必然指向他物、他人。这种由于自身之缘由而非出于外在功利目的和狭隘私欲去追求、喜爱和欣赏其他对象的行为，就是爱。这种爱是自主而非迫于外在压力之爱，这种爱是普遍而非追求一己私利之爱，这种爱是从所爱对象的完美中感受到发自内心的喜悦之情，这种爱超越了算计、工具与利益而以自身为目的，这种爱如互相折射光线的镜子产生强大的汇聚效应从而形成尊贵的荣耀光辉。

　　由上述分析我们可知，莱布尼茨关于人本质界说的两个维度不可谓没有道理，不可谓不精彩纷呈而光彩照人。但这种优点因为受到时代历史条件的限制同时也是其缺点所在，他所处的时代是德国从"古典时期"向"启蒙时期"转换的时代：路德宗教改革取得了一定的进步，但教义教规的形式化依然突出，教会的分裂日益加剧；国内还没有统一，国家处于四分五裂的封建邦国统治中；科学技术方面还只是科学家个别的科学实验，大规模的技术革命和物质商品生产还没有开始；社会政体是各自为政的封建君主制，资产阶级与无产阶级的分化和对立还没有出现。在这样的时代莱布尼茨集中关注的，只能是通过启蒙人的理性能力而摆脱盲目而空洞的信仰，主张通过宣扬爱来弥合日益加剧的宗教分裂局面，所以他提出人本质在于理性的理念能力和德性的爱之戒命，这样他就忽视了人本质的自我生成性、外化对象性与社会历史性。当然指出这一点不是说莱布尼茨关于人本质的界说就没有意义了，相反正是在莱布尼茨和无数其他哲学家关于人的理性和爱本性分析的基础上，在社会历史更迭和时代变换的基础上，才形成了后来德意志哲学，特别是黑格尔哲学和马克思哲学对人本质的对象性、生成性和历史性认识。没有前人的思想和文化积淀，就没有后人的思想和文化创造。所以，批判是更好的尊重也是更好的继承，因为批判就意味着所批判的对象已经融进批判者的精神血液里了。

马克思关于人本质的界说主要有三个维度，早期（写作博士论文时期）认为人的本质在于最高神性的自我意识，中期（1842—1844）认为人的本质在于自由的、有意识的对象性劳动，成熟期（1845—1883）认为人的本质在于社会关系总和。第一个维度是与莱布尼茨关于人本质的界说一脉相承的，即莱布尼茨的理性自我意识、爱神与爱人之诫命与马克思最高神性自我意识是连贯而一致的。现在分析马克思关于人本质界说的后两个维度，为什么会要从前期的最高神性自我意识过渡到对象性劳动和社会关系总和上面。马克思在《1844年经济学哲学手稿》中，对劳动的分析主要集中在两个部分：其一是在批判国民经济学时对异化劳动的分析，这是从观察和研究社会现实劳动而得来的；其二是在批判黑格尔辩证法及整个哲学时对抽象精神劳动的分析，这是从研究黑格尔哲学范畴的劳动而得来的。在对劳动异化的第三个表现即人与自己类属性相异化进行分析时，马克思界定了人的类特性、类本质，他指出，"生产生活就是类生活。这是产生生命的生活。一个种的整体特性、种的类特性就在于生命活动的性质，而自由的有意识的活动恰恰就是人的类特性。生活本身仅仅表现为生活的手段"①。与动物相比,这种自由的、有意识的活动体现在以下几个方面:动物只在直接的肉体需要下生产,而人只有在摆脱了直接的肉体需要才能进行真正的生产;动物只生产自身,而人生产整个自然界;动物的产品直接属于它的肉体,而人的产品可以属于全人类;动物只按照它所属的种的尺度进行生产,而人可以按照任何一个种的尺度进行生产。因此,"正是在改造对象世界中,人才真正地证明自己是类存在物。这种生产是人的能动的类生活。通过这种生产,自然界才表现为他的作品和他的现实"。②

马克思在对黑格尔辩证法和整个哲学进行批判时指出,作为推动原则和否定原则的黑格尔辩证法的伟大之处,首先在于他"把人的自我产生看作一个过程,把对象化看作非对象化看作外化和这种外化的扬弃;可见,他抓住了劳动的本质,把对象性的人、现实的因而是真正的人理解为他自己的劳动的结果"③。黑格尔把劳动看作人的自我确证的本质,他非常深刻地揭示了人本质是外化扬弃与自为生成的动态过程,但他所说的劳动只是抽象的精神的劳动。黑格尔认为,构成哲学本质的东西就是劳动的本质,即思考自身的、外化的科学。当黑格尔把劳动看作人的本质时,是就人的自我确证、对象化扬弃和自为生成而言的,即劳动是人生成的本质、动态的本质。就静态本质而言,黑格尔认为,人的本质或人就是自我意识。马克思认为,自我意识是一种抽象的主体,这种主体不是现实的人本身,不是自然(人是人的自然),而只是人的抽象,即自我意识。对于马克思来说,他要破除的是黑格尔的这种抽象的、神秘的、没有现实对象性的自我意识,马克思所确立的主体是"有生命的、自然的、具备并赋有对象性的即物质的本质力量的存在物,即拥有它的本质的现实的、自然的对象,而它的自我外化又设定一个现实的、却以外在性的形式表现出来因而不属于它的本质的、极其强大的对象世界,这是十分自然的。这里没有什么不可捉摸的和神秘莫测的东西"④。所以在马克思那里,人的本质力量不是抽象的、神秘的绝对精神和自我意识,不是抽象的自我意识通过外化

---

① 马克思:《1844 年经济学哲学手稿》,人民出版社 2000 年版,第 57 页。
② 同上书,第 58 页。
③ 同上书,第 101 页。
④ 同上书,第 104 页。

设定物性，因为这种本质力量自身就是现实的、对象性的本质力量，本质力量对象性的产物仅仅证实了它自身的对象性存在。

在《费尔巴哈提纲》中，马克思在人的本质是有意识的对象性劳动基础上，向前更进一步，认为"人的本质不是单个人固有的抽象物，在其现实性上，它是一切社会关系的总和"①。如何理解马克思所说的人的本质是一切社会关系总和呢？首先需要注意的是，这段话出自马克思在1845 年春所写的关于费尔巴哈哲学所作的笔记，是对费尔巴哈《基督教的本质》一书所做的批判性分析。注意到这个前提和背景，就形成了两个根本的线索，一是费尔巴哈寻找感性客体的人本唯物主义立场，二是他对传统宗教观念的批判立场，这两个线索或立场是相互交织在一起的，其中一个问题的解决程度制约着另一个的解决程度。也就是说，费尔巴哈提纲是围绕着这两个立场展开讨论的。马克思肯定了费尔巴哈的这两个立场的方向正确性，即坚持唯物主义和把宗教本质归于人的本质，但认为他的人本唯物主义和宗教批判不彻底、不深入、不透彻，是半截子唯物主义，是半截子宗教批判。宗教批判方面，费尔巴哈把宗教本质归结于人的本质，但他没有对人自身所赖以产生的"现实的本质进行批判"。因此他"不得不撇开历史的进程，把宗教感情固定为独立的东西，并假定有一种抽象的——孤立的——人的个体"。人的本质"只能理解为'类'，理解为一种内在的、无声的、把许多个人自然地联系起来的普遍性"②。由此可见，马克思认为费尔巴哈把宗教本质归于人的本质后，应从世俗世界本身的自我分裂和自我矛盾出发，从人的实践生成的、现实的社会关系出发，把宗教批判进行到底。但费尔巴哈仅仅把人的本质理解为抽象的、孤立的个体自然地联系起来的"类"，即宗教情感，人与人之间的神圣的"爱"。显然，马克思这里所批判的宗教情感的"爱"，个人自然地联系起来的普遍性，同时也是对莱布尼茨从自然本性出发认为人的本质是理念和爱这种观点的批判。

唯物主义方面，费尔巴哈仅仅把理论的活动看作真正人的活动。他承认人也是"感性对象"，把人看作思维和自然相统一的基础，但没有把人

---

① 《马克思恩格斯选集》第 1 卷，人民出版社 1995 年版，第 60 页。

② 同上书，第 56 页。

的活动本身理解为感性的对象性活动即实践，他仍然只是从"客体的形式"，而没有从"主体方面"去理解"对象、现实、感性"。所以他不了解"革命的"、"实践批判的"活动的意义。马克思认为，费尔巴哈没有看到人与人之间的神圣的情感即"爱"本身是社会的、历史的产物，抽象的个人总是在一定的社会形式中生活和实践着的人。

由此可见，要理解马克思所提出的，在现实性上，人的本质是"一切社会关系总和"：首先，需要在宗教批判的背景和基础上进行理解，从宗教与人的关系出发理解人的本质。其次，社会关系总和只是人的现实本质，这并不意味着马克思否定了人的类属性的本质，即他在《1844年经济学哲学手稿》中所提出人的本质是自由的、有意识的生命活动这个界定。也因为马克思在提纲中所批判的类本质是费尔巴哈意义上的宗教情感即人与人之间的神圣的爱。再次，社会关系的总和不是日常意义的"人际关系"总和，而是一个人自我确证、自我生成的对象性活动所依存着和形成着的社会载体与社会形式。这种社会形式，既体现为物质的对象性形式，也体现为精神的能动性形式；既继承了前人的已有成果，又创造生成着现有成果；既是平面横向的自由人联合体，也是立体纵向的历史进化运动。

（二）社会主义正义的出场路径：价值哲学研究新范式

如前所讲，精神世界与正义具有内在的联系，正义对于人本身而言就是要发现内在于人心的自然法则，即精神价值秩序。而目前国内价值哲学研究的主流范式，仍然是把利益、需求和需要作为价值的生发根源和判定依据，这样就容易导致对价值的工具性理解和庸俗化运用，导致价值的形而上维度与本体论意蕴的枯萎与坍塌。对价值的理解问题，国内已经给出了很多种不同的理解模式，主要有价值的实体说、属性说、效用说、关系说、意义说及发生学分析法等。但总体而言，是在主客二分的理性主义认识论模式下进行价值学研究。学者们也基本认识到了价值哲学研究存在的这种问题，并有学者对之进行了深入的思考和积极的探索，如张曙光教授关于价值的"工具性"定义与"本体论"承诺之间矛盾的分析，关于价值的"是"与"应当"之间矛盾关系的分析，关于价值的发生学源起的分析等，都极具思想启发性和思考洞见性。吴向东教授关于社会主义价值观命题的提出，关于社会主义三重根本内涵与价值观内涵三重维度内在关联的分析，关于社会主义价值观建构的三重维度分析，关于从近代认识论理性主义到实践理性主义或批判的历史理性主义的分析等，都极具创新意义和独到见地。所有这些探索和思考都为以后国内价值哲学研究范式的转变及价值哲学研究的开拓进展，奠定了思想基础、提供了批判前提并诱发了研究方向。

价值哲学研究的新范式需要挖掘价值的情感生存论意蕴，以一种新的路径研究价值的生存本体性、情感体验性、生命期待性、自在自为性与终极超越性，使价值的本真内涵得以更好地呈现。目前国内价值哲学研究遵循的是"唯物论"的主体需要致思路径，即强调客体的属性、功能对主体需要的意义与满足，或主体性在客体中的对象化改造及其成果。需要似乎天经地义地成了价值学乃至一切科学、哲学的最根本的生发之地、动力之源与最终归宿。起于人的需要、创造人的需要、满足人的需要、归于人的需要。因此，认定人的需要是人生价值之核心，很自然地便得出，价值的本质是对人需要之意义与满足；价值观是对满足人需要的观点、态度与看法；价值标准是看能否最大程度的满足主体性需要（当然要提倡能够满足主体的正当需要，反对妨碍满足主体的不正当需要）；价值选择是选择满足人需要的、可行的价值目标、价值手段、价值客体、价值环境与价值时机；价值评价是对客体是否及多大程度上满足人的功利性需要、道德性需要、审美性需要；价值创造是根据主体需要对客体的主体化与主体的客体化；价值实现是客体由"潜在"价值到"现实"价值以及主体需要的满足、丰富与提高。

但以主体的需要作为价值定义的核心，实际上也就是坚持对价值的工具性定义。无论是客体对主体性需要的意义与满足，还是主体处于自己的需要对客体的改造与创造，其核心点就是主体现实的物质性、政治性与精神性需要。而一旦诉诸需要，无论是物质的、政治的还是精神的需要，它的一个根本前提就是人先天而永恒的残缺性、不完满性。正是有了这种残缺性、不完满性，所以人便永远处于一种需要状态中，从维系生命本能的最基本的生理需要、安全需要，到归属感及爱的需要、自尊的需要和自我实现的需要。需要是残缺性、不圆满性的产物，而且永远也得不到满足。旧的需要满足之后新的需要不断产生，需要—满足—厌倦—新的需要—再满足—再厌倦……正如叔本华所说:"个体意欲的贪得无厌——正是因为这一缘故,每一个愿望的满足就又产生出新的愿望,这样的渴求永难满足,了无尽期!""人就是需求的凝固物;要满足这些需求是困难的,而这些满足带给他的除了没有苦痛的状态以外,别无其他,而处于这一没有苦痛的状态之中,他也就落入了无聊的魔掌。"① 从这个意义上讲,人与物之间,人与人之间仅仅是一种单向度的需要与被需要的关系,而我对外物与他人的欣赏、体验、感悟之美,感动、感化与敬佩之意,惊奇、幻想与向往之心,会意、感通与共生之源,崇高、敬畏与神圣之感,所有这些真正属人的情感生存意蕴的内涵关系全都消解于实际、强力、僵硬、平庸而空虚的需要关系中。因此,"人的生存方式越来越具有了世俗化、开放性、个体化和变动不居的特点。人们越来越重视自身的能力、现世的幸福和当下的感觉,个人感性的肉体和与之相匹配的精神需要(欲望)于是成为他们行为的动因和取舍的尺度,价值作为人的生存目的、生活追求和值得珍惜与宝贵的事物的表征,势必被经验性理解并具有经验性内涵,价值原来超验的绝对的品性于是自行消失"②。

人天生的形而上学的残缺性、有限性所决定的靠不断满足需要(又永远得不到满足)来实现价值的工具性内涵无法表征人类属己的根本性征。人的生命同时具有自由自觉、自成目的本体论向度。人天生而永恒的残缺性与有限性固然可以激发人类对自己生命的珍惜、关爱与重视,但人类若只有这种残缺性与有限性,便也无所谓对生命价值的不懈追求与热切向往了。因为如果残缺与碎片化的生活铁定是人生的宿命,出于对未来单调乏味、沉重呆滞、平庸无奇的人生的绝望,人同样会像动物那样完全与自身的本能规定性相一致,不再做任何改变与超越的念头。因此,人的自由自觉、自成目的的本体论向度是人之价值的根本所在。这种自成目的的本体论追求就是人自本自根、自为生成的信仰、情感、意义与道德世界。具体而言体现在:人服从于自然必然性而又建立起超越的道德必然性;人生活于单个人的有限与缺憾中而又同时绵延于世代相传的永恒信仰中;人

---

① 叔本华著,韦启昌译:《叔本华思想随笔》,上海人民出版社 2005 年版,第 406—407 页。

② 张曙光:《个体生命与现代历史》,山东人民出版社 2007 年版,第 200—202 页。

局限于自我的生命存在而又感通于他人、万物的"民胞物与"性；人放逐于无尽的路途中而又时时寻找内心的目的与归宿；人受制于现实的层层枷锁而又在确证自我的体验过程中感受自由自在的意义圆满。人自成目的，在归根结底的意义上，用马克思的话说就是"人类全部力量的全部发展成为目的本身"，不是生产他的某种规定性，"而是生产他的全部性"①。

　　总之，就需要在价值理念层面上阐明个体心灵价值秩序与所倡导的社会价值秩序之间的相互关系与相互影响，也就是要挺立个体内在的精神力量与德性尊严，树立公平正义的社会价值观。基于社会实践与正义理论的双重反思，当前我们所要阐发的价值理念、所要倡导的价值观念需要在以下方面予以认真研究，即新的价值理念——既要来源于现实，但绝不是维护现实，又要变革现实，这是唯物史观的根本要求；既要强调满足人民群众日益增长的物质文化需求，又要强调通过内心世界的修行与反省，达至心灵的宁静和谐与幸福圆满；既要关注宏大浩荡的社会变革，又要敏锐捕捉隐含于个体内心深处的价值嬗变；既要强调在社会现实中，经济、政治、社会、科技、文化、教育合理分化的积极意义，又要在核心价值理念上强调各个系统的精神统一性；既要运用规范而理性的范畴概念演绎抽象的思维成果，又要在感受社会现实和冷暖人生的基础上对经验性的实质内容加以批判思考。

（三）社会主义正义的出场方式：论题激发与前提批判

　　维柯认为心灵的能力首先是一种创造的发现的能力，心灵的感知能力针对论题法；其次才是对材料的反思和批判，心灵的判断能力针对批判法。同样，社会主义正义理论的构建首先需要论题激发，然后在论题激发的基础上运用哲学的反思和批判功能，对论题何以成立的前提和条件进行批判性分析，进而在思想理论创造中实现对时代状况的观念把握。目前，最现实、最关键也最熟悉的论题就是，30 多年来的改革开放和社会主义现代化建设实践进程。我们是亲身经历者也是幕后反思者，是主动创造者也是被动接受者，是集体构成者也是个体生成者。如何在体验中反思，在反思中批判呢？30 多年改革开放与现代化建设的实践固然取得了巨大的

---

① 《马克思恩格斯全集》第 46 卷（上），人民出版社 1979 年版，第 486 页。

经济建设成就，人的合理需求与欲望得到肯定与张扬，生产与生活方式的多样性得到鼓励与认可，生产力与物质丰富程度得到极大提高。但同时也产生了一系列新的情况、新问题、新变化，人们在社会分工与环境变化中逐渐形成了一种潜意识或显意识的社会价值观——生命的尊卑贵贱要放在金钱、权力与欲望享受的天平上过秤，人们心灵世界的价值秩序被置换为经济领域的效率秩序、政治领域的权力秩序与心理领域的感官享受秩序，由此也就导致了心灵价值的失序，价值观的扭曲与混乱，是非荣辱感的颠倒与错乱。改革开放30多年来中国社会复杂而深刻的变化催发我们要在理论层次上深刻反思社会变革与社会意识的关系问题，这就不能不引出关于社会正义的问题。社会存在决定社会意识，但在一定意义上，社会意识也决定社会存在，毛泽东同志曾指出，物质变精神，精神也变物质的命题。新中国成立以来特别是改革开放30多年来中国所发生的深刻而广泛的戏剧性变化恰好能说明这一点：从"文化大革命"到经济改革；从群众造反到官员特权；从贫穷光荣到受穷无能；从知识反动到专家治理；从阶级兄弟到阶层利益；从思想单纯到利益单纯。思想观念的解放促成了经济与肉体欲望的解放，而经济与肉体欲望的解放却迟滞了思想观念的继续解放。利益的纠葛钳制着思想，欲望的泛滥消蚀着思想，思想的灵性在外在利益与内在欲望的双重挤压下，变得干瘪空洞，无所适从，人们的内心从而感到扭曲变形、空虚无聊、迷茫无序、失落抑郁。由此而引出了建设中华民族的精神家园与构建社会主义核心价值体系的时代命题。从这个意义上讲，中国需要一场新的思想解放运动，从刺激外在物质动力到激发内在精神动力，从释放正当欲望到节制过分欲望，从着重经济政治秩序到关注心灵价值秩序，从嘲笑信仰虚无的缥缈到唤醒信仰内在的力量。新的思想解放运动催生新的价值观念与价值取向，新的价值取向决定了新的制度安排与体制机制。因此通过新的思想解放运动形成新的价值观念与价值取向就成为推动新世纪新阶段改革开放与社会主义现代化建设能够继续胜利前行的观念先导。

就理论论题而言，通过研究马克思主义正义观念与莱布尼茨浸润其中的西方思想政治传统的渊源与断裂，有利于从新的理论视角与理论空间推进马克思主义的研究。学术思想的界限是为了研究起见人为划分的结果，学术思想本身没有任何界限。马克思主义的创立是马克思、恩格斯在吸收了古希腊罗马哲学传统与近现代西方哲学与自然科学成果，并在解答当时时代课题的基础上形成和发展起来的。宗教批判与宗教传统，道德批判与道德力量，物质确定性与精神确定性，世俗使命与神圣天职，哲学理性与神学信仰，劳动支配与彼岸自由，这一系列相互制约又相互关联的理论命题，都是马克思所直接面对而激烈斗争过的命题。面对当时的时代特征与斗争实践，马克思给出了他的理论批判与解答，但这不能代替我们针对当今时代特征与生产实践新情况新问题而进行新的批判与解答。无疑，马克思哲学也是在西方传统思想资源与时代特殊境遇的双重作用下而产生和发展起来的，那么以西方哲学传统的理论命题为逻辑线索与思考坐标，我们就会更清晰地把握马克思哲学的思想来源与理论诉求，更深刻地理解马克思哲学划时代变革的意义所在，也就会在更广阔的理论背景与思想传统下去发展当代中国马克思主义，推进当下的社会主义正义理论建设。民族精神的培育，共同精神家园的建设，核心价值体系建设，都是正在进行中的理论研究与建设。要取得预想的目标与效果，首先需要在价值理念层面上阐明个体心灵价值秩序与所倡导的社会价值秩序之间的相互关系与相互影响，也就是要挺立个体内在的精神力量与德性尊严，树立公平正义的社会价值观。来源于现实而又变革现实的价值诉求，是马克思主义的根本要义与优长之处，马克思主义已经强调得很多，"共产主义对我们说来不是应当确定的状况，不是现实应当与之相适应的理想。我们所称为共产主义的是那种消灭现存状况的现实的运动"①。面对目前的中国，强调来源于现实就是不能超越社会主义初级阶段这个最大的实际，而欲变革现实则首先需要在观照现实、审视理论的基础上，从价值理念上反思变革的方向、内容、目的与手段。公平正义是社会制度特别是社会主义社会的首要价值，通过反思社会现实与审视正义理论，我们首先要思考在中国的语境下，应树立什么样的正义观？莱布尼茨的正义理论可以给我们有益的思考和借鉴。

　　关于针对心灵判断能力的前提性批判部分，接下来就从莱布尼茨正义理论与马克思正义观的观念前提和理论出发点方面，进行对比性批判分析。莱布尼茨自然正义理论的观念前提是，上帝之光照耀下的宇宙秩序普

---

① 《马克思恩格斯选集》第 1 卷，人民出版社 1995 年版，第 87 页。

遍和谐、前定和谐，即以上帝为君主的神恩世界的存在。马克思唯物史观正义得以产生的思想前提是，基于人类自我解放的全世界无产阶级大联合。对于莱布尼茨而言，必须有这个神恩的道德世界的存在，因为它是真正的、绝对正义的世界，上帝是最严明的审判者，是最慈祥的父亲，是有力的动力因，是最幸福的目的因。上帝是最严明的审判者，所有的恶行都会遭到惩罚，所有的善行都会遭到报偿，甚至关心掉在地上的每一只麻雀，数算我们的每一根头发（马太福音10：29—31）。上帝是最慈祥的父亲，由于精神能领悟上帝，并模仿上帝创造事物，精神由此而进入上帝之城。上帝与精神的关系不仅是一个发明家对他所发明的机器之间的关系，而且是父亲与子女之间的关系。上帝是有力的动力因，上帝是终极的动力因，是动力因的发动因，是不动的动者。上帝是最幸福的目的因，他自主而圆满、独立而大全。爱是从所爱对象的完美中而喜悦的感情，所以爱上帝是最大的幸福，因为从他是最完美、最圆满的，从最完美的对象中便能体验到最大幸福和最大快乐。

　　莱布尼茨为什么要将神恩世界的存在作为他正义理论乃至整个思想体系的思想前提呢？他的这一思想前提意味着什么？会带来什么样的后果？莱布尼茨把神恩世界存在作为他正义理论的思想前提的原因是，首先宗教和上帝观念是当时德国社会和精神文化领域自觉、不自觉的大前提，他不可能完全脱离这个大前提而思考、而存在。其次是他个人冷静思考的结果，他刚进大学时接触到了近代自然科学，被其简洁、美妙的论证方式所吸引，但当进一步思考时发现近代机械论自然科学解释不了终极原因的问题，因为单纯形体或物质自身不会自我运动。再次是和他个人的性格特征及接受的文化传统有关，他是一个善于吸收百家而实现内在融合的大智者，他总能赋予宗教、上帝观念以积极合理的意义，上帝是智慧而仁爱的权能表达。他的这一思想前提意味着他虽然推崇赞扬上帝，但已经不是传统启示神学意义上的宗教和上帝，而是自然神学意义上的宗教和上帝。他从哲学理性出发证明上帝存在和正义的同时，就淡化甚至拒斥了从感受和信仰出发的重要意义；他强调必须认识上帝才能够真正信仰上帝的同时，就假定了有限理性的人能够认识无限理性的上帝，由此而产生了理性僭越的危险；他强调人要通过来世绝对正义社会存在的观念来支撑当下的精神与生活，这就容易使人遁入虚幻彼岸世界的幻想而忽视现实此岸世界的斗争。

莱布尼茨神恩世界思想的第一个缺陷受到后来的德国宗教神学家施莱尔马赫的批判，第二个缺陷受到康德的批判，第三个缺陷受到马克思的批判。宗教的来世观念、上帝是救世主的观念，宗教的唯灵论观念，马克思把宗教观念说成是人民的鸦片，是无精神活力的制度的精神，是"被压迫生灵的叹息，是无情世界的心境"，是虚构的花朵，是幻想和慰藉的锁链，是虚幻的太阳。所以要通过对宗教的批判，"使人不抱幻想，使人能够作为不抱幻想而具有理智的人来思考，来行动，来建立自己的现实；使他能够围绕着自身和自己现实的太阳转动"①。要让这种现实的太阳转动起来，仅仅围绕着自身和自己还是不够的，到了《德意志意识形态》中，马克思就明确指出，地域性的个人必须为世界历史性的、经验上普遍的人所代替。"历史向世界历史的转变，不是'自我意识'、宇宙精神或者某个形而上学幽灵的某种纯粹的抽象活动，而是完全物质的、可以通过经验证明的活动。"② 所以，在《共产党宣言》中，马克思、恩格斯喊出了"全世界无产者，联合起来！"的著名口号。

莱布尼茨自然正义的理论出发点，是具有理念天性的（nature ideale）灵魂实体或精神实体，而马克思唯物史观正义的理论出发点，是一定社会历史、社会制度中的现实的、感性的、具体的、活生生的个体。莱布尼茨认为，所谓理念就是由事物的本性而得来的，而事物的本性是力。力有主动的力和被动的力，原初的主动力是形式、隐德莱希，原初的被动的力是无形的阻抗或惰性，它们加在一起构成单纯实体或单子。派生的主动力，是物体彼此相撞而产生的原初力之限制，派生的被动力，以各种方式在次级物质中体现自身。次级物质就是有形实体、复合实体，当然这是在宽泛的意义上称呼实体的，在莱布尼茨那里，狭义上的实体仅指单子。对于人而言，主动的力即清楚、明晰的理性认识，被动的力是朦胧、含混的感知欲望。理念天性的实体是灵魂不死的，是自主而自动的，是预定而和谐的。每一个人的个体概念一劳永逸地（once for all）包含着将要发生于他的一切事物。

---

① 《马克思恩格斯选集》第 1 卷，人民出版社 1995 年版，第 2 页。
② 马克思、恩格斯：《德意志意识形态》，人民出版社 2003 年版，第 33 页。

由此可见，莱布尼茨这种从理念天性出发分析实体、物体和人之正义的缺陷所在：首先，他是从自然本性出发的分析，没有掺杂人为因素的作用。其次，他是从理念、精神和观念出发，从某种范畴、定义和概念出发而不是从现实生活和现实历史出发进行分析。再次，他从天性出发的分析呈现的是一种乌托邦情怀和一种理想性追求，但他把现实社会中的世俗、经验因素，现实的社会制度、政治体制、法律体系等对人善与恶的影响，根本没有进入他的视线范围。他分析和强调活动力，但仅仅是精神、理性的活动力；他分析和强调经验的助缘作用，但经验的作用仅仅是被动的、模糊的浆糊黏合；他分析和强调自主而自觉的活动，但这种自主和自觉仅仅是预定和谐中的必然性环节；他分析和强调恶的种类与来源，但最终把恶的产生归结为先天的理性缺陷。他认为恶的存在是为了最大善，但却忽视了这种观点的前提是没有人的主观意志为恶，没有社会制度的贪污腐化，没有人性的低贱和下流。现实中发生的制度为恶、人为意志之恶，脱离了恶的自然本性限度，这种恶没法与最大善之计划相连。莱布尼茨固然可以认为，部分的恶、混乱无序是必要的，这是为了从整体上形成最大善的秩序。但这必须有个前提就是从事物的自然本性出发，超出这个范围，莱布尼茨就没有办法进一步解释恶与最大善之宇宙计划如何发生联结。他自己也说不清楚恶到底如何与最可能的宇宙计划联系在一起。他说：

> 恶究竟是以哪一种方式与最可能的宇宙计划连接起来的。这将是对进程的全面解释，可是，我不会也没有义务作这种解释，因为我们没有义务去做我们在当前情况下不可能做到的事。在这里只须指出，任何东西都阻止不了某一特殊的恶很可能与普遍的最善者联结在一起。这一不完善的解释尚有待在其他一种生活中加以论证。但它足以反驳异议，当然这对于把握事物还是很不够的。①

马克思唯物史观正义的理论出发点，是一定社会历史、社会制度中的现实的、感性的、具体的、活生生的个体。马克思对那种从精神观念、自我意识出发来解释人和社会的观点予以尖锐的批判。马克思指出，他所要

---

① 莱布尼茨著，朱雁冰译：《神义论》，生活·读书·新知三联书店 2007 年版，第 224 页。

谈的前提不是教条，不是主观的意识构造，而是现实的个人，是他们的活动及由他们继承或创造出来的物质生活条件。"全部人类历史的第一个前提无疑是有生命的个人的存在。因此，第一个需要确认的事实就是这些个人的肉体组织以及由此产生的个人对其他自然的关系。"① 马克思说唯物史观与唯心史观不同，它不是通过哲学范畴和宗教观念出发去解释社会生产与物质实践，而是从物质实践出发去解释哲学、宗教、艺术、法律等诸观念形态。精神的批判不能消灭意识形式，唯有物质的批判才能从根本上消灭意识形式：

> 意识的一切形式和产物不是可以通过精神的批判来消灭的，不是可以通过把它们消融在"自我意识"中或化为"怪影"、"幽灵"、"怪想"等等来消灭的，而只有通过实际地推翻这一切唯心主义谬论所由产生的现实的社会关系，才能把它们消灭；历史的动力以及宗教、哲学和任何其他理论的动力是革命，而不是批判。②

① 马克思、恩格斯：《德意志意识形态》，人民出版社 2003 年版，第 11 页。
② 同上书，第 36 页。

结　语

　　作为专著写作的莱布尼茨自然正义理论，随着文中章节结构的完成而自然地告一段落，可以暂时地画上一个句号。但是作为政治命题的莱布尼茨自然正义理论，必然地要在政治哲学史的历史长河中进一步涤荡漂移，走向无尽头的永恒精神探索之路。作为在社会历史生活中被拒斥或被回忆或被重视的莱布尼茨自然正义理论，必然会或显或隐地伴随着与它有缘或无缘的个体生命及社会共同体，获得一种超越历史的当下意义。

　　在论文的摘要中，我指出对莱布尼茨自然正义理论的考察是放在西方政治思想史的整体背景中进行审视和考量的。当然呈现在大家面前的内容还只是一种初阶而需要进一步深入的理论研究。古希腊哲学家苏格拉底、柏拉图对正义何以可能的追问，奠基了莱布尼茨正义理论的理性主义风格，柏拉图、亚里士多德对自然的公正与人为约定的公正的区分，则是他分析正义问题的基本理念。希腊化时期斯多葛学派对自然法与伦理的探讨，奥古斯丁对自然而神圣正义的论述，中世纪托马斯·阿奎那对永恒法、自然法与人为法的论述，是自然正义模式的"古典辉煌"，形成了莱布尼茨自然正义理论的普遍主义精神与神圣维度。近代哲学关于自然状态、自然法、国际法及社会契约论的探讨，是自然正义模式的"暗渡陈仓"，也是莱布尼茨当时积极加以吸收和批判的差异成分。而理性启蒙时期历史主义的兴起，现代政治哲学探讨正义问题时悬设道德判断的科学标榜，是自然正义模式遭受的"毁灭性打击"。当代政治哲学中以列奥·斯特劳斯和麦金太尔为代表，对传统自然权利/正义与美德伦理的强调，是自然正义模式的"历史返魅"。

　　列奥·斯特劳斯指出，现当代历史主义及自由主义政治哲学家占据了政治哲学研究的主流，使得人们忘记了天赋的生命、自由追求幸福的权利最原初的含义。那些执着于《独立宣言》有学养的人中，多数不把这些原则解释为对自然权利、自然法的表达，他们只是把它当成意识形态的宣传或类似神话的梦想。如果放弃了对自然法、自然权利传统的正义观念，就会把一切的实在法、人为法当成批判正义与否的标准。这就是判断一切事物正义的标准要由各国的立法者或法院来裁定。这与人们内心的良心法则是不一致的，良心法则在判断一个法律合法与否时，是指存在着独立于且高于实在权利的判断标准。斯特劳斯具有洞见地指出：

> 按照我们的社会科学，我们在所有第二等重要的事情上都可以是聪明的，或者可以变得聪明起来，可是在头等重要的事情上，我们就得退回到全然无知的地步。我们对于我们据以作出选择的最终原则，对于它们是否健全一无所知；我们最终的原则除却我们任意而盲目的喜好之外并无别的根据可言。我们落到了这样的地位：在小事上理智而冷静，在面对大事时却像个疯子在赌博；我们零售的是理智，批发的是疯狂。如果我们所依据的原则除了我们盲目的喜好之外别无根据，那么凡是人们敢于去做的事都是可以允许的。当代对自然权利论的拒斥就导向了虚无主义——不，它就等同于虚无主义。[①]

历史虚无主义导致我们社会中精神生活的贫瘠乏味与空洞无聊。一个一个的人沦为单一的离散的追逐物质与名利的奴隶，人们借以判断是非的标准模糊不清了。整个社会是一种杂多化的什么都行、什么都包容的价值观念。丑陋的不再丑陋，只要它获得合理的形式，卑鄙的不再卑鄙，只要他达成了目的。现实中，我们越是培植起条分缕析的理性，就越是培植起内心坍塌的价值虚无主义，我们也就难以成为社会的忠诚一员，而虚无主义不可避免的实际后果就是狂热的蒙昧主义。鉴于现代性社会的这种心灵无根飘零状态，我们应积极思考和探讨，如何克服文化与心理相对主义的虚无感。我们能够在何种程度和意义上唤醒和践行本然于人内心的自然法与自然权利即良心法则？

---

① 转引自万俊人、梁晓杰：《正义十二讲》，天津人民出版社 2007 年版，第 289 页。

参考文献

一　马克思主义原著

[1]《马克思恩格斯选集》(第1—4卷)，人民出版社1995年版。

[2]《马克思恩格斯全集》(第1卷)，人民出版社1956年版。

[3]《马克思恩格斯全集》(第3卷)，人民出版社1960年版。

[4]《马克思恩格斯全集》(第40卷)，人民出版社1982年版。

[5]《马克思恩格斯全集》(第42卷)，人民出版社1979年版。

[6]《马克思恩格斯全集》(第46卷)(上、下)，人民出版社1979年版。

[7]《马克思恩格斯全集》(第47卷)，人民出版社1979年版。

[8]《列宁哲学笔记》，人民出版社1993年版。

[9] 马克思:《1844年经济学哲学手稿》，人民出版社2000年版。

[10] 马克思、恩格斯:《德意志意识形态节选本》，人民出版社2003年版。

二　莱布尼茨原著类

英文部分:

[1] G. W. Leibniz, Farrer A., Huggard E. M. Theodicy, *Essays on the Goodness of God, the Freedom of Man, and the Origin of Evil*, New Haven, 1952.

[2] G. W. Leibniz, Jolley N., *Leibniz*, NewYork: Cambridge University Press, 1995.

[3] G. W. Leibniz, Latta R., *The Monadology and Other Philosophical Writings*, Oxford: Clarendon Press, 1989.

［4］ G. W. Leibniz, Loemker, *Leibniz Philosophical Papers and Letters*, Chicago：The University of Chicago Press，1956.

［5］ G. W. Leibniz, Remnant P.，Bennett J.，*New Essays on Human Understanding*，Cambridge：Cambridge University Press，1996.

［6］ G. W. Leibniz, Riley P.，*Leibniz Political Writings*，中国政法大学出版社（影印本），2003 年。

［7］ G. W. Leibniz, Woolhouse R. S.，Francks R. G. W.，*Leibniz Philosophical Texts*，NewYork：Oxford University Press，1998.

中文部分：

［1］莱布尼茨著，陈乐民编：《莱布尼茨读本》，江苏教育出版社 2006 年版。

［2］莱布尼茨著，陈修斋译：《新系统及其说明》，商务印书馆 1996 年版。

［3］莱布尼茨著，陈修斋译：《莱布尼茨与克拉克论战书信集》，商务印书馆 1996 年版。

［4］莱布尼茨著，陈修斋译：《人类理智新论》，商务印书馆 1982 年版。

［5］莱布尼茨著，梅谦立、杨保筠译：《中国近事》，大象出版社 2005 年版。

［6］莱布尼茨著，朱雁冰译：《神义论》，生活·读书·新知三联书店 2007 年版。

［7］莱布尼茨著，祖庆年译：《莱布尼茨自然哲学著作选》，中国社会科学出版社 1985 年版。

三　莱布尼茨研究著作类

英文部分：

［1］ M. Dascal. Leibniz, *What Kind of Rationalist?* Tel Aviv：Springer Science Business Media B. V.，2009.

［2］ N. Rescher. G. W.，*Leibniz's Monadology*，Pittsburgh：University of Pittsburgh Press，1991.

［3］ P. Riley.，*Leibniz's Universal Jurisprudence*，Cambridge：Harvard

University Press, 1996.

[4] R. S. Berkowitz, The Gift of Science, *Leibniz's Legal Code and the Advent of Positive Law*, University of California at Berkeley, 2001.

[5] T. R. Foster, The Russell—Leibniz Definition of Identity, *Some Problems*, Ohio State University, 1974.

[6] A. Janiak. Kant's, *Newtonianism*, Indiana University, 2001.

[7] A. Jauernig. , *Leibniz Freed of Every Flaw—A Kantian Reads Leibnizian Metaphysics*, Princeton University, 2004.

[8] M. L. Jones. Technical Subjects, *Mathematics and Natural Philosophy as Spiritual Exercises in Decartes*, *Pascal and Leibniz*, Harvard University, 2000.

[9] P. Marcy. , *Lascano*, *Leibniz and Locke On the Ultimate Origination of Things*, University of Massachusetts Amherst, 2006.

[10] G. M. Reihman. , *Constructing Confucius—Western Philosophical Interpretations of Confucianism From Malebranche to Hegel*, University of Texas at Austin, 2001.

[11] J. B. Williston. , *Harmony as An Essential aspect of Leibniz's Theory of the Universe*, University of Southern California, 2003.

中文部分：

[1] 波塞尔、李文潮编，李文潮等译：《莱布尼茨与中国》，科学出版社2002年版。

[2] 陈修斋、段德智：《莱布尼茨》，台湾，东大图书公司1994年版。

[3] 费尔巴哈著，涂纪亮译：《对莱布尼茨哲学的叙述、分析和批判》，商务印书馆1979年版。

[4] 林成涛：《莱布尼茨：理与信的和谐》，三秦出版社2009年版。

[5] 罗斯著，张传友译：《莱布尼茨》，中国社会科学出版社1987年版。

[6] 罗素著，段德智、张传友、陈家琪译：《对莱布尼茨哲学的批评性解释》，商务印书馆2000年版。

[7] 蒙德卫著，张学智译：《莱布尼茨和儒学》，江苏人民出版社1998年版。

［8］桑靖宇：《莱布尼茨与现象学：莱布尼茨直觉理论研究》，中国社会科学出版社 2009 年版。

［9］孙小礼：《莱布尼茨与中国文化》，首都师范大学出版社 2006 年版。

［10］汤姆森著，李素霞、杨富斌译：《莱布尼茨》，中华书局 2002 年版。

四 相关著作类

［1］阿伦特著，孙传钊译：《马克思与西方政治思想传统》，江苏人民出版社 2006 年版。

［2］爱比克泰德著，陈思宇译：《沉思录Ⅱ》，中央编译出版社 2008 年版。

［3］安倍能成著，于凤梧、王宏文译：《康德实践哲学》，福建人民出版社 1984 年版。

［4］奥古斯丁著，奥古斯丁著作翻译小组译：《恩典与自由》，江西人民出版社 2008 年版。

［5］奥古斯丁著，成官泯译：《论自由意志：奥古斯丁对话录二篇》，上海人民出版社 2010 年版。

［6］奥克肖特著，应星译：《〈利维坦〉导读［A］〈现代政治与自然〉》（第三辑），上海人民出版社 2003 年版。

［7］巴里著，孙晓春、曹海军译：《正义诸理论》，吉林人民出版社 2004 年版。

［8］巴曹著，曹海军、允春喜译：《作为公道的正义》，江苏人民出版社 2008 年版。

［9］柏拉图著，王晓朝译：《柏拉图全集》（第一卷），人民出版社 2002 年版。

［10］柏拉图著，谢文郁译：《蒂迈欧篇》，上海人民出版社 2003 年版。

［11］柏拉图著，严群译：《游叙弗伦苏格拉底的申辩克力同》，商务印书馆 2007 年版。

［12］北京大学哲学系外国哲学史教研室编译：《西方哲学原著选

读》，商务印书馆1981年版。

[13] 策勒而著，翁绍军译：《古希腊哲学史纲》，山东人民出版社2007年版。

[14] 邓晓芒译：《实践理性批判》，商务印书馆1999年版。

[15] 笛卡儿著，庞景仁译：《第一哲学沉思集：反驳和答辩》，商务印书馆2008年版。

[16] 费希特著，王玖兴译：《全部知识学的基础》，商务印书馆2007年版。

[17] 弗雷泽著，欧阳英译：《正义的尺度——全球化世界中政治空间的再认识》，上海人民出版社2009年版。

[18] 弗雷泽著，于海青译：《正义的中断：对"后社会主义"状况的批判性反思》，上海人民出版社2008年版。

[19] 福莱主编，冯俊等译：《劳特利奇哲学史》（十卷本），第二卷《从亚里士多德到奥古斯丁》，中国人民大学出版社2004年版。

[20] 伽森狄：《对笛卡儿〈沉思〉的诘难》，商务印书馆1997年版。

[21] 高宣扬：《德国哲学通史》（第一、二、三卷），同济大学出版社2007年版。

[22] 韩震：《西方历史哲学导论》，北京师范大学出版社2008年版。

[23] 韩震：《重建理性主义信念》，北京出版社1998年版。

[24] 贺麟、王玖兴译：《精神现象学》，商务印书馆1996年版。

[25] 黑格尔著，薛华译：《黑格尔政治著作选》，中国法制出版社2008年版。

[26] 胡真圣：《两种正义观：马克思、罗尔斯正义思想比论》，中国社会科学出版社2004年版。

[27] 黄显中：《公正德性论——亚里士多德公正思想研究》，商务印书馆2009年版。

[28] 霍布豪斯著，孔兆政译：《社会主义要素》，吉林人民出版社2006年版。

[29] 江畅：《自主与和谐》，武汉大学出版社1995年版。

[30] 凯·汤姆森著，周伟驰译：《奥古斯丁》，中华书局2003年版。

[31] 康德著，李秋零译：《单纯理性限度内的宗教》，中国人民大学

出版社 2003 年版。

　　[32] 康德著，苗力田译：《道德形而上学原理》，上海人民出版社 1986 年版。

　　[33] 康德著，伊曼努尔、孙少伟译：《道德形而上学基础》，九州出版社 2007 年版。

　　[34] 克朗纳著，关子尹译：《论康德与黑格尔》，同济大学出版社 2004 年版。

　　[35] 肯尼著，黄勇译：《阿圭那》，中国社会科学出版社 1987 年版。

　　[36] 拉斯莱特著，冯克利译：《〈洛克政府论〉导论》，生活·读书·新知三联书店 2007 年版。

　　[37] 兰久富：《社会转型时期的价值观念》，北京师范大学出版社 1999 年版。

　　[38] 雷立柏：《古希腊罗马及教父时期名著名言辞典》，宗教文化出版社 2007 年版。

　　[39] 李德顺、孙伟平：《道德价值论》，云南人民出版社 2005 年版。

　　[40] 李秋零译：《单纯理性限度内的宗教》，中国人民大学出版社 2003 年版。

　　[41] 李秋零主编：《康德著作全集》第 6 卷《纯然理性界限内的宗教、道德形而上学》，中国人民大学出版社 2007 年版。

　　[42] 李秋零主编：《康德著作全集》第 5 卷《实践理性批判、判断力批判》，中国人民大学出版社 2006 年版。

　　[43] 李秋零主编：《康德著作全集》第 1 卷《前批判时期著作 I（1747—1756）》，中国人民大学出版社 2003 年版。

　　[44] 梁志学译：《逻辑学》，人民出版社 2002 年版。

　　[45] 亚里士多德著，廖申白译注：《尼各马克伦理学》，商务印书馆 2003 年版。

　　[46] 林进平：《马克思的"正义"解读》，社会科学文献出版社 2009 年版。

　　[47] 刘素民：《托马斯·阿圭那自然法思想研究》，人民出版社 2007 年版。

　　[48] 罗斑著，陈修斋译，段德智修订：《希腊思想和科学精神的起

源》，广西师范大学出版社 2003 年版。

[49] 马仁邦主编，孙毅等译：《劳特利奇哲学史》（十卷本），第三卷《中世纪哲学》，中国人民大学出版社 2008 年版。

[50] 列奥·斯特劳斯著，彭刚译：《自然权利与历史》，生活·读书·新知三联书店 2003 年版。

[51] 秦家懿：《秦家懿自选集》，山东教育出版社 2005 年版。

[52] 秦家懿：《德国哲学家论中国》，福建人民出版社 1993 年版。

[53] 舍勒著，倪梁康译：《伦理学中的形式主义与质料的价值伦理学：为一门伦理学人格主义奠基的新尝试》，生活·读书·新知三联书店 2004 年版。

[54] 沈湘平：《理性与秩序——在人学的视野中》，北京师范大学出版社 2003 年版。

[55] 施佩曼著，沈国琴等译：《道德的基本概念》，上海译文出版社 2007 年版。

[56] 列奥·施特劳斯、约瑟夫·克罗波西著，李天然等译：《政治哲学史》，河北人民出版社 1993 年版。

[57] 施特劳斯著，彭刚译：《自然权利与历史》，生活·读书·新知三联书店 2003 年版。

[58] 列奥·施特劳斯著，申彤译：《霍布斯的政治哲学》，译林出版社 2001 年版。

[59] 石敏敏、章雪富：《斯多亚主义》第 2 卷，中国社会科学出版社 2009 年版。

[60] 叔本华著，任立、孟庆时译：《伦理学的两个基本问题》，商务印书馆 2004 年版。

[61] 斯宾诺莎著，洪汉鼎编：《斯宾诺莎读本》，中央编译出版社 2007 年版。

[62] 斯宾诺莎著，王荫庭、洪汉鼎译：《笛卡儿哲学原理》，商务印书馆 2007 年版。

[63] 斯宾诺莎著，温锡增译：《神学政治论》，商务印书馆 1997 年版。

[64] 斯塔斯著，庆泽彭译：《批评的希腊哲学史》，华东师范大学出

版社 2006 年版。

　　［65］唐伟：《现代管理与人》，北京师范大学出版社 1998 年版。

　　［66］万俊人、梁晓杰：《正义十二讲》，天津人民出版社 2007 年版。

　　［67］汪堂家、孙向晨、丁耘：《十七世纪形而上学》，人民出版社 2005 年版。

　　［68］汪子嵩：《希腊哲学史》（第 3 卷）（上、下），人民出版社 2003 年版。

　　［69］王焕生：《〈论共和国〉导读》，四川教育出版社 2002 年版。

　　［70］马克斯·韦伯著，康乐、简慧美译：《法律社会学》，广西师范大学出版社 2005 年版。

　　［71］马克斯·韦伯著，康乐、简慧美译：《宗教社会学》，广西师范大学出版社 2005 年版。

　　［72］马克斯·韦伯著，钱永祥译：《学术与政治》，广西师范大学出版社 2004 年版。

　　［73］马克斯·韦伯著，于晓、陈伟纲等译：《新教伦理与资本主义精神》，生活·读书·新知三联书店 1987 年版。

　　［74］维特根斯坦著，李步楼译：《哲学研究》，商务印书馆 2008 年版。

　　［75］文德尔班著，罗达仁译：《哲学史教程——特别关于哲学问题和哲学概念的形成和发展》（下卷），商务印书馆 1997 年版。

　　［76］吴向东：《重构现代性：当代社会主义价值观研究》，北京师范大学出版社 2006 年版。

　　［77］西塞罗著，石敏敏译：《神性论》，上海三联书店 2007 年版。

　　［78］西塞罗著，王焕生译：《论法律》，上海人民出版社 2006 年版。

　　［79］西塞罗著，徐奕春译：《有节制的生活》，天津人民出版社 2007 年版。

　　［80］西塞罗著，徐奕春译：《论老年，论友谊，论责任》，商务印书馆 2007 年版。

　　［81］希尔著，赵复三译：《欧洲思想史》，广西师范大学出版社 2007 年版。

　　［82］休谟著，徐晓宏译：《宗教的自然史》，上海人民出版社 2003

年版。

［83］亚里士多德著，李真译：《形而上学》，上海人民出版社 2005
年版。

［84］亚里士多德著，廖申白译：《尼各马可伦理学》，商务印书馆
2009 年版。

［85］颜一、秦典华译：《政治学》，中国人民大学出版社 2003 年版。

［86］杨耕：《为马克思辩护》，北京师范大学出版社 2004 年版。

［87］杨耕：《"危机"中的重建——历史唯物主义的现代阐释》，中
国人民大学出版社 1995 年版。

［88］袁贵仁：《价值观的理论与实践：价值观若干问题的思考》，北
京师范大学出版社 2006 年版。

［89］袁贵仁：《马克思的人学思想》，北京师范大学出版社 1996 年
版。

［90］张曙光：《个体生命与现代历史》，山东人民出版社 2007 年版。

［91］张曙光：《人的世界与世界的人：马克思的思想历程追踪》，河
南人民出版社 1994 年版。

［92］赵祥禄：《正义理论的方法论基础》，中央编译出版社 2007 年
版。

五　期刊文献类

英文部分：

［1］D. Allen，"The Present Day Of Leibniz's Moral Philosophy"，IV In-
ternational Leibniz—Congress，1983.

［2］O. B. Bassler，"Motion and Mind in the Balance：The Transforma-
tion of Leibniz's Early Philosophy"，*Studia Leibnitiana*，Band XXXIV/2，
2002.

［3］E. Begby，"Leibniz on Determinism and Divine Foreknowledge"，
Studia Leibnitiana，Band XXXVII/1，2005.

［4］A. Blank，"Leibniz on Justice as a Common Concept：A Rejoinder to
Patrick Riley"，*The Leibniz Review*，2006，16.

［5］A. Blank，"Definitions, Sorites Arguments, and Justice"，*The Leib-

niz Review, 2004, 14.

［6］D. J. Cook, "Metaphysics, Politics and Ecumenism: Leibniz' Discourse on the Natural Theology of the Chinese", III International Leibniz—Congress, 1977.

［7］D. Cox, "Leibniz on Divine Causation: Creation, Miracles, and the Continual Fulgurations", *Studia Leibnitiana*, Band XXXIV/2, 2002.

［8］S. Cremaschi, "Concepts of Force in Spinoza's Psychology", III International Leibniz—Congress, 1977.

［9］H. De Dijin, "Naturalism, Freedom and Ethics in Spinoza", *Studis Leibnitiana*, Band XXII/2, 1990.

［10］G. Dicker, "Leibniz on Necessary and Contingent Propositions", *Studia Leibnitiana*, Band XIV/2, 1982.

［11］M. Fox, "Leibniz' Metaphysics of Space and Time", *International* Leibniz—Congress, 1970.

［12］A. Hart, "Soul and Monad: Plato and Leibniz", V International Leibniz—Congress, 1988.

［13］A. Hart, "Leibniz on Spinoza's Concept of Substance", *Studia Leibnitiana*, Band XIV/1, 1982.

［14］G. A. Hartz, Wilson C., "Ideas and Animals: The Hard Problem of Leibnizian Metaphysics", *Studia Leibnitiana*, Band XXXVII/1, 2005.

［15］P. Hoffman, "The Being of Leibnizian Phenomena", *Studia Leibnitiana*, Band XXVIII/1, 1996.

［16］D. M. Jesseph, "Leibniz, Hobbes, and Bramhall on Free Will and Divine Justice", VII International Leibniz—Congress, 2001.

［17］C. Johns, "The Rule of Reason: The Gold Rule and the Definition of Justice In Leibniz's Meditation on the Common Concept of Justice", VIII International Leibniz—Congress, 2006.

［18］N. Jolley, "Leibniz and Phenomenalism", *Studia Leibnitiana*, Band XVIII/1, 1986.

［19］E. J. Khamara, "Indiscernibles and the Absolute Theory of Space and Time", *Studia Leibnitiana*, Band XVV, 1988.

［20］ P. Lodge，" Leibniz on Divisibility, Aggregates, and Cartesian Bodies"，*Studia Leibnitiana*，Band XXXIV/1，2002.

［21］ N. Malcolm，"Leibniz, Oldenburg, and Spinoza, in the Light of Leibniz's Letter to Oldenbur of 18/28 November 1676"，*Studia Leibnitiana*，Band XXXV/2，2003.

［22］ R. J. Mulvaney，"Divine Justice in Leibniz's "discourse on Metaphysics""，II International Leibniz Congress，Band III，1972.

［23］ O. Nachtomy，"Leibniz on Possible Individuals"，*Studia Leibnitiana*，Band XXXIV/1，2002.

［24］ G. H. R. Parkinson，"Leibniz's De Summa Rerum: A Systematic Approach"，*Studia Leibnitiana*，Band XVIII/2，1986.

［25］ F. Perkins，"Connecting Science, Techonology and Love of Nature"，VII International Leibniz—Congress，2001.

［26］ N. Rescher，"On Some Purported Obstacles to Leibniz's Optimalism"，*Studia Leibnitiana*，Band XXXVII/2，2005.

［27］ N. Rescher，"Leibniz on God's Free Will and the World's Contingency"，*Studia Leibnitiana*，Band XXXIV/2，2002.

［28］ P. Riley，"Definitions, Leibniz's Meditation On The Common Concept Of Justice: A Reply to Andreas Blank"，*The Leibniz Review*，2005，15.

［29］ P. Riley，"Leibniz's Meditation sur la notion commune de la justice, 1703—2003"，*The Leibniz Review*，2003，13.

［30］ P. Riley，"G. W. Leibniz, Saemtliche Schriften und Briefe Allgemeiner Politische and Briefwechsel Siebzehnter Band"，*The Leibniz Review*，2002，12.

［31］ P. Riley，"G. W. Leibniz, Saemtliche Schriften and Briefe, Vierte Reihe IV"，*The Leibniz Review*，2001，11.

［32］ P. Riley，"Leibniz' Unpublished Remarks on the Abbé Bucquoi's Proof of the Existence of God（1711）"，*Studia Leibnitiana*，Band XV/2，1983.

［33］ P. Riley，"Leibniz' Monità on Pufendorf, 1706—2006"，III International Leibniz—Congress，1977.

［34］P. Riley， "Review of Academy Edition， IV（Politische Schriften）"，*The Leibniz Review*，2001，11.

［35］P. Riley， "Review of Academy Edition IV，6"，*The Leibniz Review*，2007，11.

［36］P. Riley， "Leibniz' Concept of Universal Justice"，VII International Leibniz—Congress，2001.

［37］L. J. Russell， "Leibniz on the Metaphysical Foundations of Science"，*Studia Leibnitiana*，Band IX/1，1977.

［38］G. Sayer—Mccord， "Leibniz，Materialism，and the Relational Account of Space and Time"，*Studia Leibnitiana*，Band XVI，1984.

［39］D. Scarrow， "Reflections on the Idealist Interpretation of Leibniz's Philosophy"，II International Leibniz—Congress，Band 1，1972.

［40］S. Scheffler， "Leibniz on Personal Identity and Moral Personality"，*Studia Leibnitiana*，Band VIII/2，1976.

［41］M. Seidler， "Freedom and Moral Therapy in Leibniz"，*Studia Leibnitiana*，BandXVII/1，1985.

［42］J. E. H. Smith，"Pauline Phemister，Leibniz and the Natural World：Activity，Passivity and Corporeal Substances in Leibniz's Philosophy"，*The Leibniz Review*，2006，16.

［43］M. Spector， "Leibniz vs. the Cartesians on Motion and Force"，*Studia Leibnitiana*，Band VII/1，1975.

［44］R. Toole， "The Concepts of Freedom and Necessity in Shaftesbury's Philosophy"，*Studia Leibnitiana*，Band IX/2，1977.

［45］E. Vailati， "Leibniz's Theory of Personal Identity in the New Essays"，*Studia Leibnitiana*，Band XVII/1，1985.

［46］C. Wilson， "Source of Leibniz's Doctrines of Force，Activity and Natural Law"，*Studia Leibnitiana*，Band XVIIII，1987.

中文部分：

［1］波塞尔著，燕宏远译：《莱布尼茨的和谐（杂多之统一）概念》，《世界哲学》2002 年第 4 期。

［2］博格、叶明雅：《作为公平的正义：三种论辩》，《马克思主义与

现实》2009 年第 3 期。

　　［3］崔永杰：《论莱布尼茨与笛卡儿天赋观念说的差别》，《哲学研究》1997 年第 1 期。

　　［4］邓安庆：《第一哲学与伦理学——对莱布尼茨〈单子论〉的实践哲学解读》，《江苏行政学院学报》2009 年第 3 期。

　　［5］窦炎国：《法律正义与道德正义》，《伦理学研究》2008 年第 1 期。

　　［6］段德智：《中国当代莱布尼茨研究述介》，《哲学动态》2005 年第 10 期。

　　［7］段德智：《试论莱布尼茨和谐学说的理论特征——兼论其与中国阴阳和谐学说的根本差异》，《复旦大学学报》（社会科学版）2003 年第 3 期。

　　［8］段德智：《论莱布尼茨的自主的和神恩的和谐学说及其现时代意义》，《世界宗教研究》2000 年第 1 期。

　　［9］段德智：《莱布尼茨对现代西方哲学的影响》，《武汉大学学报》（哲学社会科学版）1996 年第 6 期。

　　［10］范志军：《自然界中的两个王国——莱布尼茨自然哲学初探》，《东南大学学报》（哲学社会科学版）2005 年第 3 期。

　　［11］弗雷泽、朱美荣：《有关正义实质的论辩：再分配、承认还是代表权?》，《马克思主义与现实》2009 年第 4 期。

　　［12］高振强：《论公平正义的观念和现实》，《学术交流》2009 年第 1 期。

　　［13］韩庆祥：《当代中国马克思主义哲学研究的进展》，《哲学研究》2006 年第 5 期。

　　［14］韩震：《始终坚持马克思主义指导地位、大力建设社会主义核心价值体系》，《前线》2008 年第 2 期。

　　［15］贺建军：《惩罚的正义——在惩罚主义与功利主义之间》，《道德与文明》2009 年第 1 期。

　　［16］侯忠海：《论自由是莱布尼茨神义论思想的主题》，《湖北大学学报》2009 年第 1 期。

　　［17］胡继华：《神话与虚无之间的价值追寻——后现代语境中的文

化伦理转向概观》，《福建论坛》2003 年第 2 期。

[18] 胡万钟：《个人权利之上的"平等"与"自由"——罗尔斯、德沃金与诺齐克、哈耶克分配正义思想比较述评》，《哲学研究》2009 年第 5 期。

[19] 江畅：《论莱布尼茨对基督教神学"上帝"概念的改造》，《湖北大学学报》（哲学社会科学版）1994 年第 1 期。

[20] 江娅：《人道主义的义务与正义的义务》，《中国人民大学学报》2009 年第 1 期。

[21] 李海涛：《论莱布尼茨的连续律》，《德国哲学》第五辑，北京大学出版社 1988 年版。

[22] 廖申白：《私人交往与公共交往》，《北京师范大学学报》2005 年第 4 期。

[23] 林进平：《正义在马克思思想历程中的遭遇》，《哲学研究》2009 年第 6 期。

[24] 林进平：《从正义的参照管窥古代正义和近代正义的分野》，《深圳大学学报》2008 年第 1 期。

[25] 刘纲：《莱布尼茨：西方文化史中的"另类"》，《湖南社会科学》2007 年第 6 期。

[26] 刘清才：《建构和谐世界：关于世界秩序范式的理论探讨》，《吉林大学社会科学学报》2006 年第 5 期。

[27] 刘啸霆：《莱布尼茨的世界文化观及其当代价值——兼及文化权益与文化哲学的使命》，《北京师范大学学报》（社会科学版）2006 年第 6 期。

[28] 柳若梅：《多元文化和谐共存——"莱布尼茨的政治哲学思想与〈中国近事〉学术研讨会"综述》，《哲学动态》2005 年第 10 期。

[29] 欧阳英：《关于正义的不同认识》，《哲学动态》2006 年第 5 期。

[30] 桑靖宇：《上帝与自然之间——论莱布尼茨与克拉克论战中的神学与自然哲学》，《自然辩证法研究》2009 年第 5 期。

[31] 桑靖宇：《莱布尼茨的微知觉理论及其历史影响》，《武汉大学学报》（人文科学版）2001 年第 5 期。

［32］宋严、栾亚丽：《古希腊正义价值研究》，《伦理学研究》2009年第5期。

［33］孙小礼：《莱布尼茨与微积分发明权之争——纪念莱布尼茨诞生360周年》，《自然辩证法研究》2006年第7期。

［34］孙友详、戴茂堂：《论西方正义思想的内在张力》，《伦理学研究》2009年第4期。

［35］唐伟：《论高等学校的文化责任》，《新疆师范大学学报》2003年第4期。

［36］万俊人：《论正义之为社会制度的第一美德》，《哲学研究》2009年第2期。

［37］万俊人：《制度的美德及其局限》，《中国人民大学学报》2005年第3期。

［38］吴向东：《论马克思人的全面发展理论》，《马克思主义研究》2005年第1期。

［39］吴向东：《社会主义价值观的当代建构》，《科学社会主义》2005年第4期。

［40］吴向东：《制度与人的全面发展》，《哲学研究》2004年第8期。

［41］杨耕：《当前马克思主义哲学研究中的三个重大议题》，《中国社会科学》2007年第5期。

［42］杨耕：《后现代主义与现代主义、马克思主义关系的再思考》，《文史哲》2003年第4期。

［43］杨耕、赵军武：《关于"时间是人的生命尺度"的断想》，《学术界》2008年第2期。

［44］姚大志：《正义的张力：马克思和罗尔斯之比较》，《文史哲》2009年第4期。

［45］姚大志：《何谓正义：自由主义、社群主义和其他》，《吉林大学社会科学学报》2008年第1期。

［46］姚大志：《作为道德原则的正义》，《吉林大学社会科学学报》2006年第2期。

［47］袁贵仁：《关于价值与文化问题》，《河北学刊》2005年第1期。

［48］袁贵仁：《人学的一种开拓性研究》，《中国社会科学》1995 年第 1 期。

［49］臧峰宇：《从时间角度解读马克思政治哲学的正义纬度》，《北京行政学院学报》2009 年第 5 期。

［50］张力娜：《和谐社会的政治基础——有关政治正义的探讨》，《东北大学学报》2009 年第 1 期。

［51］张铭：《基督教的"善与正义一元论"与世俗政治之"正义"——与沈阳先生商榷》，《社会科学论坛》2009 年第 9 期。

［52］张曙光：《马克思主义哲学研究应有的现实性与超越性——一种基于人的存在及其历史境遇的思考与批评》，《中国社会科学》2006 年第 4 期。

［53］张西平：《简论莱布尼茨〈中国近事〉的文化意义》，《世界哲学》2008 年第 1 期。

［54］张周志：《和谐发展与社会正义》，《马克思主义与现实》2009 年第 4 期。

［55］郑立新：《理解公平的三种伦理维度》，《哲学动态》2006 年第 5 期。

［56］周峰、周霞：《"批判正义"与人的自由和解放》，《现代哲学》2009 年第 3 期。

［57］周慧敏、王广：《马克思恩格斯对正义观念的科学分析》，《学术研究》2008 年第 2 期。